WORPSWEDE

Eine deutsche Künstlerkolonie um 1900

„... Was bedeutet es, daß wir die äußerste Oberfläche der Erde verändern, daß wir ihre Wälder und Wiesen ordnen und aus ihrer Rinde Kohlen und Metalle holen, daß wir die Früchte der Bäume empfangen, als ob sie für uns bestimmt wären, wenn wir uns daneben einer einzigen Stunde erinnern, in welcher die Natur handelte über uns, über unser Hoffen, über unser Leben hinweg, mit jener erhabenen Hoheit und Gleichgültigkeit, von der alle Gebärden erfüllt sind ...“

WORPSWEDE

EINE DEUTSCHE KÜNSTLERKOLONIE UM 1900

„... Die Welt ist weit, nicht zwei Tage sind gleich, nicht einmal zwei Stunden; noch hat es seit Schöpfung der Welt zwei Baumblätter gegeben, die einander gleich waren. Ein Mensch, der zu dieser Erkenntnis gelangt, fängt ein neues Leben an. Nichts liegt hinter ihm, alles vor ihm und: ‚Die Welt ist weit.'
Und mit diesen einzelnen Einsamen nähert sich die ganze Menschheit der Natur. Es ist nicht der letzte und vielleicht der eigentümlichste Wert der Kunst, daß sie das Medium ist, in welchem Mensch und Landschaft, Gestalt und Welt sich begegnen und finden.
Unter diesem Gesichtspunkt scheint es, als läge das Thema und die Absicht aller Kunst in dem Ausgleich zwischen dem Einzelnen und dem All, und als wäre der Moment der Erhebung, der künstlerisch-wichtige Moment derjenige, in welchem die beiden Waagschalen sich das Gleichgewicht halten."

„ . . . denn wir leben im Zeichen der Ebene und des Himmels. Das sind zwei Worte, aber sie umfassen eigentlich ein einziges Erlebnis: die Ebene. Die Ebene ist das Gefühl, an welchem wir wachsen. Wir begreifen sie und sie hat etwas Vorbildliches für uns: da ist uns alles bedeutsam: der große Kreis des Horizontes und die wenigen Dinge, die einfach und wichtig vor dem Himmel stehen. Und dieser Himmel selbst, von dessen Dunkel- und Hellwerden jedes von den tausend Blättern eines Strauches mit anderen Worten zu erzählen scheint und der, wenn es Nacht wird, viel mehr Sterne faßt, als jene gedrängten und ungeräumigen Himmel, die über Städten, Wäldern und Bergen sind."

„Und da lagen nun vor den jungen Leuten, die gekommen waren, um sich zu finden, die vielen Rätsel dieses Landes. Die Birkenbäume, die Moorhütten, die Heideflächen, die Menschen, die Abende und die Tage, von denen nicht zwei einander gleich sind, und in denen auch nicht zwei Stunden sind, die man verwechseln könnte. Und da gingen sie nun daran, diese Rätsel zu lieben."

Texte des Vorspannes von Rainer Maria Rilke
aus „Worpswede" (1. Auflage 1903)
mit freundlicher Genehmigung des Insel-Verlages, Frankfurt

Kunst und Natur im Einklang: Ein Worpsweder Maler bei der Arbeit.

Manfred Hausmann

Die Worpsweder Landschaft

Auf einem Seitengipfel des Weyerbergs, zu dessen Füßen Worpswede liegt, steht in einer kleinen Waldlichtung ein verwitterter Obelisk, der dem Andenken des königlich-hannoverschen Moorkommissars Jürgen Christian Findorff gewidmet ist, dem „Vater der Moorbauern" und dem Schöpfer dessen, was man die Worpsweder Landschaft nennt. Der Berg erhebt sich allerdings nur 52 Meter hoch, ist also nur ein Berglein. Aber da sich ringsum nur ebenes Land ausbreitet und unter Blinden der Einäugige König ist, heißt das Berglein eben Berg.
Ohne diesen Jürgen Christian Findorff wäre die Worpsweder Landschaft nicht das, was sie ist. Er hat sie im 18. Jahrhundert kultiviert, indem er ihre ausgedehnten Moore, darunter das bekannte Teufelsmoor, durch ein klug angelegtes Netz von kleinen und kleinsten Gräben, die von größeren Wasserzügen, den Schiffgräben und „Fahrten" aufgenommen wurden, trocken gelegt und bewohnbar gemacht, so daß in verhältnismäßig kurzer Zeit dort ein Reihendorf nach dem andern entstehen und benannt werden konnte. Jede Hofstelle war durch die Gräben und „Fahrten", in denen schleusenartige Klappstaue den Wasserstand hielten, mit den Moorflüssen Beeke, Hamme und Wümme und dadurch mit der Weser verbunden und konnte bis in die Mitte unseres Jahrhunderts ihren gestochenen Torf in schwarzbesegelten Kähnen nach Bremen zum Verkauf bringen. Die Worpsweder Landschaft ist also keine unberührte Urlandschaft, wie die Bilder von Mackensen, am Ende, Modersohn, Overbeck, Vinnen und Vogeler vermuten lassen, sondern die hochkultivierte Schöpfung eines Menschen. Nur bildet in neuerer Zeit nicht mehr die Torfgewinnung die Lebensgrundlage der

Tümpel im Moor, umgeben von blühendem Wollgras.

Bauern, sondern die Acker-, Weide- und Viehwirtschaft. Zwar wird da und dort noch Torf gestochen, aber nur für den eigenen Bedarf. Die gradlinigen Strukturen der Findorffschen Landschaft sind inzwischen von neuem Wachstum und neuen Formen bäuerlicher Arbeit überwuchert und unscharf gemacht worden. Heute nimmt sich die Landschaft im Großen und Ganzen so aus, wie der junge Mackensen sie erblickte, als er Ende des 19. Jahrhunderts zum ersten Mal den Weyerberg betrat.
Zuweilen sieht die Worpsweder Landschaft so unscheinbar aus, daß die Menschen, die aus der lebhafteren Formenwelt der Mittelgebirge oder gar der Alpen nach Worpswede kommen, nicht begreifen können, warum so viel Aufhebens von ihr gemacht wird. Einfache Linien, öde Flächen, waagerecht hintereinander gereihte duffe Streifen, diesige Horizonte, ein leerer Himmel, das ist alles.
Anderswo stellt sich die Landschaft wirklich als Landschaft dar, als fest gegründetes Land, das ruht und herrscht. Allerdings gehört auch der Himmel noch dazu. Aber eben nur „auch noch", aber eben nur als ein Teil des Ganzen und nicht einmal als wichtigster. In der Ebene um Worpswede ist es dagegen vor allen Dingen der Himmel, der die unumschränkte Macht hat, der große Luftraum, durch den Licht und Schatten, Wolken und Winde, Schneetreiben und Regenbahnen eilen. Außerdem ist dann noch das Land vorhanden. Aber es hängt nur wie eine dünne Brücke zwischen den Horizonten. Man meint, sie müsse einstürzen, wenn man einmal fest aufstampfte. Was will da das bißchen Land neben dem ungeheuren Himmel bedeuten! Die Welt, das ist der schwebende Himmel. Keine Landschaft, sondern eine Himmelschaft.
Anderswo ist der Landschaft Gewißheit und Dauer verliehen. Wohl verändert sich die Beleuchtung mit dem Hin und Her des Wetters. Aber das besagt nicht viel, denn das Beleuchtete, das der Landschaft ihren Charakter gibt, steht immer als dasselbe da, als Berg und Gefild, unveränderlich und schwer.
Im Worpsweder Bereich indessen, wo das flimmernde, wehende, durcheinanderspielende Licht selbst die Landschaft ist, bleibt sich nichts gleich. Es braucht nur ein Schleierwölkchen vor der Sonne vorüberzuziehen, die Luft braucht sich nur wenig zu trüben oder zu erhellen, gleich ändert sich auch das Licht und mit dem Licht auch die Farben, die, vielfältig abgeschattet, auf allen Dingen schimmern, und mit den Farben die ganze Welt. Mag die Pariser Atmosphäre ihre zarte und kühle Silbrigkeit, die Amsterdamer ihr feuchtes Braun, die venezianische ihren sanften Goldton haben, das Licht, mit dem Worpswede beschenkt ist, enthält alle drei. Heute obsiegt mehr das silbrige Grau, morgen mehr das braune Dämmern und übermorgen mehr die goldene Verschleierung, und wieder ein anderes Mal strömen und sickern silberne, braune und goldene Lichtwellen gleichzeitig durcheinander.
Es genügt schon eine geringfügige Veränderung der Luft, um die Worpsweder Landschaft von grundauf umzustimmen, so ereignet sich an Tagen, die nicht geringfügige sondern kräftige Wettereinbrüche mit sich bringen, vollends ein rasender Tumult von Weltuntergängen und neuen Weltschöpfungen. Wer einen solchen Spätherbsttag, wenn der Nordwest, der von der See herüberjagt, aufgetürmte Wolkenmassen über die Klarheit der Ebene wählte, wenn das Licht da und dort in graublauen Bahnen aus den Wolkenrissen niedergleißt und in Flecken von unwirklicher Helligkeit über Moore, Wiesen und Wälder hastet, wenn da und dort in der Ferne schwerelos in einer Spirale sich umeinander drehende Regenstreifen herabhängen, in deren Innern sich plötzlich ein violettes Geleucht entzündet, wenn über dem Moor ein unheimlich hell glühender Regenbogen gegen das Schwarz der Wolken steht, während über ihm und unter ihm ein zweiter und dritter leise aus dem Nichts hervortritt und leise wieder verlöscht, wer einen solchen bewegten Herbsttag nicht mit eigenen Augen gesehen hat, kann sich kaum eine Vorstellung von den Wundern des brausenden Lichtes machen, die tagelang, wochenlang stattfinden, bis die Störung vorüber gezogen ist und die Gegensätze sich ausgleichen.
Im Winter hängt über dem vereisten Land ein Licht, das noch verklärter glimmen kann als das sommerliche.
Es mag genügen, nur an das gleichmäßige Wolkengrau zu denken, das anderswo so niederdrückend wirkt und bei längerem Anhalten die Menschen zum Trübsinn bringen kann, wohingegen es in Worpswede die Landschaft in eine solche Unirdischkeit verwandelt, daß jedermann mit seiner Beschäftigung innehält und betroffen aus dem Fenster starrt. Es geschieht meist um die Stunde, die hierzulande die Uhlenflucht heißt. Dann verkehrt sich das tote Licht unter dem Gewölk in ein verhalten erblühendes Rosa oder Violett oder Lila, in

dem die Häuser und Gärten, die Föhren und Birken, die Menschen und Tiere stehen. Sie sind nur noch Antönungen des Lichts. Es ist, als könne man mit der Hand durch sie hindurchfassen wie durch Schatten. Man fragt sich, woher sie denn kommt, diese weiche Woge, und findet keine Erklärung dafür. Vielleicht daß über den Wolken eine der gewaltigen Abendröten brennt, deren Widerschein vielfach gefiltert durch die Dunstschicht sinkt und den Luftraum zwischen Wolken und Erde zu einem matten Glühen bringt. Die Welt – das ist das unendliche Licht. Keine Landschaft, eine Lichtschaft.

Anderswo lebt die Landschaft vorwiegend von den eigenen, unmerklich sich regenden Kräften. Lediglich im Wechsel von Tag und Nacht und in den Schwankungen des Wetters deuten sich Einwirkungen an, die von „draußen" kommen. Die Worpsweder Landschaft wird dagegen immer wieder von einem Anhauch aus fremden, ja kosmischen Fernen überatmet und verändert. Dunkle, gleichmütige Gewalten heben sich herauf, dringen in ihr Gefüge ein und gestalten sie um. So spüren die Niederungen der Moorflüsse Hamme und Wümme, die durch die Lesum und Weser mit der Nordsee in Verbindung stehen, bis in die letzten Kanäle und Schiffgräben hinein den Mondrhythmus von Ebbe und Flut. Und das Steigen und Sinken der Gewässer wirkt wiederum auf die Tier- und Pflanzenwelt fort. Selbst die Menschen können sich ihm nicht entziehen. Um die Zeit des Äquinoktiums donnern die Weststürme vom Atlantik her mit solcher Gewalt herüber, daß es so aussieht, als ducke sich die Landschaft verängstigt nieder. Sie haben die Herrschaft, sie allein. In den Winternächten wallt der Schein des Nordlichts wie Gaze vor den Sternbildern her. Wenn eine Springflut die Wiesen überschwemmt hat, so weit das Auge sehen kann, und plötzlich Frost einfällt, schlägt das Eis alles in seinen Bann. Sumpfgase und Luftblasen, die aufsteigen wollen, frieren fest, graue Perlenschnüre in der glasklaren Masse. Unten in der Tiefe schwingen die Gräser und Pflanzen mit schlaftrunkenen Gebärden hin und her. Mit dem Eintreten des Tauwetters dröhnt ein Hall nach dem andern wie Kanonenschüsse über die berstende Eisfläche. Dann schieben sich die Schollen übereinander, vom Wind und von der Strömung bedrängt. Der Eisgang setzt ein, der in schlimmen Jahren die Deiche sprengen und die Gehöfte von ihren Wurten zu stoßen vermag.

Im Frühling und Herbst wehen die Schwärme der Zugvögel, vielstimmig klagend, unter der Mondsichel hin, diese Sendboten der Sehnsucht über den schweigenden Mooren und Wäldern. Eins löst das andere ab, Woge schwingt sich in Woge, Unendlichkeit in Unendlichkeit. Und das Land liegt regungslos da. Die Welt, das ist ein unendliches Strömen und Wogen des Alls. Keine Landschaft, eine Allschaft.

In diese dreifache Unendlichkeit, in die des unendlich sich öffnenden Himmelsraumes, in die des unendlich sich wandelnden Lichtes und in die des unendlich hinwehenden Alls, ist die Worpsweder Landschaft, sind alle Einzeldinge eingebettet: die gesammelte Wucht einer Eiche etwa, die Anmut eines Wollgrasflöckchens, die Ruhe eines baumbeschatteten Reethdachhauses, das Klappstau mit dem lautlosen, seidigen Fall des Moorwassers, die Blumen eines Bauerngartens, der emporragende Schwengel eines Ziehbrunnens, die Heckenwälle um die Viehweiden, die düstere Fläche eines Torfstichs, der langsame Flug eines Fischreihers durch den Abend, die schweren Bewegungen der Bauern bei ihrer niederkrümmenden

Eine mühselige und schwere Arbeit: das Torfgraben.

Arbeit und die lichtumflossenen Spiele der Kinder mit den großen, hellen Augen.

Da mag jeder ermessen, wie unendlich die Möglichkeiten sind, die die Worpsweder Landschaft dem Künstler bietet, der sich ihr anvertraut. Sie ist gleichsam eine Antwort, die bereits vor jeder Frage gegeben wird. Es liegt bei den Künstlern, so zu fragen, daß sie der ganzen Herrlichkeit der Antwort teilhaftig werden. Wer allerdings nichts zu fragen hat, wen nichts um ihn her fragwürdig, des Fragens, des Verwunderns, des fassungslosen Staunens, des Erschrekkens wert erscheint, der wird auch keiner Antwort gewürdigt. So einer geht dann hin und malt ein „Motiv". Nur wer hat, dem wird gegeben. Diese unendliche Landschaft bedarf des Menschen, der auch seinerseits voll, übervoll von Unendlichkeit ist, des von innen her erschütterten, des gequälten, kurzum des schöpferischen Menschen.

Worpsweder Tagebuch[1])

Fritz Mackensen 1898
Holzschnitt nach einer Fotographie aus dem Xylographischen Institut von J. J. Weber in Leipzig aus der „Worpsweder Nummer" der „Illustrierten Zeitung" vom 23. Februar 1899.

1884

Am 13. 9. 1884 trifft der 18jährige Student der Düsseldorfer Akademie Fritz Mackensen zu einem Besuch bei der Familie Stolte in Worpswede ein, dem kleinen unbekannten Dorf inmitten des Teufelsmoores.

Wir wissen dieses genaue Datum von einer Postkarte, die Fritz Mackensen am nächsten Tag an seine Mutter schrieb:

„Liebe, beste Mutter und Brüder!
Gestern Abend kam ich um 9 Uhr abends glücklich hier an. Ich wurde aufs herzlichste bewillkommnet: Herr, Frau Stolte, überhaupt alle anderen Mitglieder der Familie Stolte sind alle auf das freundlichste und zuvorkommenste. Hier in Worpswede ist es sehr hübsch weit im Umkreise sieht man die malerischen Heideflächen, hübsche, alte Häuser mit Strohdächern kann ich hier in Hülle und Fülle sehen. Auch Bremen habe ich mir angesehen.
Viele Grüße von Eurem treuen Fritz.
Herzlichen Gruß noch unbekannter Weise von Emilie Stolte"

Die Einladung in das Haus der Worpsweder Familie kam durch deren Tochter Mimi zustande, die im Hause ihrer Düsseldorfer Tante, der Witwe Eilerts, ein Hauswirtschaftsjahr verbrachte. Die Frau Eilerts hatte den mittellosen Kunststudenten auf Empfehlung der Akademie wie einen Sohn in ihrem Hause aufgenommen. In seinen Ferien sollte er nun die Gastfreundschaft ihres Worpsweder Bruders erleben.
Worpswede hinterließ in dem jungen Maler einen tiefen Eindruck.

Der 80jährige schreibt später darüber[2])

„Im Jahre 84., als ich 18 Jahre war, kam ich in meinen ersten Akademieferien zum erstenmal nach Worpswede. Ich war von dem damaligen Vorsteher, Kaufmann Stolte, dessen jetzt 80jährigen Tochter, die ich bei ihrer Düsseldorfer Tante kennen gelernt hatte, eingeladen. Damals wurde die Verbindung mit Bremen durch Omnibusse hergestellt.
In Bremen fand ich kaum Platz in dem Wagen. Auf den Knien hielt ich meinen Malkasten. Mir gegenüber saß ein Mann mit länglichem Gesicht, dessen Haar man weder mit blond noch weiß bezeichnen konnte. Ich fühlte, daß ich seine besondere Aufmerksamkeit erregte. Von der Bremer Grenze ab wurde der Weg sehr schlecht, er war damals noch nicht gepflastert. Es gab manchen Ruck, und bei einem tüchtigen Stoß öffnete sich mein Malkasten und Pinsel und Farben rollten auf den Boden. Der erste, der beim Auflesen der schönen Dinge helfend zugriff, war mein Gegenüber und so kamen wir ins Gespräch. „Sie sind Maler?" war seine freundliche Anrede. „Nein, angehender, ich bin auf der Düsseldorfer Akademie". Da sagte er ganz erregt: „Auch ich war vor langen Jahren auf dieser Akademie, in der Landschafterschule". Was malen Sie denn?" fragte ich ihn. „Ich komme jetzt nur selten dazu, ich male jetzt hauptsächlich Korn", war seine launige Antwort. „Ich mußte die Windmühle meines Vaters übernehmen. Besuchen Sie mich einmal, bis Hüttenbusch gehen Sie anderthalb Stunden."
Es war ein Tag mit seidenfarbigem Blau und silbern schimmernden Schwimmwolken. Als wir in die Nähe von Lilienthal kamen, wurde der Farbenzauber immer herrlicher, als der Weg dann über die Wümme führte, war das Luftgespiegel im Wasser so zauberhaft, daß ich aus dem Staunen nicht heraus kam. Ich hatte nie etwas Ähnliches gesehen. „Da müssten Sie erst einmal die Überschwemmungen erleben," schob sich mein Gegenüber in meine Gedankengänge.
In Lilienthal, wo umgestiegen werden mußte, fand ich den Worpsweder Omnibus dichtbesetzt, denn es war Gerichtstag. Es blieb mir nichts übrig, als

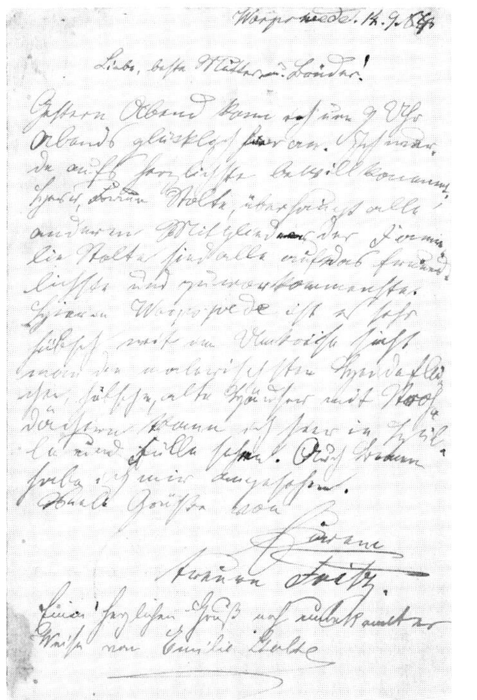

Erste Postkarte Fritz Mackensens aus Worpswede, geschrieben am 2. Tag seines ersten Worpswede-Besuchs im Jahre 1884.

auf das Dach des Wagens zu klettern und mich, so gut es ging, zwischen Körben, Säcken und Paketen einzurichten. Es war nun für mich eine sehr lustige Fahrt.
Ich konnte mich ungestört den Eindrücken der Landschaft überlassen. Die Lücken zwischen den Kronen der Birken ließen den Blick frei. Das dunkle Moor mit den geschichteten Torfhaufen, die blanken Wassergräben, deren Schattenspiegelungen abgrundtief schienen, die arbeitenden Menschen auf den Mooräckern, die Frauen in roten Blusen mit weissen flatternden Schleierhüten tauchten auf und dann zuletzt vor mir der Weyerberg. Am Hang, der damals noch unbewaldet war, hütete in der Heide ein krummer Schäfer eine große Herde.
Gegen Abend dieses Tages hatte der Himmel im wahren Sinne des Wortes seine Wunder aufgezogen. Ich ging auf den Berg. Da offenbarte sich mir Worpswede in seiner allergrößten Herrlichkeit.

Fritz Mackensens erste, in Worpswede 1884 gemalte Landschaftsstudie.

Ich weiß nicht, ob Sie schon einmal beobachtet haben, wenn bei sinkender Sonne verschieden hoch über einander schwebende Wolkengebilde das Licht fangen. Dann gibt es Farben von Dunkel-Violett, Kupferrot, Gold und Silber, und da wo der Äther aufblitzt, erscheint er grünlich oder in den Gebieten der silbernen Cyrruswolken seidig blau. Unter einer solchen Herrlichkeit lagen die dunklen Äcker mit den Hafergarben, dem weinroten Stoppel des Buchweizens, den schwarzen Schollen der umgepflügten Erde und die formenreiche Weite mit den blitzenden Wasserläufen, auf denen schwarze Segel ihre Bahn zogen, auf den Weiden schwarzweiße Kühe, am Horizont das reiche Bild der Stadt.
Überwältigt von diesen Eindrücken trat ich, einem Zwang folgend, an einen Mann heran, der auf einem Acker aus einem umgehängten Sack säte, hochaufragend gegen Himmel und Acker. „Sehen Sie mal, wie wundervoll das ist", redete ich ihn an. Der aber sah mich an, als hätte er einen Verrückten vor sich und antwortete: „Düsse Nacht früßt et."
An diesem Abend schrieb ich meiner Mutter: „Hier male ich mein erstes Bild."
Im selben Jahr trägt der 19jährige Otto Modersohn in sein Skizzenbuch die Worte ein:
„...der Maler, dessen Landschaft nicht so auf uns wirkt, daß uns irgendwie ‚zu Mute' wird, hat nichts geleistet.
(über Rembrandt) Gerade in seiner Zeichnung liegt sein Streben. Mehr vielleicht als durch die Eigenschaft des Tones ist er durch die Zeichnung abwechselnd erhaben, melancholisch, vertraulich anmutig, ernst und streng."

Mimi Stolte, Tochter eines Worpsweder Kaufmanns und Ortsvorstehers, vermittelte die Einladung Fritz Mackensens zu ihren Eltern nach Worpswede.

1886

Die Sommerferien verbringt Mackensen wieder in Worpswede.

1887

Auch Otto Modersohn, einen Studienkollege Mackensens, zieht es in die Natur.

Otto Modersohn, Tagebuch. Düsseldorf, 18. Mai 1887.

„Ein für die Erinnerung wichtiger Tag liegt hinter mir. Gestern, nachdem ich den ganzen Tag über den Professor erwartet, habe ich gegen Abend im Korridor mit ihm gesprochen... Ich hatte das Gefühl, daß er nichts von mir verstehe, ich ihm ganz unverständlich sei. Weil ich das geistige mehr betont habe als das technische, sind meine Sachen dilettantisch. Dieses Büffeln, wie er es mir nun ausmalte, erfüllte mich wirklich mit Widerwillen... Ich werde es gerade entgegengesetzt machen. Wenn ich mir die Kunst, die Landschaften durch diese D.'s Brille ansehe, dann ist alles öde, langweilig, leer; ein kahles, baumloses Feld in Sommermittagsglut, wo im Schweiße ihres Angesichts die Leute arbeiten...

Otto Modersohn

Wenn ich an meine Ideale, an Rembrandt, Rousseau, Dupré, Troyon denke, wie schwillt mir das Herz, wie kann ich nicht von ihnen lassen, wie fühle ich mich im Verständnis dieser Männer zur Kunst berufen ...
„Wie wunderbar ist das alles", sagte oft mein Herz beim Anschauen der Natur; wenn ich den Pulsschlag göttlichen, himmlischen Lebens in der Natur zu hören glaube ... Wie schlägt der Mann meinen Empfindungen ins Gesicht, nie werde ich mit dem Gedanken auskommen, der ganze künstlerische Geist besteht aus dem Gefühl der *Richtigkeit* der Regelwichtigkeit; *fertig* muß ein Bild sein um jeden Preis, dies halte ich für eine der unkünstlerischsten Forderungen. (Wenn überhaupt das Vollenden und Durchbilden einer Studie nicht von innen heraus, vom Verständnis getrieben geschieht, ist es für mich ganz wertlos.) – Ich sollte mit anderen reisen. Mit diesen Leuten, die ich durchaus nicht, weder als Künstler noch als Menschen achten kann, wäre es mir überhaupt unmöglich, länger zusammen zu sein. Sie alle fassen die Sache so wenig hoch, so wenig ideal und künstlerisch an, daher habe ich auch mit keinem Beziehungen, auch mit allen anderen Akademikern nicht, außer den beiden Mackensen und Hecking, mit denen ich den ganzen Winter in wunderbarer Gemeinschaft gelebt habe ... Stelle ich mir die Gefühle vor, die mich vorigen Sommer bei Münster, Ostern in Tecklenburg, dann in Soest, Lippstadt beseelten, so fällt es mir wie Schuppen von den Augen; wie klein sind dann die hindernden Reden D.'s gegenüber solchen aus meinem Innern emporgestiegenen Gefühlen."

In diesem Zwiespalt erreicht ihn ein Brief Mackensens, der den Studienkollegen begeistert für Worpswede zu gewinnen sucht:

Mackensen an Modersohn, 17. 8. 87
„Wie herrlich es hier ist, lieber Otto, kann ich Dir gar nicht beschreiben. Ach, wieviel großartiger ist doch diese Ebene gegen das Gebirge. Und wie originell ist erst diese Ebene mit allen ihren Eigentümlichkeiten!
Die Leute schon so zu sehen ist famos; nun denke Dir aber diese interessantesten Leute bei einem Missionsfest, tief andächtig unter freiem Himmel. Heute morgen fuhren wir per Wagen nach einem nahen Dorf, und ich hörte bis 6 Uhr abends vier Prediger.
Das heißt, ich skizzierte während dieser Predigten die andächtigen Leute. Ich bin ganz selig, lieber Otto, in dem Gedanken, später ein Bild davon malen zu können. Morgen früh ziehe ich los und mache Studien zu einer Zeichnung, die Modelle sind die interessantesten, die ich mir denken kann. Mittags speisten wir mit 7 Pastoren am Tisch, von denen werde ich auch mehrere zeichnen. Landschaftlich ist die Gegend ungeheuer reizvoll; Strohdächer und leuchtend rote Ziegeldächer sind bunt durcheinander geworfen.
Als wir heute zurückfuhren, kam ich unwillkürlich zu dem Gedanken, könnte ich doch mit einem von Euch all das herrliche was ich hier massenhaft schöpfen kann, teilen. Ich sah eine Birkenallee, wie sie nie ein Rousseau gemalt hat. Alte wunderbar geformte Stämme, silbern aus den dunklen Silhuetten herausleuchtend; ein Wassergraben, in dem sich klar leuchtend rotes Dach und eine helle durchsichtige Abendluft spiegelt, wie sie Rembrandt auf seinem Schloß auf dem Berge gemalt hat. Weit hinten auf dem durchfurchten Sandwege sieht man einen Landauer heranrollen, weiter vorn schiebt ein Mann sein beladenes Torfboot vor sich her; ein Bild pompös!!! ..."

1888

Tagebucheintragung Otto Modersohns an seinem 23. Geburtstag (22. 2. 88)
„Mir steht ein Ideal vor Augen. Dieses Ideal ist erfüllt vom Gefühl, ein ahnendes, geheimnisvolles, märchenhaftes, erhabenes und tiefes Naturgefühl. Es tritt in Erscheinung ganz nach den modernen Anschauungen über Naturauffassung und Farbe.
Es nimmt mit voller Bewußtheit ein *bedeutendes nordisches Element* in sich auf, Conzentrierung, Einheit, malerischer Zug, Composition. In der Technik einfach, breit, fließend. Heute Abend steht es mir merkwürdig klar vor Augen. Die geistige Anregung liegt wohl bei den Franzosen. Sie verehre ich am meisten. In den seligsten Stunden in Soest, wenn ich von meinem Ideal träumte, standen Rousseau, Daubigny, Corot immer im Hintergrund. In anderer Weise, vielleicht wegen des nordischen Elements, gibt mir Rembrandt eine Fülle von Ideen.
Dieses Ideal muß immer klarer werden, nur in diesem Sinne arbeiten und studieren.
Nur für diese eine große Idee sterben ..."

Der Ausbruch aus der Akademie war im Geiste längst vollzogen.
Otto Modersohn in seinem Tagebuch 1.–17. Mai 1888, Düsseldorf:
„... das Wichtigste bildete damals für mich der Ankauf von den großen Fotographien nach Troyon, Millet und die Radierung nach Daubigny. Ein wunderbarer Abend von Daubigny kostet leider 20 M., sonst hätte ich ihn auch gern gehabt. Ich war ganz selig durch den Besitz dieser Bilder. Dann kopierte ich eine Radierung nach Daubigny „die kleinen Vögel", die ich in der Akademie aufgetrieben. Ebenso glücklich war ich durch den Kauf des interessanten franz. Buches über franz. moderne Malerei mit vielen Bildern. So nahte der Frühling und freie Arbeit draußen, von der ich mir kollossales versprach.
Ich kündigte Dücker meinen Austritt an, worüber er sehr bestürzt war und mich auf alle Weise zu halten suchte ...
13. Juni – 25. Juli (Münster)
... Ich kaufte mir Feuerbachs Vermächtnis, worin ich mit Ernst viel las.
... Was schon in Tecklenburg (durch Anlehnung an Millet) mein Ideal geworden, sagt mir immer mehr zu;
... Ich sehne mich fort nach Delbrück und Soest."

Mackensen wechselt nach München in die Meisterklasse von Diez. In einem Brief an Modersohn berichtet er, daß er von seinem Professor den Rat bekommen habe, „von den Worpsweder Sachen große Studien zu malen". Mackensen fragt, ob er darauf rechnen könne, daß sie zusammen in jene Gegend gehen. Durch Zufall lernt Mackensen auf der Bahnfahrt von München nach Ingolstadt zu einer Wehrübung Hans am Ende kennen, wie er Student der Münchner Akademie. Schwärmerisch berichtet er von Worpswede und zeigt ihm Skizzen aus den vorhergehenden Jahren.

Im gleichen Herbst besucht Otto Modersohn mit den Kollegen die III. internationale Kunstausstellung in München.
Er berichtet darüber im Tagebuch:
„Sie machte einen ungeheuer fesselnden aber ermüdenden Eindruck. Die gewaltige Fontäne, das Plätschern des Wassers ... Alles drängte sich in den vielen Sälen. Ich lief ziellos überall herum, alles flüchtig betrachtend. Die anderen (Fritz Mackensen war auch gekommen) wollten mich um Mittag heraus haben. Ich blieb bis geschlossen wurde – ich hatte nur in der Restauration ein Glas Bier getrunken. – ... mir brummte der Kopf von allem was ich gesehen ...
Dann ging es regelmäßig in die Ausstellung, wo ich bald kundig wurde. Immer mehr sichteten sich die bedeutenden Werke von den unbedeuteren, die natürlich in Menge da waren. Mein Lieblingssaal war der eine Französische, wo die Troyon, Corot, Daubigny, Dupré, Rousseau und Diaz hingen, aus Privatbesitz. Immer mußte ich wieder dahin zurückkehren. Zwei Bilder von Troyon (ein kleiner Sturm und ein größeres mit einsamen Baum) fesselten mich unendlich im Motiv, Farbe, Technik überhaupt in jeder Beziehung; ähnlich wundervolle Corots und ein kleiner Daubigny. Danach gefielen mir am besten die Holländer ... Bracht gefiel mir nicht. Die Düsseldorfer gefielen mir fast alle nicht. Unbedeutend waren Schweden, Italien, Nord-Amerika, auch Ungarn interessierte mich wenig. Bei England dominierte das Porträt – Liebermann und Uhde sehr interessant. Böcklin zwei merkwürdige Bilder.
– Täglich ging ich in den Glaspalast; ich sammelte manche Erfahrungen.
Die *neue Pinakothek* kann ich fast ganz übergehen. Ungleich interessanter war die Schackgalerie, wo die Böcklins einen großen Eindruck auf mich machten."
... Was ich sonst an Kunst in München gesehen war unbedeutend. Kunstverein, Kunstgenossenschaft ... sonst bildete sich

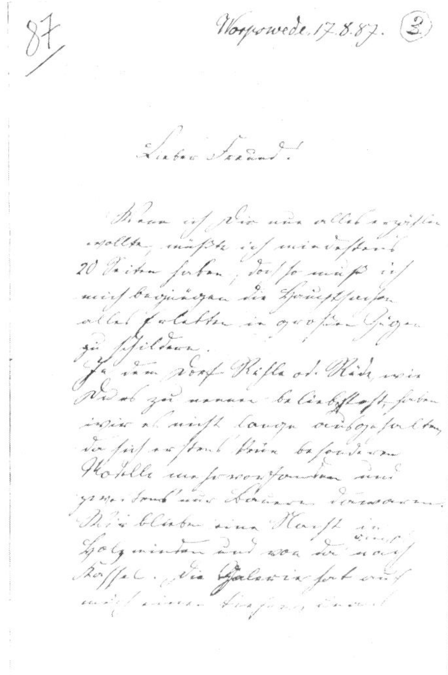
Worpswede. 17.8.87.

Brief Fritz Mackensens an Otto Modersohn vom 17.8.1887.

mir bald die Ansicht, daß es mir in München gar nicht auf die Dauer gefallen könnte ... – eines der interessantesten meiner Münchener Erlebnisse war der Besuch in einem Photographieladen, wo ich alle Rousseaus sah; einige entzückten mich riesig, leider waren sie so teuer, einen Corot erstand ich. Dann war ich beim Kunsthändler Fleischmann, wo ich einen Dupré sah."

Otto Modersohn, Tagebuch, 27. Januar 89
„Malt *Dücker* um der Richtigkeit willen, dann malt *Schönleber* um der Geschicklichkeit willen. Bei D. muß man ausrufen ‚wie richtig', bei Sch. ‚wie geschickt'. Diese Geschicklichkeit gelang zu völligem Virtuosentum, zur Bravourmalerei. Mein Ideal ist das alles nicht. Bei mir muß das poetische Gefühl für die Natur alles überragen, um dessen willen ich male ..."

Hoher Himmel über weitem Land: die Hamme mit Torfbooten unter Segel.

1889

Am 3. Juli treffen Mackensen und Modersohn zu gemeinsamen Sommerstudien in dem Dorf am Weyerberg ein. Ende Juli bis Anfang August halten sie sich auf Karl Vinnens Gut Ostendorf bei Bremerhaven auf. Als Hans am Ende am 4. August nachkommt, kehren sie nach Worpswede zurück. Aber leider ist die Freude des sommerlichen Studienaufenthaltes getrübt: Der 4. im Bunde, der Bildhauer Alex Hecking, war nicht mitgekommen. Er hatte sich in München im Englischen Garten erschossen, weil er an sich zweifelte. Aber über den Tod hinaus half er dem Freund. In einem letzten Brief an seine Mutter bat er sie, Mackensen so lange zu unterstützen, bis er sein erstes großes Bild, seinen „Gottesdienst", vollendet habe. Der Aufenthalt dauert länger als geplant: Modersohn macht den Vorschlag, den Winter in Worpswede zu bleiben.

Fritz Mackensen schildert in seinen Aufzeichnungen den denkwürdigen Tag der Geburt Worpswedes als Künstlerort:
„Als wir im Herbst dieser ersten Gemeinsamkeit in Worpswede auf einem Gang ins Moor von der goldenen Herbstpracht und der fabelhaften Stimmung überwältigt waren, beschlossen wir auch den Winter über hier zu bleiben. Worpswede war für uns zu einem festen Begriff gereift."
Otto Modersohn, der diesen Malsommer in seinem Tagebuch ausführlich beschreibt, schildert dieses denkwürdige Ereignis aus seiner Sicht:
„*Mittwoch, 3. Juli 1889* kam ich mit Fritz Mackensen voller Erwartung in Worpswede an. Ich sah gleich, daß meine Erwartungen nicht getäuscht waren. Ich fand ein höchst originelles Dorf, das auf mich einen durchaus fremdartigen Eindruck machte; der hügelige, sandige Boden im Dorfe selbst, die großen bemoosten Strohdächer, und nach allen Seiten soweit man sehen konnte, alles so weit und groß, wie am Meer.
Der erste Abend war gleich ein köstlicher. Wir gingen auf die weiten Weiden, in dichtem Staub fuhren mit Heu beladene Wagen zum Dorfe. Alles sah uns erstaunt an.
Am 8. Juli schreibe ich nach Haus: Es ist wirklich so recht ein Land nach meinem Sinn, die ganze Gegend atmet so einen urwüchsigen, nordischen Charakter, der mir ungemein wohltut. Male meine erste Studie mit Fritz abends am Berge über der Schmiede; eine in der Heide in Osterwede, sehen ein flachshaariges Mädchen beim Torf, (Meta) malen sie, wollen sie am Nachmittag wieder malen. Doch daraus wurde nichts. Fritz die denkwürdige Birkenallee auf hohem Keilrahmen, male ihm verschiedentlich herein, ist über meine Studie (Sandweg, Abends) erstaunt.
In der Zeit, wo wir bei Stahrs wohnten, herrschte eine rege Tätigkeit – *6. bis 29. Juli* – Ich malte ziemlich in meiner alten Weise eine Menge kleiner Studien. Fritz konnte damals noch nicht recht mit dem Malen draußen fertig werden. Ein großer Teil von Studien, die er meist

Otto Modersohn, Moorkate mit Bäuerin und Ziege, 1889
In der Tagebucheintragung vom August erwähnte Ölstudie.

Hans am Ende, 1898
Nach einem Holzschnitt aus der „Illustrierten Zeitung".

mit mir zusammen malte, verunglückten ihm an Ort und Stelle. Einige meiner Studien imponierten damals Fritz außerordentlich; eine schwüle Mittagsstimmung (Ostendorf); eine mit Grimms-Haus an dem Kanal auf den Wiesen; eine mit Pohlenbergs Haus…
In dieser Zeit waren wir zuweilen mit dem Lehrer Kohlenberg zusammen, da wir ihn noch nicht kannten.
Großartig, vielleicht der schönste Tag in dieser Zeit war einer, wo ich mit Fritz bei Weyermoor, nicht weit von Kohlenbergs Haus malte. Ein unendlich feines Grau, überall, das zu allem, den Schafen, Kühen etc. wunderbar stimmte. Gegen Abend malte ich noch eine ganze kleine Skizze mit Tieren.
Montag, 29. bis Samstag, 3. August Ostendorf (bei Bremerhaven). Auf Einladung von Vinnen fahren wir zu dem Gute desselben. Auf der Hamme, über welche wir uns durch Kück fahren ließen, prächtige Sachen, Kühe etc. Mit der Bahn von Osterholz nach Stubben. Dort mit dem Wagen von dem alten Johann abgeholt. Vinnen kam uns kurz vor dem Gut (Ostendorf) entgegen.
3. bis 20. August. Gleich am Sonntag nach der Rückkehr (4. August) kam, auf eine Karte von Fritz von Ostendorf

Otto Modersohn, Moorkahn, aus dem Skizzenbuch 1889.

hin, dessen Freund, mit dem er in Ingolstadt gedient, in Gerolfing gemalt, und als Spion verhaftet, Hans am Ende in Worpswede an.
Wir waren oft in Bergedorf – Adolphsdorf, welche Gegend mir damals erst bekannt und richtig lieb wurde. Dort manche Studie. Am besten Hütte in Adolphsdorf mit der Ziege, Sandweg in Weyerdeelen, Sommermorgen in Ostendorf, wo wir den köstlichen Knauer (Kind im Hemdchen) sahen. Malten auf den Weiden Kühe etc., ich den Blick nach Worpswede mit Grimms Haus…
Fritz malte viel kleines Zeug, einmal einen alten Korbflechter. – Da kam er eines Morgens mit der Windmühle, Hochbild, links Linden – und alle waren erstaunt. Ja, das war das Beste, was wir bis damals gemalt. Mir gefiel die Studie riesig. Ich war ordentlich verliebt in sie. Sie hatte Farbe, war frei und breit…
Vom Dienstag, 20. August bis Mittwoch, 25. September wohnen wir „Zur Stadt London" bei Michaelis. Damit beginnt eine sehr schöne Zeit…
Doch da war die Krise. Wir gingen an einem Nachmittag, *25., 26. oder 27. August* nach Bergedorf. Herrlicher grauer Tag; Weib auf dem Acker, gegen die Luft – Millet. Bleiben auf der Brücke, die dort über den Kanal führt, stehen, nach allen Seiten die köstlichsten Bilder. „Wie wäre es, wenn wir überhaupt hier blieben, zunächst mal sicher bis zum letzten Tage des Herbst, ja den ganzen Winter. Wir werden Feuer und Flamme, fort mit den Akademien, nieder mit den Professoren und Lehrern, „die Natur ist unsere Lehrerin, und danach müssen wir handeln". Ja, das war ein denkwürdiger Tag. Mit einem Mal hörte das beständige Schwanken und Plänemachen auf. Worpswede war uns in der Zeit, ohne daß wir es eigentlich wußten, so nahe gerückt, daß eine Trennung fast unmöglich war. Über dieses erlösende Wort (das ich sprach) war natürlich große Freude. Was für Sachen wird der Herbst, der Winter bringen. Sofort schrieb ich nach Hause: „Die Gegend wird immer großartiger, ich will noch eine Zeitlang bleiben".
Zunächst hatte ich die Ausführung unserer neuen Idee so gefaßt, daß ich für 30 M, die ich geschickt bekommen hatte, noch ca. 3 Wochen dableiben wollte.
September
Ein herrlicher Monat!
Schreibe am 6. September den kritischen Brief, will absolut bis zum Winter zunächst bleiben, da ich nirgends so viel lernen kann. Fritz und am Ende wollen ziemlich fest den Winter auch bleiben. Durch die Windmühlenstudie hatte Fritz damals die beste Studie gemalt. Jetzt hieß es ihm nachzutun, ihm gleichtun.
Es entbrannte ein förmlicher Wettstreit. – Endlich kam ich zur Farbe. Die Anfänge legte ich in einer Studie bei Regen bei der Windmühle und dem Sandvordergrund; morgen vorn am Dorf mit Reimers Bäumen, Abend im Moor nach Westerwede zu; Weg zur Windmühle vom Dorf aus – dunstiger Morgen.
In dieser Zeit schwärmte ich – und wir alle – hauptsächlich für die Windmühlengegend und die Äcker am Dorf. Es waren unvergleichliche Tage. Grau der Himmel, eilig jagten die Wolken, die dunklen tiefen satten Ockertöne, die Mistfahrer, ganze Schwärme von Krähen wie gebannt, blieb wie oft stehen vor der Schönheit und Großartigkeit dieser Bilder. Einmal gegen Abend mit am Ende auf dem Weg nach Nordwede, (das wir erst spät entdeckt und damals fast täglich besuchten), ein unbeschreiblich nobles Kolorit. Wenn ich an diese Zeit denke, schwärme ich ordentlich wieder und alles steht so klar vor mir. Manchmal war es fein dunstig und unendlich ruhig und still."
Hans am Ende beschäftigt sich mit Druckgraphik und fördert die anderen in dieser Technik. Im Oktober/ November reisen Modersohn und am Ende nach Paris, im Dezember besuchen alle gemeinsam den bekannten Marschendichter Hermann Allmers zum ersten Mal in Rechtenfleth an der Unterweser. Trotz unterschiedlicher Kunstauffassungen entwickelt sich eine Freundschaft zu dem Dichter.
Nachklang. Brief von Fritz Mackensen an Otto Modersohn am 27. 12. 1889
„Wir müssen das Glück, daß gerade wir beide zusammengekommen sind, benützen. Ich glaube, daß sich sehr selten zwei zusammenfinden, die so ganz dasselbe Ziel verfolgen, die denselben Wahlspruch zu ihrem Ideal gemacht haben. Albrecht Dürer: ‚Aber das Leben der Natur gibt zu erkennen die Wahrheit dieser Dinge. Darum sieh sie fleißig an, richte Dich danach und gehe nicht von der Natur in Deinem Gutdünken, daß

Du wollest meinen, das besser von Dir selbst zu finden. Denn wahrhaft steckt die Kunst in der Natur. Wer sie heraus kann reißen, der hat sie.' – Es ist zwar lächerlich, daß ich den Spruch hier nochmals wiederhole, doch ich kam so unwillkürlich dazu, der Spruch ist zu kräftig."

1890

Am Neujahrstag 1890 trägt Otto Modersohn in sein Tagebuch ein:
„Ein Jahr, ein decenium geht zu Ende. Im verflossenen haben meine Ideen auf das energischste zu einer Krisis geführt. **Akademien, Professoren, Kunststätten sind verworfen... Eine Kunst, die über das optische Sehen fast hinausgreift und den Gehalt, die Eigenschaft der Dinge erreichen will, ist mein Ideal.** Elementar muß sie wirken, die Gegenstände mit Vehemenz erfassen, Dokumente der Natur errichten."

Im Sommer sind die Künstler in Worpswede, im Winter gehen Mackensen und Modersohn nach Hamburg. Modersohn malt sein erstes großes Bild mit einem Worpsweder Motiv.

Fritz Mackensen, Otto Modersohn beim Malen, um 1890

Otto Modersohn, Tagebuch, Mai 1890
„Meine Kunstanschauung hat sich in der Weise stetig weiterentwickelt und gefestigt. Gestern einen Traum von köstlicher Tiefe, kühler Farbe geträumt... Das Wenigste bedeutend, mit Vertiefung gemalt (z.B. das kleinste Luftstück mit ganzem Gefühl), wie kann da die Farbe sprechen, wieviel kräftiger, intensiver als bei dem alten Landschaftsgeschmack."

Otto Modersohn, 27. Juni 1890
„Farbe! Farbe! Farbe! Ruhig, kräftig, energisch, scharf erfaßt: echter größter Reiz, den ich kenne. Dabei famose, originelle Motive..."

Otto Modersohn entwickelt sein Kunstideal.

Aus dem Tagebuch (27. Okt. 1890)
„Wunderbares Kunstideal, entstanden in der Zeit: Rembrandt als Erzieher (Langbehn) – Hufeland – Burns.
Es ist ganz frei, selbständig, originell, nicht rembrandtsch, nicht Böcklin, nicht Millet.

I. Gegenstand ist besonders einfache Ländlichkeit. Sein Hauptcharakter: bäuerlich, plattdeutsch, niederdeutsch.
II. Es hält eine, weise, am nächstenliegende, darum so selten begangene Mittelstraße: *Zartheit* – ohne *Süßlichkeit.*
Kraft, Kühnheit, Herbheit – ohne Brutalität. Weder schwärmerisch, – noch nüchtern (wie die Modernen). Besonnenheit und Leidenschaft.
III. Hauptcharakter:
Gemüt, Innerlichkeit, Sinnigkeit, Empfindung neben scharfer Beobachtung.
IV. Damit verbunden und verwandt, ist es wohl:
Schlichtheit, Einfachheit, Anspruchslosigkeit, Kindersinn, – *Naivität,* Unbefangenheit, Natürlichkeit, Aufrichtigkeit, und eben dadurch:
V. *Vornehm.*

Fritz Mackensen, Worpsweder Mühle, 1889, in Otto Modersohns Tagebucheintragung vom August erwähnt.

VI. Voll *Farbenschmelz,* Musik, melodisch, nuancenreich, voll stiller gedämpfter Glut, aber nie so auffallend, grell, bizarr, südlich wie Böcklin.
VII. Es ist wohl:
Malerischen Sinnes, alles ist aus malerischem Gefühl geschaffen, voll malerischen und *koloristischen* Behagens.
VIII. Wohl:
Reichtum der Formen (darum Hauptidee: Landschaft mit Figuren, Tieren. Doch bindet es sich an keine bestimmte Art).
IX. Es ist durchaus *Makroskopisch,* alles Groß gesehen.
X. *Mittelgroße* Bilder."

Fritz Overbeck, 1898
Holzschnitt aus der „Illustrierten Zeitung".

1891

Besuch der drei Künstler bei Eugen Bracht in Berlin. Modersohn setzt sich mit Bracht kritisch auseinander.
Otto Modersohn, Tagebuch, 30. 1. 91
„Gestern Abend bei Bracht – gähnend langweilig, ich passe nicht hin. Der künstlerische Standpunkt ist sehr gering. Keiner ist Kerl, ist Künstler. Flachköpfe ohne innere Begeisterung. Bracht – Schwärmerei für alles Fremde, neue, abenteuerliche! Wie unkünstlerisch! Daß das Einfache dem Künstler durch seine Beseelung zur Kunst erhöht, kennt er nicht."
Mackensen malt im Winter in Karlsruhe, wo er Ludwig Bokelmanns Atelier benutzen kann. Nach jahrelangen Vorarbeiten geht er jetzt an die endgültige Fassung des „Gottesdienst im Freien". Auch aus der Ferne tauschen die Freunde Pläne und Ansichten aus.
So erläutert Otto Modersohn sein Naturverhältnis in einem Brief an Hans am Ende aus Münster am 9. 12. 1891:
„... Ich stehe wieder ganz auf der einfachen Natur; ich fühle mich riesig glücklich darüber. Der Höllenspuk ist wieder überwunden ... Freilich Natur und Natur ist ein Unterschied, das heißt, ist es nicht, aber ob einer oder ein anderer sie ansieht. Das man „Einer" ist, darauf kommt alles an, ja nicht der ‚Andere'. – Nicht über die Natur, sondern in ihr soll man denken. Und man kann nicht liebevoll, hingebend genug sie anschauen. Wer nicht mit solchem Gefühl vor sie kommt, der kommt vergebens; ihm erschließt sie sich nicht. Ein blasierter, eingebildeter, unehrlicher Sinn, so wie ihn ja die jungen Maler so viel, so oft heute haben, kann ihren wunderbaren Zauber, ihre *Schönheit* nicht empfinden. Ja, Schönheit, ich meine nicht gerade im gewöhnlichen Sinne. Man weiß wirklich nicht mehr, wie schön die Natur ist, es ist das Gefühl dafür fast gänzlich verloren gegangen. – Ich denke an den Sommer in Worpswede, gleich unsere Hütte mit den Gärtchen, den krummen Obstbäumen, der kleinen Lulu im Lehnstuhl, die Kätzchen, der Stall mit Ziegen und Kuh – welch eine Fülle von Stoff; alles ist gut, wenn es nur recht aufgefaßt wird. – ... Diese Vorliebe führte mich schon früher zu den Franzosen, den ‚Intimen', sie haben diese köstliche Beseelung des Kleinsten und Unscheinbarsten in der Natur."

1892/93

Erste Konflikte in den Auffassungen der Künstler kündigen sich an. Otto Modersohn lehnt die von Fritz Mackensen vertretene gemeinsame ideelle Basis ab.
Otto Modersohn an Fritz Mackensen
Worpswede, 25. 2. 1892
„... Ich will die früheren Zeiten nicht anklagen, aber das steht fest: Worpswede muß anders werden ... Ich sehne mich wahrhaftig wie nie zuvor, diese kleinlichen und unkünstlerischen Wege zu verlassen und nach dem Höchsten mir nur Erreichbaren zu streben."
Otto Modersohn, Tagebuchaufzeichnungen, Worpswede, 29. 3. 1892
„Brief von Mackensen. – Neue Kunstanschauungen, die mir aber unklar bleiben ... Ich strebe zu anderen Zielen. Diese genialische Kraftmeierei, Leidenschaftlichkeit und künstlerische Verwilderung – denen man so oft begegnet – steht auf einer sehr niedrigen Stufe. Die unablässige, ausdauernde Kraft, die Gott uns gibt zu allem guten Werk, ist in jedem mächtig. Und dieser Kraft von Gott ist nichts unmöglich. Sie führt alles zum guten Ziel. ‚Ora et labora' – Und ist nicht das liebevolle Erschaffen der Natur, aller Einzelheiten bis zum kleinsten Hauche Zeichen und Forderung des künstlerischen Geistes? – In der Bibel steht: es kam ein gewaltiger Sturmwind ... aber der Herr war nicht darin, da kam ein sanftes Säuseln, darin war der Herr."
Worpswede, 29. 4. 1892.
Stille – stille Größe – ist so recht eigentlich mein Ziel. Mit Wenigem – viel sagen. Bilder, die zur Stille führen, sind mir die liebsten. Sie haben für mich den höchsten ethischen Gewinn."
Im Sommer folgt auf Anregung Mackensens und Modersohns Fritz Overbeck nach Worpswede, ein Bremer Bürgerssohn, der wie sie in Düsseldorf an der Akademie studierte

Fritz Overbeck, Die Windmühle, 1893.
Radierung und Aquatinta.

und Mitglied der studentischen Verbindung „Tartarus" war.
(Overbecks Vater war Sohn des ersten technischen Direktors der Lloyd-Gesellschaft in Bremen).
Erste Radierungen mit Worpsweder Motiven entstehen.

1894

Aus dem Tagebuch Otto Modersohns, Münster, 14. April 94
„Was ist die Natur? – Eine Einwirkung von Luft und Licht auf die Gegenstände, die Stimmung, glauben wohl viele Maler. Ihre Arbeiten enthalten fast nur dies. – Ich sage aber so: Die unendliche, unermeßliche Fülle individueller Gebilde (das Wesen der einzelnen Gebilde und Elemente) – ist die Natur. Wäre eine völlige Stimmungslosigkeit denkbar, würde der Reiz derselben doch da sein. Die Stimmung tritt als einigendes, verbindendes Element hinzu. Aber das erste ist: der Baum, der Mensch, das Gras, die Blume.
Solange ich lebe, will ich nicht mehr von dieser Erkenntnis, von der tiefsten Naturverehrung, lassen.
Nur zwei Lebende bleiben: Leibl und Böcklin. Leibl ist oft trocken, unkoloristisch. Böcklin sagt mir in seinen Figuren, seinen antiken Vorwürfen wenig zu. Seine Naturauffassung zieht mich aber an.
Meine Art denke ich mir weder in der älteren Art: Motiv mit malerischer, koloristischer Behandlung ohne rechtes, inneres Leben, noch im Sinne der neuesten Lichtmaler, denen Luft und Licht über alles geht, die nur das erstreben. Auch nicht die phantastische Art Thoma's, Hofmann's.
Was nun eigentlich?
Stimmung, Farbe, Luft und Licht, aber daneben und mit besonderer Betonung Form, Reichtum der Naturgebilde, Wesen der Stoffe, der Elemente. Als Bild frei gefaßt, steckt hierin schon die ganze Kunst ohne Zutaten. Es kann gelegentlich aber etwas derart hinzukommen; notwendig ist es aber nicht.
Ich habe etwas ganz Persönliches vor. Keiner hat es.
Alles kommt darauf an, diese meine Art so nachdrücklich und deutlich wie möglich in Bildern zu fassen. Ich will der Führer einer neuen Richtung werden, resp. ich will eine eigene Persönlichkeit innerhalb und unabhängig von jetzt bestehenden Richtungen werden. Darin liegt mein Heil. Das erhebt mich, das soll mich anfeuern, anspornen zu unausgesetzter Arbeit. Mehr wie alle möchte ich deutsch wirken, ganz meine Naturanschauung, mein persönliches, besonderes Verhältnis zur Natur zum Ausdruck bringen."

Fritz Overbeck, Dorfstraße, 1898. Radierung und Aquatinta.

**Als Overbeck nach Düsseldorf zurückgeht, um im Atelier eines wohlhabenden Bremer Kaufmannssohnes, namens Heinrich Vogeler, zu arbeiten, schreibt er Modersohn: „Im Mai wird wahrscheinlich Vogeler nach Worpswede kommen.
Ich glaube, der wird noch einmal Bedeutendes leisten. Mit seiner Gesellschaft wirst Du sehr gut auskommen; es sind verwandte Züge da…" Vogeler kommt und bleibt.**
Seine Ankunft in Worpswede beschreibt er in seinen „Erinnerungen", die später von Erich Weinert herausgegeben werden (1951), sehr lebendig:

Heinrich Vogeler, 1898 Holzschnitt aus der „Illustrierten Zeitung".

„In der Schleifmühle saß ich bei der Mutter, die an allem, was ich gesehen und gelernt hatte, und auch an meinen Plänen regen Anteil nahm. Ich besuchte dann auch die alte Mutter des Malers Overbeck und erfuhr, daß Fritz ganz in Worpswede lebte und sich dort mit seiner Arbeit angesiedelt hatte. Am anderen Tag packte ich meine Sachen zusammen, wartete an der Straße den Morgenomnibus nach Worpswede ab und übergab dem Kutscher das Gepäck mit der Bitte, es bei dem Maler Overbeck abzustellen. Ich selber warf noch einen letzten Blick hinauf zur Mutter, die oben am Fenster bei ihrem Klöppelbrett saß. Mein Ziel war der Weyerberg, das Dorf Worpswede. Aber ich hatte nicht die Geduld, jetzt in dem rüttelnden Omnibus mit den Reiseonkels zu sitzen, sondern machte einen Teil des Weges mit der Eisenbahn, wie mir die Mutter Overbecks geraten hatte, und dann zu Fuß. In der Kreisstadt Osterholz stieg ich aus. Man wies mir den Weg zum Hammefluß. Die Sonne war schon hoch, als ich den Ort hinter mir hatte und durch die Wiesen schritt. Über mir meckerte eine ‚Himmelszeeg', wie die Bauern eine große Schnepfenart nennen, die beim Flattern mit den Flügeln ein Meckern hervorbringt, als käme es von

Carl Vinnen, 1898
Holzschnitt aus der „Illustrierten Zeitung"

einer Ziege. Hatten in Paris schon die Kastanien geblüht, so war hier noch Vorfrühling. Ein frischer Morgenwind wehte. Rauschend kam ein Torfkahn unter seinem braunen Segel flußaufwärts. Ich rief den Schiffer an. Das Boot scheerte ans Ufer, ohne zu halten, und ich sprang hinein. Einen Moment schepperte das Segel, dann war das Boot wieder unter Wind. Nach einstündiger Segelfahrt streifte der Kahn das niedere Ufer des Moorflusses. Bei der Hammehütte ‚Neuhelgoland' mußte ich hinaus. Mit einem Gruß an den Torfbauern: ‚Komm man god hin!' sprang ich ans Ufer. Rüstig schritt ich durch die frischgrünen Wiesen dem Berge zu, der sich feldgestreift mit einer kleinen dunklen Kiefernhaube in der Ferne vom Horizont abhob. Bald war ich im Dorf.
Fritz Overbeck schmunzelte froh, als er mich kommen sah. Dann ging er mit mir zu den Freunden. Alle waren mir, dem jungen Ankömmling, sehr behilflich, und abends lag ich schon eingerichtet in dem Giebelzimmer eines kleinen Hauses, das einer Gendarmenwitwe gehörte, im reinlichen Bett.
Gleich am nächsten Tage, nach dem Essen im Gasthaus, zogen wir, Fritz Mackensen, der Radierer Hans am Ende, Fritz Otto und ich, los, um den Landschafter Otto Modersohn aufzusuchen. Der rotbärtige Westfale arbeitete in einem hellen früheren Schulraum. Alles sah bei ihm nach intensiver Arbeit aus. Ich war erregt, nicht nur von der Fülle der Arbeit, sondern auch davon, wie Otto Modersohn die Landschaft hier erfaßte. Sowohl die braunrote Herbststimmung des Mooses als auch den smaragdgrünen blumigen Frühling der Wiesen und die weißen Birkenstämme. Aber über allen anderen Eindrücken waren es die Lüfte, das sommerliche Ziehen der weißen Wolken über das Land, der graue Sturm, der die Bäume peitscht, und die eigentümliche Kraft der Farbe, die der Moorlandschaft eigen ist, wenn sich die Luft in dem dunklen Schwarz der Torfgräben und Moorsümpfe spiegelt.
Wir zogen dann alle zusammen über den alten Kirchhof, der hinter der alten Schule lag, zur Dorfkirche hinauf, in welcher das große Bild Fritz Mackensens, „Die Missionspredigt", hing.
Wir betrachteten das Bild und sahen in einer weiten Moorlandschaft Bauern und Bäuerinnen, viele in der alten Bauerntracht. Sie saßen und standen unter einer primitiven Kanzel, von der ein alter Pastor predigte.
Die fertigen Einzelheiten des Bildes zeigten mir, dem jungen Anfänger, ein großes Können, wenngleich ich mir darüber nicht klarwerden konnte, aus welchem Grunde die Zusammenstellung der Figuren mich so kalt ließ, als sei es eine Illustration, die man vorübergehend ansieht und schnell vergißt.
Der lange ausgedehnte Weyerberg, der die baumlose Feldwirtschaft der Großbauern trug, bekam hier hinter der Kirche über dem Dorf einen anderen Charakter, eine ganz ausgeprägte Form, die Form einer abgeplatteten Spitze, die von windschiefen alten Kiefern umgeben war. Dichtes Eichengebüsch umkränzte die Kiefern. Die innere Platte bildete ein langer freier Platz mit seidigem Heidegras, in dessen Mitte ein Denkmal stand, ein Obelisk aus rohen Granitquadern...
Wir Maler lagerten uns bei dem Obelisken. Die drei älteren, die Entdecker des Moores, Fritz Mackensen, Hans am Ende und Otto Modersohn, erzählten von den vergangenen Jahren, wie Fritz Mackensen zuerst durch Freundschaft mit einer Dienstmagd, die aus dem Dorf Worpswede stammte, hierher gekommen war.
Mackensen hatte in München studiert, und die anderen beiden, die auch dort malen lernten, folgten ihm nach Worpswede.
Sie erzählten, daß das Zimmer beim Kleinbauern Segelken, wo sie wohnten, von den drei Betten ganz gefüllt war, so daß der Eingang nur durchs Fenster gehen konnte. Ihre Studien hatten über ihnen gehangen, an die Balkendecke genagelt. Ein alter Birnbaum vor dem Fenster war zum Kleiderschrank geworden. Den Rest von einem geteerten Segel hatten sie zwischen den Zweigen als Regenschutz ausgespannt.
Meine besondere Sympathie gewann Fritz Overbeck. Er schwieg zwar fast immer, aber der gedrungene breitschultrige Mensch mit dem widerspenstigen Schnurrbart und mit dem borstigen Haarschopf schmunzelte manchmal so vielsagend, als ginge manches in ihm vor, was er nicht aussprechen wollte.
„Dieser da ist unser geheimer Dichter", sagte Hans am Ende, indem er zu uns rückte. „Er ist ein Schüler der berühmten schlesischen Nachtigall."
„Schlesische Nachtigall?" warf ich ein, „kenne ich nicht." „Friederike Kempner ist die schlesische Nachtigall", sagte am Ende. „Sie fabrizierte Gedichte von einer so unfreiwilligen blödsinnigen Komik,

daß die Breslauer Studenten beschlossen, diese Frau zu verulken, indem sie sie mit dem höchsten Dichterruhm krönten."
Fritz Overbeck steckte seine Pfeife zwischen die Zähne und kletterte wortlos den Obelisk hinauf, indem er seine Stiefelsohlen in die Quaderfugen klemmte. Dann legte er sich bequem mit dem Bauch auf die abgestumpfte Spitze des Denkmals, nahm seine Pfeife aus dem Mund und begann zu deklamieren:
„Warum steht so schief
Haus mit Stroh bedacht?
Kommt wer aus der Stadt,
Steht er da und lacht.
Und er denkt nicht dran,
Daß du bist schon alt,
Daß im Sommer warm
Und im Winter kalt."

Die Stimmung unter den jungen Künstlern wächst. Übermütig bereiteten sie einen Empfang für den bekannten Marschendichter Hermann Allmers vor, den sie bisher mehrmals vergeblich eingeladen hatten.

Vogeler berichtet darüber (Erinnerungen, S. 59 ff)

„Eines Tages las man in den ‚Bremer Nachrichten': ‚Als sich am 13. August der Morgenomnibus dem Dorfe Worpswede näherte, wurde er an der Landstraßenbiegung von einer Gruppe seltsam kostümierter Männer angehalten. Die Leute waren unvollständig bekleidet, mit Fellen und grobem Leinen, und trugen an den Füßen Sandalen. Bewaffnet war die Bande mit langen Torfstichmessern. Die Leute drangen in den Wagen ein und ergriffen den bekannten Marschendichter Hermann Allmers. Zwei von ihnen hoben den alten Herrn auf ihre Schultern und trugen den Dichter zu einem Gefährt, einem Ackerwagen, der bekränzt war mit grünen und roten Vogelbeergirlanden. Zwei Kühe, denen man die Hörner vergoldet hatte, zogen den Wagen, der von den – es sollten wohl alte Germanen vorstellen – Männern in Fellen begleitet war, ins Dorf Worpswede. Vor dem Gasthaus ‚Stadt Bremen' standen am geöffneten Dielentor zwei weißgekleidete bekränzte Jungfrauen, eine hellblonde und eine schwarze. Jede hielt ein Trinkhorn mit Met (Honigbier) in der Hand. Als der Marschendichter abgestiegen war, empfingen ihn die Jungfrauen mit einem wechselseitig vorgetragenen Empfangsgedicht und überreichten ihm den Ehrentrunk. Es waren die Empfangsfeierlichkeiten der Malerkolonie Worpswede für den uns allen so bekannten und beliebten Marschendichter. Wir hören, daß der Dichter einige Tage unter uns verweilen und aus seinen Dichtungen lesen wird."
In Wirklichkeit hatte sich Hermann Allmers einen Tag verspätet. Er war jetzt erst nach Bremen gekommen und hatte den ganzen Aufwand der Künstler nicht erlebt. Die Malersleute waren aber durch das Warten an der Landstraße ziemlich

Zum Empfang von Hermann Allmers schmücken sich Martha Welzel und Martha Schröder, die spätere Frau Heinrich Vogelers, als Worpsweder Ehrenjungfrauen.

Leben in, Schöpfen aus der Natur: Die Worpsweder Maler, zusammen mit dem Schriftsteller Hermann Allmers im Sommer 1894 auf dem Weyerberg in Worpswede.

„Gänsemarsch" mit Gänseblümchen. Hermann Allmers (rechts) mit den Worpsweder Malern an seinem Worpsweder Besuchstag: Otto Modersohn, Fritz Mackensen, dem Heimatforscher Hans Müller-Brauel, Fritz Overbeck und Heinrich Vogeler (von rechts nach links gesehen).

enttäuscht gewesen und steckten im Gasthaus „Stadt Bremen" die Köpfe beim Bier zusammen und fabrizierten einen Bericht.
Clara Westhoff, eine junge Bildhauerin, schwang sich auf ihr Rad und strampelte die vierundzwanzig Kilometer zur Redaktion nach Bremen, um dem Dichter diese kleine Überraschung zu bereiten.
Am nächsten Abend war nun wirklich Hermann Allmers in Worpswede. Im Gasthaus „Stadt Bremen" strömten die Bauern aus der ganzen Umgegend zusammen. Das Billard war an die Seite gerückt. Im schwarzen Wachstuchsofa saß der mächtige Alte. Blau von Tabakrauch war die Bude. Zunächst erzählte Allmers von seinen Reiseerlebnissen, dann kam er aber bald dazu, die bei den Bauern so beliebten Himmelsgeschichten zu erzählen oder zu erfinden. Er sprach natürlich meistens plattdeutsch und gab zuerst den Traum Kloppenborgs zum besten...
Dann erzählte Hermann Allmers die Geschichten von den bekannten Strandräubern, die es so toll getrieben hatten, daß für sie deshalb im Himmel kein Platz war. Sie hatten es aber doch verstanden, sich zugleich mit einer anderen armen Seele durchzuschmuggeln. Darauf lehnte sich der Alte ein paar Minuten im Sofa zurück und schlief ein. Dann wachte er mit neuen Kräften auf. Nun sollte in Gemeinschaft gesungen werden.
Hermann Allmers machte ein kleine Einleitung und erzählte von seinem Besuch beim König der Eskimos in seinem Eispalast: Frühlingsfest. Langer Tisch aus Schnee. Auf der einen Seite Männer in Eisbärpelzen, auf der anderen Seite die Frauen in Gewändern aus durchsichtigen Fischblasen. Jeder hatte einen Humpen Lebertran vor sich. Und nun sang der Alte mit dröhnender Stimme das Frühlingslied der Eskimos, und die Bauern mußten nach jedem Vers den Refrain brüllen: Ava – eve – ava – lu.
Der nächste Tag gehörte den Malern. Man wanderte über den Berg. Meistens lagerten wir zusammen irgendwo in der Heide. Hermann Allmers wußte viel von den Sagen, die sich noch im Teufelsmoor hielten, wie die Geschichte von dem Riesen Hüklüt, zu erzählen. Über uns zogen die hellen Sommerwolken hin. In mir erklang das Lied von Hermann Allmers, das Brahms vertonte: „Ich liege still im hohen grünen Gras."

Hermann Allmers (Mitte vorn) erklärt etwas. Vordere Reihe: Fritz Overbeck (links) und Hans Müller-Brauel, hintere Reihe: (von links nach rechts) Otto Modersohn, Fritz Mackensen und Heinrich Vogeler.

1895

April. Zusammen mit einer Kollektion des „Münchner Ausstellungsverbandes" stellen die Worpsweder zum ersten Mal geschlossen in der Bremer Kunsthalle aus.
Sie erhalten zum Teil wohlwollende, zum Teil ablehnende Kritiken in der Bremer Presse. Positiver fällt die Besprechung in der „Kölnischen Zeitung" aus:
„*Ausstellung der Worpsweder Malerschule in Bremen.* In der Bremer Kunsthalle erregt jetzt etwas so Neues, Originelles, Ursprüngliches allgemeinste Aufmerksamkeit, wie es auf diesem Gebiete hier kaum dagewesen: es ist die besondere Ausstellung der Künstler-Vereinigung ‚Worpswede'. Wie vieles Neue, namentlich auch in der Kunst, bei der großen Menge und auch oft bei den ‚Fachleuten' auf Widerspruch, Unbehagen oder auch Spottlust stößt, so geht es auch diesem Unternehmen, wissen doch sogar viele Bremer nicht einmal, wo eigentlich dieses weltabgeschiedene Nest Worpswede liegt; man erinnert sich höchstens, daß es irgendwo herum in dem verrufenen Teufelsmoor in der Nähe des Weyerberges, einige Stunden nördlich von Bremen in einer der traurigsten Gegenden der Erde zu suchen ist. Und dort soll sich eine Malerschule gebildet haben, die ihre Sachen in der Bremer Kunsthalle auszustellen sich erdreistet? In der Tat haben dann auch würdige Leute, die von dem geplanten Unternehmen der Ausstellung der ‚Worpsweder' hörten, das ganze für einen ‚schlechten Scherz' erklärt, und der Volkswitz, hier wohl richtiger gesagt, der ‚Börsenwitz' hat die betreffenden Räume der Ausstellung als ‚Lachkabinett' bezeichnet. Die Spötter ahnen nicht, daß sie nur das uralte Lied anstimmen, daß der Unverstand und die Schwerfälligkeit der Spießbürger immer anheben, wenn in der Kunst völlig Neues sich zu regen beginnt..." (Prof. Bräutigam)

Auch für die 19jährige Absolventin des Bremer Lehrerinnenseminars Paula Becker, die in ihrer Freizeit viel lieber Malstunden bei dem Bremer Maler Bernhardt Wiegandt nimmt, wird die Ausstellung zu einem Schlüsselerlebnis. *Begeistert schreibt sie am 27.4.1895 an ihren Bruder Kurt:*
„Diese Woche war ich eine eifrige Besucherin der Kunsthalle. Hast Du, wie Du hier warst von den Worpsweder Malern gehört? Natürlich! Die haben jetzt ausgestellt und wirklich einige ganz famose Sachen. Du hörtest gewiß auch von der Haidepredigt, die der eine von ihnen, Mackensen, in einem eigens dafür gebauten Glaswagen, malte. Dies ist ein interessantes Bild. Die Gemeinde sitzt im Freien vor ihrem Priester. Aber wie lebenswahr der Künstler die einzelnen lebensgroßen Gestalten getroffen hat. Die leben alle. Natürlich alles riesig realistisch aber ganz famos. Das einzige, was ich nicht ganz verstehen kann, ist die Perspektive. Ich möchte da riesig gern mal mit jemandem Kunstverständigen darüber sprechen. Weißt Du, das ganze scheint sich nach unten zu senken, als ob es fiele? Ob das richtig ist und unsere sich verkürzende Perspektive nur etwas künstlich Anerzogenes ist. Ich kann mir das gar nicht denken.
Sonst interessierte mich noch riesig ein Modersohn. Der hat die verschiedenen Stimmungen in der Heide so schön geschildert, sein Wasser ist so durchsichtig und die Farben so eigenartig. Auch ein junger Bremer Vogeler, Du wirst ihn wohl kennen, er war auf dem Bazar einer von den hübschen Italienern, der hat aber ganz verrückte Sachen gemacht. Er malt die ganze Natur nach der vorraphaelischen Zeit ganz stilisiert. In unserem modernen Jahrhundert kann man aber über solche Späße nur noch den Kopf schütteln. Dr. Hurm ist natürlich für seinen Schützling Feuer und Flamme. Ich habe ihn zuvor selbst nicht darüber gesprochen, aber in der Kunsthalle sah ich ihn mehrmals von weitem, da machte er einen äußerst begeisterten Eindruck..."

Paula Modersohn-Becker, 1901. Sie lernt die Bilder der Worpsweder in deren Bremer Ausstellung 1895 kennen und kommt 1897 zum ersten Mal nach Worpswede.

Der größte Erfolg dieser Ausstellung wird für die jungen Worpsweder Maler der Besuch von Eugen Stieler, dem Präsidenten des Münchner Glaspalastes, der sie als geschlossene Gruppe zur nächsten „Jahresausstellung von Kunstwerken aller Nationen im Glaspalast zu München" einlädt.
Teilnahme der Worpsweder an der „Internationalen Kunstausstellung" im Glaspalast in München. Großer Erfolg. Mackensen erhält die Goldene Medaille für sein Bild „Gottesdienst im Freien". Otto Modersohns Bild „Sturm im Teufelsmoor" wird vom Bayrischen Staat für die Pinakothek angekauft.

MÜNCHENER KUNSTLERGENOSSENSCHAFT
ES WIRD HIEMIT BEURKUNDET, DASS DEM MALER
HERRN
FRITZ MACKENSEN IN WORPSWEDE
[illegible]
„GOTTESDIENST"
DIE GOLDENE MEDAILLE I. CLASSE
ZUERKANNT WURDE
MÜNCHEN, OKTOBER [illegible]
DER VORSTAND
DER MÜNCHENER KUNSTLERGENOSSENSCHAFT
PRÄSIDENT SCHRIFTFÜHRER

Urkunde der Münchner Künstlergenossenschaft vom Oktober 1895 über die „Goldene Medaille 1. Classe" an Fritz Mackensen für sein Bild „Gottesdienst".

Mit einem Schlag waren die „Worpsweder" in aller Munde.
Fritz von Ostiny, Münchener Neueste Zeitung, 11. 8. 1895:
„Seit im Jahre 1890 die ‚Boys von Glasgow' im Münchner Glaspalaste debütirten…, haben wir nicht mehr die Ueberraschung gehabt, eine in sich abgeschlossene Künstlergruppe mit einer Sammelausstellung auftreten zu sehen, die künstlerisch bedeutend und zugleich durchaus neuartig gewesen wäre. Und nun kommen heuer die Worpsweder, von denen man bei uns bis jetzt so wenig wußte, wie damals von dem Malerkreis in der schottischen Fabrikstadt… Der erste Eindruck, den man vor den Landschaftsbildern der Worpsweder empfängt, ist der, daß unendliche Liebe zum Boden der Heimat diese Leute stark macht in ihrem Schaffen, daß sie zu Denen gehören, denen es vergönnt ist, in die tiefe Brust der Natur ‚wie in den Busen eines Freunds zu schauen'… Diese Leute haben nicht von einem Professor gelernt, wie man Luft, Bäume und Wasser malt, um sich dann vor die Natur zu setzen und dann nach bewährtem Rezept Wind, Bäume und Wasser herunter zu malen. Sie haben zuerst bewundernd vor der Natur gestanden und dann versucht, das mit ungetrübten Augen Geschaute irgendwie nachzubilden, unbehilflich zuerst und naiv, aber auch aus eigenem Wesen heraus und ohne daß irgendwelche Routine ihnen die Hand führte… Erdgeruch weht uns auch aus den Bildern von Modersohn und Overbeck entgegen. Der Letztere namentlich hat Vieles mit Vinnen gemeinsam, sogar in der Zusammensetzung seiner Palette. Der ‚Persönlichste' dagegen ist sicher Modersohn und er ist auch das stärkste Talent unter den Worpswedern, wenn auch das Können Anderer, wie Fritz Mackensen's, schon ausgebreiteter und reifer ist. Beim Schaffen dieses jungen Westfalen macht das in der Natur Erschaute den rechten Weg vom Auge durch das Herz zur Hand. So hat Modersohn eine über Alles künstlerische Art zu schaffen, Wahrheit und Dichtung im Werke zu verschmelzen und kein gleichgiltiges Fleckchen auf seiner Leinwand zu lassen… In dieser seiner Innigkeit, in dieser naiven Zärtlichkeit, mit der er seinem Vorwurf begegnet, hat Modersohn auch eine gewisse Aehnlichkeit mit dem trefflichen Karl Haider. Und wie dessen Kunst ist die seinige in allen Fibern deutsch. Die der anderen Worpsweder freilich auch…
Der bayerische Staat hat Modersohn's ‚Sturm im Teufelsmoor' angekauft, ein Werk, das nach seiner düsteren, eindrucksvollen Stimmung das bedeutendste von den acht hier ausgestellten Bildern des Malers sein mag…"

Alfred Freihofer
Die Malerei auf den Münchener Ausstellungen von 1895, in: Die Kunst unserer Zeit, VI, Bd. 2, 1895, S. 74f.
„Die ächte Kunst will niemals mit Fleiß manierirt sein, aber sie ist es des öfteren gewesen, ohne daß sie es gemerkt hat, und sie ist meist durch unverständige Nachahmung dazu gelangt.
Darum sind es immer die Natürlich-Ursprünglichen, die wir unter den neuen Kunsterscheinungen am liebsten begrüßen, darum sehen wir in den „Worpswedern" das Kunstereignis von 1895.
Wer im deutschen Vaterlande wußte vor vier Monaten etwas von Worpswede? Und wie viele wissen heute etwas davon? Es ist ein Dorf bei Bremen, in der Provinz Hannover gelegen, wo eine Gesellschaft junger Künstler sich angesiedelt hat, um da vor einer schlichten Natur einem antiakademischen Studium obzuliegen. Als ihr Führer gilt Carl Vinnen (sic!), der in den letzten Ausstellungen der Secession als kraftvoll eigenartiger Landschafter zu Bedeutung gelangt ist. Daß seine Freunde jetzt in corpore im Glaspalast ausstellen, ist auch eines der freundlichen Anzeichen, die möglicherweise den Anfang vom Ende des Künstlerstreits verkünden. Das Kabinet der Worpsweder ist unstreitig das modernste (d.h. für das große Publikum unverständlichste) des Glaspalastes und man könnte daher sagen, es gehöre eigentlich in die Secession. Wir haben es nichtsdestoweniger auch im Glaspalast mit Freuden begrüßt. Es ist in der That eine räthselhafte Sache,

Hans am Ende, Moorkate, um 1895. Radierung.

Hans am Ende, Moorlandschaft, um 1895. Radierung.

wie so eine neue Erscheinung in der Kunst sich bildet: Man hätte eine Auslese der Münchener Kunstschüler nach Worpswede schicken können, sie wären vielleicht zurückgekommen, wie sie hinkamen. Am Ort allein liegt's nicht. Es müssen besonders glückliche Bedingungen in der Zusammensetzung dieser Malerkolonie vorhanden gewesen sein, daß es ihr gelang, sich an diesem Orte, der bisher für norddeutsche Begriffe von Naturschönheit wahrscheinlich eben so ein Gräuel war, wie Dachau für den süddeutschen Alpenfex und Bädecker-Reisenden, ein Milieu, eine künstlerische Atmosphäre zu schaffen. Von der Nordsee, diesem in der Kunst so lange so sterilen Gebiet, weht nun auf einmal ein kräftiges Lüftchen, das den Baum deutscher Kunst in ungeahnter Weise beleben kann. Eine „Clique" ist es augenscheinlich nicht, die sich da angesiedelt hat; es ist viel zu viel Naivität, viel zu wenig Spekulation auf dem Markt in ihrer Produktion, als daß dieser Verdacht aufkommen könnte; es ist aber auch keine Schnellbleiche, wo nach einem bewährten Rezept Kunstler fabriziert werden; dafür sind die Erzeugnisse wieder zu herb, zu ungleich. Es giebt strammste Naturalisten, Stimmungsmaler, Farbenpoeten in der Weise Böcklin's und selbst zeichnende Symboliker unter ihnen.

Hans am Ende, Moorlandschaft mit grabendem Bauern, um 1895.
Radierung mit Bleistiftkorrekturen.

Nun ist alles das noch nicht reif und auch diese das kräftigste Leben versprechende Erscheinung vermag den Eindruck des Unfertigen, den das Gesamtbild unserer Kunst heute macht, nur zu verstärken. Das sollte man nicht übersehen.
Die Jury des Glaspalastes hat eines der Worpsweder Werke bereits prämiirt, allerdings nicht weil es das beste, sondern vielleicht, weil es das der Konvention am ehesten zusagende ist; in der Presse aber werden die Worpsweder sammt und sonders bereits mit Komplimenten, denen nicht immer ein sichtliches Verständnis zu Grunde liegt, überschüttet. Und hier sehen wir eine Gefahr: Soll denn schon wieder durch täppisches Zufahren ein guter Ansatz vernichtet werden? Muß der heutige Reklamestil, der aus einer Knospe gleich eine Blüthe und aus einer Blüthe eine reife Frucht macht, selbst da, wo er nicht einmal bestellt ist, sich aufdrängen und durch den Dégout, den er jedem ehrlichen Empfinden einflößt, seine verheerende Wirkung anrichten? Die Erfahrung der letzten Jahrzehnte lehrt, daß es dem jungen Künstler weit besser bekommt, wenn ihn der Unverstand der Menge anblöckt, ohne daß nebenbei überschwängliche Bewunderer ihn in den Himmel heben. Das Schlimmste, was ihm passiren kann, ist, daß er sich für ein verkanntes Genie hält, wenn er zwar wohl auf das Adjektiv, nicht aber auf das Substantiv Anspruch hat.
Also: man lasse die Worpsweder machen und störe sie nicht auf, so lange sie brüten."

Fritz Overbeck, Am Wege, 1894.
Radierung und Aquatinta.

Paul Schultze-Naumburg[3])
Die Worpsweder, in:
Die Kunst für Alle, XII, 1897, S. 166 u. 118
„Will man die Ursache dieses Erfolges in wenig Worten erklären, so wird man zuerst an den Satz erinnern, daß jede Kunst den direkten Einfluß des vaterländischen Bodens zeigen wird, wenn sie uns wahr von innen heraus erscheinen soll. Nationale Kunst hat man sie genannt – heimatliche Kunst dünkt mich bezeichnender dafür. Nicht auf patriotische Gesinnung, auf die Eindrücke kommt es an; die Jugendeindrücke, sie sind die stärksten künstlerischen Motore, die es giebt; die Stammeseigenart ist es, die der künstlerischen Sprache den Accent giebt. Die Liebe zur Heimat vermag den Künstler – auch dann, wenn er keine Kraft ersten Ranges ist – zu wahrhaften Kunstwerken zu inspirieren, die etwas eigenes zu sagen haben.
…Doch ein prägnanteres Beispiel dafür, was ein Künstler erreicht, wenn er sich, fern von allen zerstreuenden Einflüssen, auf ein Ziel konzentriert: sich in eine ihm liebgewordene Natur zu vertiefen, liefert niemand besser als die Worpsweder. Was sie so ernst und imponierend macht, das ist die tiefe Wahrheit ihrer Werke, was so Sympathie erweckt, die Abwesenheit jegliche Phrase, was sie so intim erscheinen läßt, die Vertrautheit mit der heimatlichen Scholle. Das ist kein bloßes Abmalen dessen, was einem äußerlich gefallen, sondern ein Einswerden mit der umgebenden Natur, ein Herauswachsen des Kunstwerkes aus dem Geist des Landes und des Volkes, wie es seit den Tagen von Barbizon nicht allzuoft wieder so gesehen wurde…
Die geschlossene Eigenart, die diese ganze Gruppe von Künstlern zeigt, kann sich nur so entwickelt haben, daß sich eine Anzahl hochbegabter Leute ein Ziel, ein Problem setzten und es gleichsam viribus unitis lösten. Indem sie sich in verhältnismäßiger Abgeschlossenheit gegenseitig Anreger waren, mußte besonders in dieser eigentümlichen Umgebung ihre Kunst einen stark gemeinsamen Zug bekommen.
Infolge dessen erzählt ein Saal mit Worpsweder Bildern mit einer Eindringlichkeit, die ein Einzelner vielleicht nie erlangt hätte. Das bedingt jedoch auch eine negative Seite ihrer Kunst: ein gewisses Aufopfern ihrer Individualität. Der größte Reiz des Kunstwerks liegt darin, herauszufühlen, wie eine eigenartige Persönlichkeit die Natur sieht, und das tritt bei vielen Worpswedern wohl noch nicht in dem Grade zu Tage, wie es dem Werte ihrer Arbeiten adäquat wäre. Im Streben nach den gemeinsamen Zügen ihrer Eigenart verschwimmen die individuellen, die Persönlichkeiten gehen im Gesamtcharakter auf. Bei näherem Studium bemerkt man wohl die Züge der einzelnen, aber es sind keine fest konturierten, sie haben alle Charakter – aber es ist der gemeinsame Worpswedische. Das liegt durchaus nicht etwa so an der Gleichförmigkeit der gegebenen Motive, sondern man meint eher eine Reihe sehr ähnlicher Persönlichkeiten vor sich zu haben. Zum Teil mag das wohl auch zutreffen und in dem sie verbindenden Stammesgefühl begründet sein, zum andern Teil aber wird es die Richtung anzeigen, in der sich die Kolonie bei weiterer Entwicklung in aufsteigender Linie bewegen muß.

R. M. Rilke
in der Monografie „Worpswede",
erschienen 1903
„Diese unwahrscheinliche Wahrheit war vor allem Otto Modersohn. Er war mit nicht weniger als acht Bildern vertreten, acht rasch hintereinander gemalten Bildern, in denen alles Glanz, Klang und atemberaubende Bewegung war. Sein „Sturm im Teufelsmoor" wirkte wie eine Ballade, gesprochen von einem greisen Rhapsoden mit weißem wehenden Barte. Und derselbe, der einen Sturm so erleben konnte wie man ein Drama erlebt, derselbe hatte auch dieses helle, stille, gleichsam erwachende Bild gemalt, diesen „Herbstmorgen am Moorkanal" mit einer friedlichen Tiefe und dem einsamen Haus, das, von durchscheinenden schütteren Schatten verdunkelt, hinter den hell glänzenden, goldtragenden Birken steht. Das waren Kontraste. Krieg und Frieden, Hymne und Hirtenlied. Aber man sah auf den ersten Blick, daß sie ein Mensch in sich trug, ein schauender Mensch mit einer weiten Seele, in der alles Farbe und Landschaft wurde. Man stand vor Erlebnissen. Es waren confessions, was da gegeben war. Bekenntnisse in Versen, in breiten, langzeiligen, rauschenden Versen.
Die Sprache war neu, die Wendungen ungewöhnlich, die Kontraste klangen aneinander wie Gold und Glas. Man hatte ähnliches nie gesehen, man war beunruhigt, betroffen, ungläubig."

Overbeck veröffentlicht seinen „Brief aus Worpswede" in der Kunstzeitschrift „Die Kunst für Alle", Jg. 1895/96.
„Worpswede ist ein sehr bescheidenes Örtchen, zwischen Bremen und Hamburg gelegen, in einer Gegend, deren landschaftliche Reize Bädeker, soviel mir bekannt ist, mit keinem Worte Erwähnung thut. Und er thut recht daran, denn es gibt dort weder Berge von so und soviel tausend Metern Erhebung, deren Gipfel den Genuß eines „Panoramas" bieten … noch all die anderen Requisiten, deren es bedarf, um einer Gegend das Epitheton ‚schön' (das in solcher Verbindung neuerdings etwas in Mißkredit zu geraten anfängt) einzutragen …
Ein Hauch leiser Schwermut liegt ausgebreitet über der Landschaft. Ernst und schweigend umgeben weite Moore und sumpfige Wiesenpläne das Dorf, das, als suche es einen Zufluchtsort gegen unbekannte Schrecknisse, sich an dem steilen Hange einer alten Düne, dem Weyer berge, zusammendrängt. Wirr und regellos durcheinander zerstreut liegen Häuser und Hütten, beschirmt von schwer lastenden, moosüberkleideten Strohdächern und knorrigen Eichen, an deren weitausladenden Wipfeln sich machtlos die Stürme brechen. Über dem Dorfe wölbt sich der ‚Berg', zerklüftet von zahlreichen Rinnsalen, die das abfließende Regenwasser sich ausgewaschen, gekrönt mit einem verkümmerten Eichenbuschwald. In dessen Mitte erhebt sich auf freiem, mit alten Föhren umgebenen Platze ein Obelisk, zum Gedächtnisse Findorfs, des Mannes, der im Anfange dieses Jahrhunderts die Gegend urbar gemacht, das Moor entwässert und dem Verkehr erschlossen hat. Aus wuchtigen Granitquadern kunstlos ausgeschichtet, ragt das Monument in seltsamer Feierlichkeit gen Himmel. Von der einsamen Höhe schweift weithin der Blick ins Land hinaus, über Moor und Heide, Felder und Wiesen. Dunkle Eichenkämpe, die in ihrem Schatten spärliche Gehöfte der Bauern bergen, unterbrechen hin und wieder die Monotonie der großen Ebene. Wasserläufe blitzen auf und der Spiegel der schlangengleich gewundenen Hamme, darauf in stiller, geheimnisvoller Fahrt schwarze Segel durchs Land ziehen. Darüber spannt sich der Himmel aus, der Worpsweder Himmel, den zu schildern die Feder verzweifeln muß, denn ein allzu armseliger Behelf würden meine Worte sein, um höchste Schönheit würdig auszudrücken. Was hülfen uns unsere Strohhütten, Birkenwege und Moorkanäle, wenn wir diesen Himmel nicht hätten, welcher alles, selbst das Unbedeutendste adelt, ihm seinen unsagbar koloristischen Reiz verleiht, der Worpswede schließlich erst zu dem macht, was es ist. Am gestrigen Abend ward ich dessen wieder einmal inne. Ich stand im Hofe meiner Wohnung, um mich her waren Ziegelsteine aufgeschichtet, rechts vor mir befand sich ein Zaun aus frisch geschnittenen tannenen Brettern, daneben eine Grube, darin Kalk gelöscht war, am Himmel aber stand in leuchtend blauem Äther, feierlich in erhabener Pracht, eine einzige ungeheure Wolke aufgebaut. Ein Wolkengebirge, dessen Gipfel silbern funkelten, dessen Abhänge strahlten, wie mit flüssigem Golde übergossen …

Fritz Overbeck, Stürmischer Tag, 1898. Radierung und Aquatinta.

Fritz Overbeck, Am Hohlweg, 1898. Radierung und Aquatinta.

Diesen Leuten [den Torfbauern] ist fürwahr der Kampf ums Dasein schwer genug gemacht! Denn härter noch als die Arbeit des Landmannes ist die seinige, vor allen Dingen weit einförmiger, ja geisttötend möchte ich sagen, denn er kennt nicht den Wechsel zwischen Hoffnung und Furcht, ob die Ernte gerate, nicht die Freude am Wachsen, Gedeihen und endlichen Reifen der Saaten. Nur beschäftigt, die Notdurft des Lebens zu stillen, lernt er dessen edlere Genüsse niemals kennen. Auf dieses Volk findet noch heute das Wort des Tacitus Anwendung: „Frisia non cantat". Oft sind seine Hütten kaum als menschliche Wohnungen kenntlich. Fast ohne Vermittlung senkrechter Wände erhebt das Strohdach sich über dem Boden, durch Regen und Sonnenschein verwittert, hat es im Laufe der Zeit die Farbe der vertrockneten Heide angenommen, darauf es steht. Der ärmliche Eindruck wird nicht verwischt, wenn man das Innere betritt. Ein einziger Raum muß allen Zwecken dienen, die Thür vertritt gleichzeitig die Stelle des Schornsteins. Doch ob die Hütte noch so arm ist, ist sie doch reich an malerischen Schätzen …
Stundenlang waren sie schon wortkarg gewandert, jeder bemüht, sich für die im Winter zu malenden Bilder seinen Vorrat an Eindrücken noch bis zu guter Letzt zu vermehren. Auf einer alten, baufälligen

Beladene Torfboote werden auf dem Moorkanal „getreidelt".

Moorbrücke machten sie endlich Halt, allmählich kam das Gespräch in Fluß, und einer meinte schüchtern, ob man nicht diesmal Akademie Akademie sein lassen und den Winter über statt dort, hier zubringen wollte. So mochte ein jeder schon still für sich gedacht, den Gedanken nur nicht haben laut werden lassen mögen, nun aber war das Eis gebrochen und jubelnd ward dem Sprecher zugestimmt. Sie ließen den Gedanken zur That werden, und haben es in der Folge nicht zu bereuen gehabt. Gastfrei öffnete ein reicher Bauer den dreien sein Gehöft, wo sie den Winter über ein merkwürdiges Leben führten. Wohl sah sie nicht jeder Tag an der Staffelei, mancher vielmehr mit Dingen beschäftigt, welche die Schulweisheit des Philisters als mit der Kunst nicht in Zusammenhang stehend erachtet, so liefen sie Schlittschuh, fingen und zähmten Vögel und trieben mehr dergleichen Liebhabereien, aber stets blieben sie im Verkehr mit der Natur und empfingen so unbewußt Eindrücke, welche keine Professorenweisheit ihnen hätte ersetzen können. Es waren Fritz Mackensen, Otto Modersohn und Hans am Ende, welche so die ‚Gründer' der Kolonie wurden".

Bei Felsing in Berlin erscheint, herausgegeben vom „Verein für Original-Radierung vom Weyerberg", die erste Grafik-Mappe unter dem Titel „Am Weyerberg" mit 12 Blättern. Heinrich Vogeler erwirbt den „Barkenhoff", den er nach und nach umgestaltet. Er erwirbt auch eine eigene Druckpresse für Radierungen.

1896

Nach Hans am Ende läßt sich auch Fritz Overbeck in Worpswede nieder und bezieht sein Atelier an der Sandkuhle. Auf einer gemeinsamen Wanderung entdecken Overbeck und Modersohn Fischerhude, den späteren Wohnort Modersohns.

1897

Mit wachsendem Erfolg stellen sich die ersten Spannungen unter den Freunden ein.

Otto Modersohn, Tagebuch
Worpswede, 1. 4. 1897

„Die Worpsweder Zeit geht zu Ende. – Unendlich viel verdanke ich ihr, dem stillen abgeschlossenen Leben in der Natur. Im Folgenden will ich kurz die Summe ziehen, die Quintessenz meiner Gedanken und Bestrebungen und Ziele erläutern!

Stets will ich von der Natur ausgehen, in ihr meine Lehrmeisterin erkennen, aber nicht in bloßer Nachahmung befangen, sondern sie überwinden, verklären durch die Kunst. – Was nicht durch die Phantasie umgestaltet wird, bleibt Abklatsch. Jene herrscht und siegt über die Materie, erhebt sich in freiem Fluge wie der Vogel in der Luft, jener sucht mühsam auf dem Boden seine Nahrung. – Die Natur ist gewissermaßen die Grammatik, sie enthält die Teile, der Künstler schafft mit ihnen im Bilde ein Ganzes. Es muß der Geist hinzukommen und das Beste hinzutun.

Unerläßliches Gebot, um so frei seine Bilder zu malen, um nicht der Manier und Konvention zu verfallen, ist ein fortwährendes Naturstudium. – Man muß ganz mit der Natur vertraut werden. – Es sagt mir riesig zu, frei mit der Zeichenmappe durchs Land zu schweifen und zu sammeln, zusammenzutragen, was eben mir gefällt.

Die Stille und Abgeschiedenheit meines Lebens haben meine Erkenntnis darin gefördert, was meine Art, meinen Stil ausmacht, was meiner Individualität entspricht. Nicht wenig hat die Nähe von Mackensen und der übrigen dazu beigetragen, mich, *im Gegensatz zu ihnen,* auf meine Wege zu weisen.

Freude am Gegenständlichen ist mir besonders eigen. Reich, knorrig urtümlich, verschoben, unregelmäßig gegliedert in der Form, satt, nuancenreich, webend schillernd in der Farbe. Ganz intim. Die Farben wählen, wo man sie findet: Alles Mögliche weist ja die köstlichsten Farben auf.

Seit vorigen Sommer ist eine vollständige Wandlung mit mir vorgegangen. – Ich will mein Leben für mich leben. Ich liebe eine gewisse Derbheit, Ungezwungenheit, Ungeniertheit des Ausdrucks. Eine natürliche Sinnlichkeit. In alle Zukunft will ich mir das bewahren.

Um meine Art in Kunst und Leben zu leben, muß ich von Worpswede fort. Das bin ich mir menschlich und künstlerisch schuldig.

12. 4. 1897. Gegen nichts habe ich eine solche Abneigung als gegen Konvention in Kunst und Leben. Ein konventionelles Leben wird immer eine konventionelle Kunst erzeugen. – Auch ich hasse zumeist *Nüchternheit.* Ein Bild muß ein Fest sein, innerlich und äußerlich. – Der Maler sieht mehr und tiefer in die Welt. – Man muß ein ganz besonderes, geheimes, eigenes Gefühl haben, wenn man ein Bild malt, ganz persönlich, sich selbst zur innigsten Freude. Der Einsichtsvolle merkt gleich, ob das Bild solchem Gefühl entsprungen."

Im Sommer besucht Paula Becker zum ersten Male Worpswede für einige Tage. Worpswede hinterläßt einen tiefen Eindruck in ihr.

Tagebuch, 24. Juli 1987

„Worpswede, Worpswede, Worpswede! Versunkene-Glocke-Stimmung! Birken, Birken, Kiefern und alte Weiden. Schönes braunes Moor, köstliches Braun! Die Kanäle mit den schwarzen Spiegelungen, asphaltschwarz. Die Hamme mit ihren dunklen Segeln, es ist ein Wunderland, ein Götterland. Ich habe Mitleid mit diesem schönen Stück Erde, seine Bewohner wissen nicht, wie schön es ist. Man sagt es ihnen, sie verstehen es nicht. Und doch braucht man kein Mitleid zu haben, nein, ich habe keins. Nein, Paula Becker, hab es lieber mit Dir, daß Du nicht hier lebst. Und das auch nicht. Du lebst ja überhaupt, Du Glückliche, lebst intensiv, das heißt: Du malst. Ja, wenn das Malen nicht wäre?! Es sind ja Männer da, Maler, die ihm Treue geschworen haben, die an ihm hängen mit unendlicher, fester Männerliebe!

Da ist erst Mackensen, der Mann mit den goldenen Medaillen in den Kunstausstellungen. Er malt Charakterbilder von Land und Leuten, je charakteristischer der Kopf, desto interessanter. Er versteht den Bauern durch und durch. Er kennt seine guten Seiten, er kennt sie alle, er kennt auch seine Schwächen. Mir deucht, er könnte ihn nicht so gut verstehen, wäre er nicht selbst in kleinen Verhältnissen aufgewachsen. Es klingt hart von mir, grausam hart, es liegt ein großer Dünkel darin, und doch muß ich es sagen. Dies „In kleinen Verhältnissen Aufgewachsensein"... ist sein Fehler, für den er ja selbst nichts kann. Daß der Mensch es doch nie abschütteln kann, wenn er mit den Groschen gekämpft hat, auch später nicht, wenn er im Wohlstand lebt, der edle Mensch wenigstens nicht. Dieser Kampf läßt Spuren zurück. Sie sind fast unsichtbar, aber ihrer sind viele, viele. Ein geübtes Auge entdeckt jeden Augenblick eine neue. Der ganze Mensch war gebunden gewesen, festgebunden. Mangel an Geld schmiedet uns fest an die Erde, man bekommt die Flügel beschnitten, man merkt es nicht, weil die Schere ganz vorsichtig täglich nur eine Ahnung abschneidet. Was hat dies böse, böse Schicksal den Menschen schließlich allmählich abgeschnitten! Das Große, Unbefangene, das unabhängig Stürmende, das Stück Prometheus, das titanenhaft Kräftige im Manne, die Urkraft, die geht verloren. Ist das nicht hart?... So ist es auch bei Mackensen. Er ist ein famoser Mann, geklärt in jeder Beziehung, steinhart und energisch, zärtlich weich zu seiner Mutter. Doch das Große, das unsagbar Große, das ist verloren gegangen. Im Leben nicht, in der Kunst. Schade, schade.

Der zweite im Reigen ist der kleine Vogeler, ein reizender Kerl, ein Glückspilz. Das ist mein ganzer Liebling. Er ist nicht so ein Wirklichkeitsmensch wie Mackensen, er lebt in einer Welt für sich. Er führt bei sich in der Tasche Walther von der Vogelweide und des „Knaben Wunderhorn". Darin liest er fast täglich. Er träumt darin täglich. Er liest jedes Werk so intensiv, den Sinn des Wortes so träumend, daß er das Wort selbst vergißt. So kommt es, daß er trotz des vielen Lesens keins der Gedichte auswendig weiß. Im Atelier in der Ecke steht seine Gitarre. Darauf spielt er verliebte alte Weisen. Dann ist er gar zu hübsch anzusehen, dann träumt er mit seinen großen Augen Musik. Seine Bilder haben für mich etwas Rührendes. Er hat sich die altdeutschen Meister zum Vorbild genommen. Er ist ganz streng, steif streng

Die Worpsweder Kirche, um 1900

in der Form. Sein Frühlingsbild: Birken, zarte, junge Birken mit einem Mädchen dazwischen, die Frühling träumt. Sie ist sehr steif, fast häßlich. Und doch ist es für mich etwas Rührendes, zu sehen, wie dieser junge Kerl seine drängenden Frühlingsträume in diese gemessene Form kleidet. Das strenge Profil des Mädchens schaut sinnend einem kleinen Vogel zu; fast ist es eines Mannes Sinnen, fast wäre es eins, wenn es nicht wieder so etwas Gehaltenes, Träumendes in sich hätte. Das ist der kleine Vogeler. Ist er nicht reizend?

Dann ist da noch der Modersohn. Ich habe ihn nur einmal gesehen und da auch leider wenig gesehen und gar nicht gefühlt. Ich habe nur in der Erinnerung etwas Langes in braunem Anzuge mit rötlichem Bart. Er hatte so etwas Weiches, Symphatisches in den Augen. Seine Landschaften, die ich auf den Ausstellungen sah, hatten tiefe, tiefe Stimmung in sich. Heiße, brütende Herbstsonne, oder geheimnisvoll süßer Abend. Ich möchte ihn kennenlernen, diesen Modersohn.

Nun kommt der Overbeck. Ihn habe ich versucht, fühlend zu sehen. Ich habe ihn aber nicht richtig fassen können. Seine Landschaften sind tollkühn in der Farbe, doch haben sie nicht das Modersohnsche Empfinden. Hans am Ende kenne ich gar nicht...

Das sind die Priester, die Dir, Worpswede, dienen.

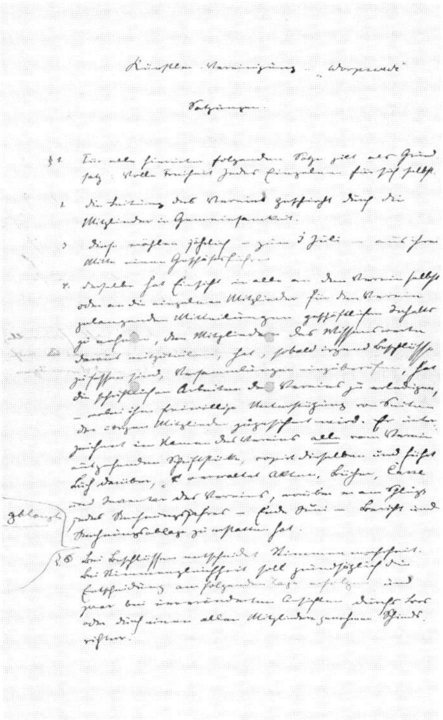

Original-Satzung der Künstlervereinigung „Worpswede" aus dem Jahre 1897, von Hans am Ende geschrieben.

Worpswede, Worpswede, Du liegst mir immer im Sinn. Das war Stimmung bis in die kleinste Fingerspitze. Deine mächtigen großartigen Kiefern! Meine Männer nenne ich sie, breit, knorrig und wuchtig und groß, und doch mit den feinen, feinen Fühlfäden und Nerven drin. So denke ich mir eine Idealkünstlergestalt. Und Deine Birken, die zarten, schlanken Jungfrauen, die das Auge erfreuen. Mit jener schlappen, träumerischen Grazie, als ob ihnen das Leben noch nicht aufgegangen sei. Sie sind so einschmeichelnd, man muß sich ihnen hingeben, man kann nicht widerstehn. Einige sind auch schon ganz männlich kühn, mit starkem, geradem Stamm. Das sind meine „modernen Frauen"... Und ihr Weiden, ihr alten knorrigen Stämme, mit den silbrigen Blättern. Ihr rauscht so geheimnisvoll und erzählt von vergangener Zeit. Ihr seid meine alten Männer mit den silbrigen Bärten; ja, ich habe Gesellschaft genug, meine ganz eigene Gesellschaft, wir verstehen uns gegenseitig sehr gut und nicken uns oft liebe Antwort zu. Leben! Leben! Leben!"

Gründung der Künstlervereinigung „Worpswede". *Eine Eintragung im Vereinsregister erfolgt nicht. Die Rechnungen für Stempel und Briefbögen sind auf den 21.8.1897 datiert. Die handschriftliche Satzung ist von den Mitgliedern Mackensen, am Ende, Overbeck, Modersohn, Vogeler und Vinnen unterschrieben.*
Der Wortlaut der Satzung „Künstler-Vereinigung »Worpswede«"

„Satzungen

§ 1
Für alle hierunter folgenden Sätze gilt als Grundsatz: Volle Freiheit jedes Einzelnen für sich selbst.

§ 2
Die Leitung des Vereins geschieht durch die Mitglieder in Gemeinsamkeit.

§ 3
Diese wählen jährlich – zum 1. Juli – aus ihrer Mitte einen Geschäftsführer.

§ 4
Derselbe hat Einsicht in alle an den Verein selbst oder an die einzelnen Mitglieder für den Verein gelangenden Mitteilungen geschäftlichen Inhalts zu nehmen, den Mitgliedern das Wissenswerte daraus mitzuteilen, hat, sobald irgend Beschlüsse zu fassen sind, Versammlungen einzuberufen, hat die schriftlichen Arbeiten des Vereins zu erledigen – wobei ihm freiwillige Unterstützung von Seiten der übrigen Mitglieder zugesichert wird. Er unterzeichnet im Namen des Vereins alle vom Verein ausgehenden Schriftstücke, copiert dieselben und führt Buch darüber, verwaltet Akten, Bücher, Casse und Inventar des Vereins, worüber er am Schluß jedes Rechnungsjahres – Ende Juni – Bericht und Rechnungsablage zu erstatten hat.

§ 5
Jedes Mitglied verpflichtet sich, an seine Person gelangten den Verein betreffende Mitteilungen nach Kenntnisnahme unverzüglich – spätestens bis zum Abend des nächsten Tages – an den Geschäftsführer weiterzuleiten. (Am besten per Post.)

§ 6
Bei Beschlüssen entscheidet Stimmenmehrheit. Bei Stimmengleichheit soll grundsätzlich die Entscheidung am folgenden Tage erfolgen und zwar bei unveränderten Ansichten durchs Los oder durch einen allen Mitgliedern genehmen Schiedsrichter.

§ 7
Beschlußfähig ist in eiligen Fällen eine Versammlung von 2/3 der Mitgliederzahl oder die schriftliche Erklärung dieser Mitgliederzahl. Wenn angängig, sind alle Mitglieder zur Stimmenabgabe heranzuziehen, eventuell telegraphisch. Sofort nach erfaßtem Beschluß sind alle Mitglieder davon in Kenntnis zu setzen. Abreisende Mitglieder mögen daher ihre Telegrammadresse dem Geschäftsführer hinterlassen.

§ 8
Der Jahresbeitrag ist auf 10 M festgesetzt. Er ist am 1. Juli an den Geschäftsführer zu zahlen. Er kann nach Maßgabe der Ausgaben und Einnahmen für jedes Jahr erhöht oder erniedrigt werden.

§ 9
Wenn mehr als 2/3 der Mitgliederzahl freiwillig ausgeschieden sind, gilt der Verein als aufgelöst – erloschen. Inventar und Vermögen...

§ 10
Der Verein hält eine Zeitschrift. Empfänger und Verwalter ist der Geschäftsführer.

§ 11
Gesellige Zusammenkünfte finden 14tägig am Freitagabend statt.

§ 12
Aufnahme neuer Mitglieder kann nur durch Stimmeneinheit sämtlicher Mitglieder erfolgen.

§ 13
Abänderung dieser Satzung ist nur auf Beschluß sämtlicher Mitglieder möglich."

Oktober
Die Künstlervereinigung wird zur Internationalen Kunstausstellung in Dresden eingeladen. Fritz Mackensen erhält dort für das Gemälde „Die trauernde Familie" die große goldene Medaille.
November
Ausstellung im Kunstverein Hamburg mit einer 23 Exponate (Radierungen und Gemälde) umfassenden Ausstellung. Hans am Ende verkauft 10(!) Radierungen.

1898

Januar
Ausstellung in der Kunsthandlung Hermes & Co in Frankfurt.
Ausstellung „Worpswede" im neu eröffneten Kaiser-Wilhelm-Museum in Krefeld.
Aus dem brieflichen Bericht des Direktors Dr. Deneken an die Künstler: „Die Krefelder freuen sich über die schöne Ausstellung, natürlich gibt es auch Philister, die sich vor der Chimäre ‚moderne Kunst' fürchten…"
Februar
Gruppenausstellung im Kunstverein Elberfeld.
Mai
Ausstellung im „Kunstverein für Pommern", Stettin.
Juni
Beteiligung der Künstlervereinigung aufgrund einer Einladung an der Jubiläums-Kunstausstellung 1898 im Künstlerhaus, Wien. Fritz Mackensen erhält für seinen „Gottesdienst im Moor" die Goldene Medaille I. Classe. Otto Modersohns Bild „Winter in Worpswede" wird angekauft.
Im Herbst zieht Paula Becker nach Worpswede. Fritz Mackensen hatte sich erboten, ihr Korrektur zu geben. Es entstehen lebensgroße Zeichnungen. Freundschaft mit Clara Westhoff, die ebenso wie sie Schülerin Mackensens ist. Auf Mackensens Anregung hin widmet sich Clara der Bildhauerei. Clara Westhoff, Modersohn, Overbeck und Mackensen reisen zur Rembrandt-Ausstellung nach Amsterdam. Vogeler trifft in Florenz Rilke, der am Weihnachtstag einen ersten Worspwede-Besuch macht.

1899

Karl Krummacher, ein weiterer Absolvent der Düsseldorfer Akademie und Mitglied des „Tatarus" zieht nach Worpswede.
Februar
Ausstellung in Göttingen
Ausstellung in Frankfurt: Kunsthandlung Schneider
Februar
Die Worpsweder werden wieder nach Wien eingeladen zur 20. Jahresausstellung des Künstlerhauses. Sie sind mit 10 Werken vertreten
März
Die Worpsweder stellen erfolgreich in den „Wiesbadener Kunstsälen" (Kunsthandlung Deiters & Cie) aus
April
Ausstellung im Liegnitzer Kunstverein und beim Kunstverein für das Großherzogtum Hessen in Darmstadt
Mai
Teilnahme an der Berliner Secession.
September
Teilnahme der Gruppe an der „deutschen Kunstausstellung Dresden". Broncene Plakette für Fritz Mackensen.

Genossenschaft der bildenden Künstler Wiens.
Jubiläums-Kunstausstellung 1898.
Künstlerhaus, Wien.

Wien, im Juni 1898.

Euer Hochwolgeboren!

Die Jury für die Zuerkennung der bei der Jubiläums-Kunstausstellung in Wien 1898 zu verleihenden Staats-Medaillen hat ihre Entscheidung getroffen und Euer Hochwolgeboren für Ihr daselbst ausgestelltes Werk

die große goldene Staats-Medaille

zuerkannt.

Indem es uns zum besonderen Vergnügen gereicht, Sie hievon in Kenntnis zu setzen, erlauben wir uns noch zu bemerken, daß Ihnen seinerzeit die Medaille zukommen wird.

Mit vorzüglicher Hochachtung und collegialem Gruße

für die Genossenschaft der bildenden Künstler Wiens

Der Schriftführer: Der Vorstand: Eugen Felix

Anläßlich der Jubiläums-Kunstausstellung 1898 im Künstlerhaus Wien wurde Fritz Mackensen die „große goldene Staats-Medaille" verliehen; Fritz Mackensen und Otto Modersohn werden im Juni 1900 zu „correspondierenden Mitgliedern" der „Genossenschaft der Bildenden Künstler Wiens" ernannt.

So viel Erfolg läßt gute Stimmung nicht fehlen:
Paula Becker in ihrem Tagebuch, 30. März 1899
„…Es gab gestern ein kleines Fest im Atelier von Otto Modersohn. Es war mein hübschester Abend hier draußen unter den Künstlern. Schon der Raum hatte etwas so fein Gemütliches. Überall mit den Augen auf Modersohnsche Birken und Kanäle zu stoßen, das ließ ich mir gefallen. Schummerbeleuchtung mit Papierlaternen. Zwei gedeckte Tische, einen für die Erwachsenen und einen Kindertisch. An letzterem Fräulein Westhoff und ich, Vogeler, der junge Mackensen und Alfred Heymel, der frühere Besitzer unseres Caro. Letzterer machte mir Spaß. Vogeler hatte mir gerade Gedichte von ihm gegeben, die ich als solche nicht so hoch schätzte, als daß mir der Geist gefiel, der daraus sprach, die junge Kraft, die sich selbst

Paula Modersohn-Becker

spürt und beweisen möchte. Er sitzt nun in München zwischen Künstlern eingepökelt, allen unsern Feinsten, Modernsten. Gibt mit seinem Vetter Rudolf Alexander Schröder und Otto Julius Bierbaum eine Zeitschrift heraus „Die Insel" usw. Nachher setzte sich Vogeler hin mit seiner Gitarre und sang nigger songs..."

Im September schreibt Paula an ihre Schwester:

„Neulich war Modersohn da. Der hat mir so viel Liebes über meine Sachen gesagt, daß ich fast gar nicht mehr glaubte, daß es meine Sachen waren... Gerade Modersohns Urteil ist mir sehr viel wert. Hinterher zwar bekommt man doch wieder einen kleinen Jammer aus Furcht vor Größenwahn."

Modersohn tritt aus der gerade 2 Jahre alten Künstlervereinigung „Worpswede" aus und leitet dadurch deren Auflösung ein.

Er begründet diesen Schritt.

„(Bitte kursieren lassen!)
Worpswede, 25. Juli 1899
Liebe Freunde!
Von Anfang an fühlte ich mich mit so manchen in Carl Vinnen's Denkschrift im Widerspruch, so daß ich nicht umhin kann, Eure Aufmerksamkeit nochmals auf dieselbe zu lenken. Ich trete nur ungern aus meiner Zurückhaltung heraus, ich kann nicht anders, mein Inneres zwingt mich dazu.
Ich verkenne durchaus nicht, daß unsere Vereinigung uns zu unserer Einführung die größten Dienste geleistet hat, aber sie fängt ernstlich an, durch alle mit ihr verbundenen Pflichten gegen Welt und Ausstellungen und besonders auch gegeneinander, uns über den Kopf zu wachsen. Sie bedroht unsere Ruhe, die man zum künstlerischen Schaffen in erster Linie braucht. Hiergegen gibt es nur ein Radikalmittel: die Auflösung der Vereinigung.
Merkwürdig berühren mich die Worte in der Denkschrift: „Eine äußerliche Identifizierung jedes Einzelnen mit der Gesamtheit, ein energisches Eintreten Aller für jeden Einzelnen ist notwendig." – Geschieht das vielleicht durch diese Denkschrift, wo mir und auch anderen Freunden völlig fremde Anschauungen zugemutet werden? Ich betone, daß alles auf persönliche, individuelle Freiheit ankommt. Durch einen Verein wird die persönliche, individuelle Freiheit beeinträchtigt. Darum ist es besser, er existiert nicht weiter.
Je straffer organisiert z. B. ein Staat ist, desto weniger ist der einzelne Bürger. Noch ein Vergleich aus der Natur scheint mir passend: Die Rinde eines Baumes kann zu fest werden, so daß der Baum abstirbt. Unsere Beziehungen müssen möglichst locker sein, wir dürfen keinerlei Druck und Zwang empfinden. Das zehrt künstlerische Kräfte auf. Solch eine Denkschrift würde ich mit Freuden begrüßt haben, die gewissermaßen möglichste Freiheit der Persönlichkeit festgelegt hätte. „Ein jeder muß nach seiner Façon selig werden."
Das ist der Gedanke, der in Worpswede immer der maßgebende sein muß, laßt ihn uns hochhalten, laßt ihn uns anerkennen.
Um das für meinen Teil zu erreichen, zeige ich Euch meinen Austritt aus dem Verein an und hoffe, daß Vorstehendes meinen Schritt Euch erklärt und daß mein Schritt Sympathien bei Euch erweckt hat. Otto Modersohn"

Auch Overbeck und Vogeler schließen sich Modersohn an.

Heinrich Vogelers Erklärung:

„Ich glaube, daß dies das beste Wort ist, was für die freie Entwicklung der *Kunst* [dreimal unterstrichen] in Worpswede gesagt ist. Auflösung der Vereinigung, völlige Freiheit eines jeden Einzelnen. Nur so kann jeder in seiner eigenen Welt bauen, wenn er auf eigenen Füssen steht und nur das zu verwirklichen sucht, was er verantworten kann. Eine Vereinigung wird Zwangsjacke und muß über kurz oder lang unbedingt den Frieden stören, schon stört sie die Ruhe. Ich habe volle Sympathien mit den Gefühlen Otto Modersohns – schließe mich seinem Austritte an. Heinrich Vogeler."

Mackensen und Hans am Ende bedauern diesen Schritt.

Hans am Ende:

„Daß die Auflösung des Vereins früher oder später einmal erfolgen könne, dieser Möglichkeit sah jeder von uns entgegen. Daß der Verein, weil Otto Modersohn austreten wollte, gesprengt werden müßte, dazu lag gar keine Veranlassung vor. Daß er plötzlich mit solchen Mitteln gesprengt wurde, beweist, daß nicht nur künstlerische, sondern auch persönliche Motive mitsprachen.
Daß Ihr der Worpsweder Kunst ihre Wege vorschreiben wollt, das kann ich

Otto Modersohn, Kinder beim Laternenzug, Schwarze und rote Kreide auf Papier, um 1900

nur eine lächerliche Arroganz nennen."

Otto Modersohn fühlt sich von den Freunden mißverstanden und macht deutlich, daß es ihm darum geht, den ursprünglichen Zustand der Künstlergemeinschaft wieder herzustellen.

Worpswede, 29. Juli 1899

„Liebe Freunde!

Ich bin auf das Unangenehmste überrascht, von Heinrich Vogeler zu hören, daß Ihr unsere Schrift ganz falsch aufgefaßt habt. Ich erkläre Euch darum: Daß ich absolut nichts Persönliches, nichts Verletzendes im Sinn hatte, als ich allmählich zu der Anschauung kam, daß eine Auflösung des Vereins das Beste sei. Ich gebe zu, daß die Form etwas schroff und unvermittelt wirken konnte, und ich bedaure sehr, wenn die gewählte Form Euch verletzt hat. Ich nehme sie gern zurück. Vergeßt diese und seht nur den Kern, den Inhalt an. Der Inhalt kann Euch doch nicht verletzen. Ein mündliches Besprechen vermied ich wegen der damit verbundenen Erregung und wegen der Nutzlosigkeit.

Ich habe durchaus die Hoffnung, durch Auflösung des Vereins werden wir weit leichter und angenehmer verkehren können... Gerade wenn jeder größere Anlaß, wodurch unsere verschiedenen Auffassungen und Ansichten zusammenplatzen können, beseitigt ist, wird doch weit eher Friede und Eintracht unter uns herrschen, wonach ich mich so unendlich sehne.

So sollte es durchaus ein Friedenswerk sein und Ihr nehmt es zum Anlaß des Gegenteils, das bedauere ich schmerzlich. Kann man denn nicht ruhig in Worpswede leben und malen – das ist allein mein Lebensziel. Und in allem anderen, was mein Leben angeht, will ich ganz frei, ganz selbständig, ganz mündig sein, ich will keinem danken, keinem zu folgen etc.

haben. Das ist die berechtigte Forderung jedes freien Mannes, keiner kann ihm das schmälern.
Denkt doch mal an Barbizon. Da lebten auch die Kollegen als Freunde ohne Verein zusammen und soviel mir bekannt, in tiefstem Frieden. Können wir den nicht so in Worpswede miteinander leben?
Wenn wir uns erst daran gewöhnt, werden wir sicher die Wohltat spüren. Also ich bitte Euch inständigst, nichts Persönliches in dem Schritte zu erblicken, nur das Bedürfnis, sich mal ganz frei zu fühlen.
Mit herzlichem Gruß
Euer Otto Modersohn"

Carl Hauptmann besucht Worpswede.
Tagebucheintragung über seinen ersten Worpswede-Besuch 16. 7. 1899

„Am Morgen traf ich Modersohn, der zum Atelier eilte. Ich war im Begriff, ihn zu einem Spaziergang abzuholen, und er war gern bereit. Modersohn ist ein großer Naturfreund. Schlicht und innerlich, wie sein großes Blauauge hinter der Doppelbrille wirkt, ist sein ganzes Wesen. Er kennt viel in seiner Welt. Er meinte: ‚Wenn man so sitzt und malt, man fühlt doch noch die ganze übrige Schönheit um sich herum. O manchmal ist mir's schon passiert, da interessierte mich irgendein Insekt oder Vogel so, da hab ich Studie Studie sein lassen und habe nicht geruht, bis ich wußte, was ich vor mir hatte.'
Er zeigte mir gleich im Straßenstaube am Rande des Ährenfeldes eine Raubfliege, die eine Stubenfliege aussog. ‚Die sitzen immer am Wege, wie Straßenräuber. In den Wiesen findet man sie nie. Auch wenn man sie aufstöbert, da halten sie ihre Beute und lassen sich in nächster Nähe wieder schwerfällig in den Staub.'
Die drei – vier roten Pferde im Morgenlicht und die Herde bunten Viehs (Beester, wie man hier sagt) freuten ihn, und er rühmte die Landschaft besonders im Herbst. An einem der tiefschwarzen Moorgräben, im Schatten von Eichen und allerhand Gebüsch, standen Kähne, ein merkwürdig träumerisches, verschlafenes Bild. Er erinnerte an Studien und beschrieb einige mit besonders frohem Tone und meinte dann: ‚Nun ist man zehn Jahre hier, und gemalt hat das noch kein Mensch. Das Beste und Schönste ist immer noch nicht gemalt'. – Vor einer von hohen Eichen umrahmten üppigen Waldwiese, die im hohen Grase zarte Lichtnelken trug, standen wir lange und lauschten dem unsäglichen Durcheinander von allerhand Vogelstimmen. Pirol, Grasmücke, Kuckuck, Finken, Schmelzer, wie es schien auch eine Nachtigall, alles im Schatten und Laubwerk durcheinander. An den Moorgräben schwammen in der Luft dunkelblaue Libellen. In den Moorgräben zeigte mir Modersohn einige mir unbekannte Blumen … Eine wunderbare Blätter- und Blumenfrische allenthalben in den kühlen, sonndurchglühten Eichenhainen. Und dazu die Weiden mit Kiebitzklang und Staren in Menge und den frischen, äugenden freien Pferden usw. Wir kehrten in eine Schenke ein, die mit Epheu besponnen in einem Hain stand, wie alle Gehöfte im Weidemoor, so daß für die Ferne die roten Giebel fast im Blattwerk versinken. Beim Eintreten dehnte sich einsam eine gelbe Katze auf den Steinfliesen der Deele. Im Hofe liefen junge Schweine. Es hing viel Schafschinken in den Deelensparren, wovon wir zu essen bekamen. Zu trinken gab's nur ‚Menschenfreund' und Kognak. – Wir waren vergnügt und gemütlich und plauderten auf dem Heimweg mancherlei von Kunst. Vor dem Schulhause in Worpswede reichten wir uns zum Abschied mit dem Gefühl des Behagens, daß wir gemeinsam gewesen, herzlich und herzhaft die Hand."

Carl Hauptmann an Otto Modersohn 19. 9. 1899

„Seit ich von Ihnen ging, bin ich doch mit Ihnen verbunden gewesen. Ich habe viel an unsere Gespräche gedacht. Daß es mir eine große Überraschung war, Ihre so bestimmte Trennung von Mackensen, Vinnen, am Ende, das können Sie sich denken. Ich hatte mir das Ereignis nicht so nahe gedacht. Aber was nicht halten kann, muß man rechtzeitig brechen. Sonst hat man zu viel kraftspannende Kümmernisse. Wenigstens eine Natur wie Sie, die mit Gemüt und Wärme lebt.
So kann ich mich auch nur der Tatsache freuen. An sich und nach außen, in unserer Zeit der Vereine, ist ja eine Erscheinung in Massen immer sicherer beachtet zu werden. Ich für meinen Teil habe ja doch nie rechten Sinn dafür gehabt, weil es immer um Eigenheiten und Freiheiten geschehen ist, wenn in der Produktion fremde Stimmen und Rücksichten auch nur ganz leise sich einmischen. Solange man nicht in den eigenen Maßen gereift ist, geht das. Aber wenn einem die Welt und die Liebe zu den Dingen und Menschen allmählich aus eigenen Quellen fließt und man allen Zwischenhandel zwischen der Natur und dem eigenen Gemüt ausgeschaltet hat und klar das strenge Ideal eigener Formen und Harmonien mit sich trägt, dann ist es gut, wenn man nur noch Freunde, nicht mehr Vereinsbrüder hat. Dabei ist mir recht fühlbar geworden, welche Unterschiede Sie alle trennen. Vinnen hat originale Landschaft, aber es klingen gerade in ihm allerhand modische Töne und wo er Gefühl wird, wird er ärmer. Mackensen kann auch in großen Bildern nicht ganz von der Mode los. Gerade in den großen Bildern dient er noch mehreren Göttern. Er ist nicht ganz landschaftsecht und deshalb im Stimmungston nicht durchschlagend. In den kleinsten Bildern kommt Erdgebo-

renheit und lyrische Stimmung bei ihm zustande. Am Ende's Bilder treffen mich am wenigsten, weil sie bei viel Farb- und Naturreizen und auch Wahrheit keine rechte Tiefe zeigen. Vogeler ist ein Träumer und er wird sich nur allzuoft von der Worpsweder Muttererde in den blauen Himmel heben. Eine reiche, feine, lyrische Natur, die immer weiter und reicher auf der Leinwand dichten will. Er wird immer Lyriker sein und immer einheitlich und eigen. Um einer ganzen weiten Landschaft Herz und Mund zu werden, dazu ist er zu sehr subjektiv und in sein Gefühlsinneres verstrickt. Aber im Dichterischen wird er immer größer werden, und man darf das Schönste darin von ihm erwarten. – Bleibt nur noch Overbeck und Modersohn. Darf ich in aller Zurückhaltung sagen, was ich denke? In Ihnen beiden arbeitet ein stark Verwandtes. Denn Sie wurzeln beide tief und wahr in der Scholle. Aber das Verwandte, d.h. das echt Landschaftliche ist bei Overbeck harscher und düsterer, bei Ihnen musikalisch und leuchtend, in Overbeck mehr mit Betonung wuchtiger Formen, in Ihnen mehr in totaler Machtentfaltung der Stimmungen. In Overbeck ist viel Kraft und starke malerische Schönheit. – Man kann ihn nie vergessen, aber nicht so viel Glanz und Kleinod im Großen und Kleinen, denn Ihr Großes und Kleines ist im Kleinsten noch Kraft und Glanz und Liebe. Ich bin glücklich, Ihnen das als mein wahres Erlebnis sagen zu können. –"

Heinrich Vogeler hält sich für längere Zeit in München auf, wo er an der von Rudolf Alexander Schröder und Alfred Walter Heymel gegründeten „Insel" mitwirkt.
Clara Westhoff arbeitet für einige Wochen im Atelier Max Klingers in Leipzig. Dieser rät ihr, ihre Studien an einer Akademie fortzusetzen. Sie geht nach Paris.

Im Dezember stellt sich Paula Becker zum ersten Mal mit ihren Arbeiten der Öffentlichkeit in der Bremer Kunsthalle vor. Ihre Bilder wie die der ebenfalls ausstellenden Marie Bock erhalten eine vernichtende Kritik des Bremer Kunstpapstes Arthur Fitger.
(Weser Zeitung vom 20. Dezember):
„Daß so unqualifizierbaren Leistungen ein ganzes Kabinett eingerichtet wurde, ist sehr zu beklagen ... reicht der Wortschatz einer reinlichen Sprache nicht aus ... Hätte eine solche Leistungsfähigkeit auf musikalischem oder mimischen Gebiete die Frechheit gehabt, sich in den Konzertsaal oder auf die Bühne zu wagen, so würde alsbald ein Sturm von Zischen oder Pfeifen dem groben Unfug ein Ende gemacht haben.
... Allein diesen Arbeiten gegenüber, so lange sie nicht etwa mit dem bescheidenen Erröten einer primitiven Anfängerin aus dem Versteck einer Studienmappe hervorgeholt und einem Lehrer oder Berater gezeigt werden, sondern in anspruchsvoller als Ausstellungsgegenstände zwei Kabinettswände bedecken, können wir unsere schärfste Abweisung nicht ersparen."
Otto Modersohn zeigt in seinen Tagebuchaufzeichnungen für sie Verständnis und Mitgefühl:
„Was sind sie alle gegen Sie?"

1900

In der Sylvesternacht 1899/1900 reist Paula nach Paris.
Vor ihrer Abreise schreibt sie an Otto Modersohn:
„Lieber Herr Modersohn,
Hier mit vielem Dank Ihre Paulirede zurück. Sie hat mir in Lilienthal die halbe Stunde des Wartens auf den Omnibus sehr angenehm verkürzt. Sylvester-Nacht um 1/2 2 Uhr tret' ich die große Reise an. Das wird ein lieblich Stündlein geben, wenn ich diesen Bremer Staub von den Füßen schüttele. Hurrah! Augenblicklich ist in meinem armen Kopfe ein Chaos: Packen, Adieusagen, Fitgergespräche!!!, Pariser Pläne und Mozartarien, die meine Schwester im selben Zimmer singt. Deshalb also nur recht fröhliche Neujahrsgrüße Ihnen und Ihrer lieben Frau. Also im neuen Jahrhundert werde ich in diesem großen Sündenloch von Paris oft an Ihr liebes, stilles Häuslein denken, nicht nur bei Jules Dupré und dem Leuchter. Also nochmals auf frohes Wiedersehn.
Ihre Paula Becker
Die Weser ist aufgebrochen. Man sieht wieder das lebendige Wasser und nicht mehr das tote Eis. –"
Paula Becker bleibt etwa ein halbes Jahr in Paris. Sie trifft des öfteren mit Clara Westhoff zusammen und besucht Kurse an der Akademie Cola Rossi. Ihre Lehrer sind Courtois, Collin und Giradot. In einem „Concours" während des Semesters gewinnt sie eine Medaille. Auch die Weltausstellung läßt sie sich nicht entgehen. Bedeutend ist für sie ihre Begegnung mit den Skulpturen Rodins. In den bretonischen Malern Cottet und Simon glaubt sie, verwandte Züge zu den Worpswedern zu erkennen. Bei dem Kunsthändler Vollard fesseln sie Bilder von Cézanne.
Clara Westhoff berichtet darüber (Buch der Freundschaft, S. 43):
„Eines Tages forderte sie mich auf, sie bei einem Weg ans andere Seineufer zu begleiten, um mir dort etwas Besonderes zu zeigen. Sie führte mich zu dem Kunsthändler Vollard und begann in seinem Laden gleich – da man uns ungestört ließ – die an die Wand gestellten Bilder umzudrehen und mit großer Sicherheit einige auszuwählen, die von einer neuen, wie es schien, Paulas Art verwandten Einfachheit waren. Es waren Bilder von Cézanne, die wir beide zum ersten Male sahen. Wir kannten nicht

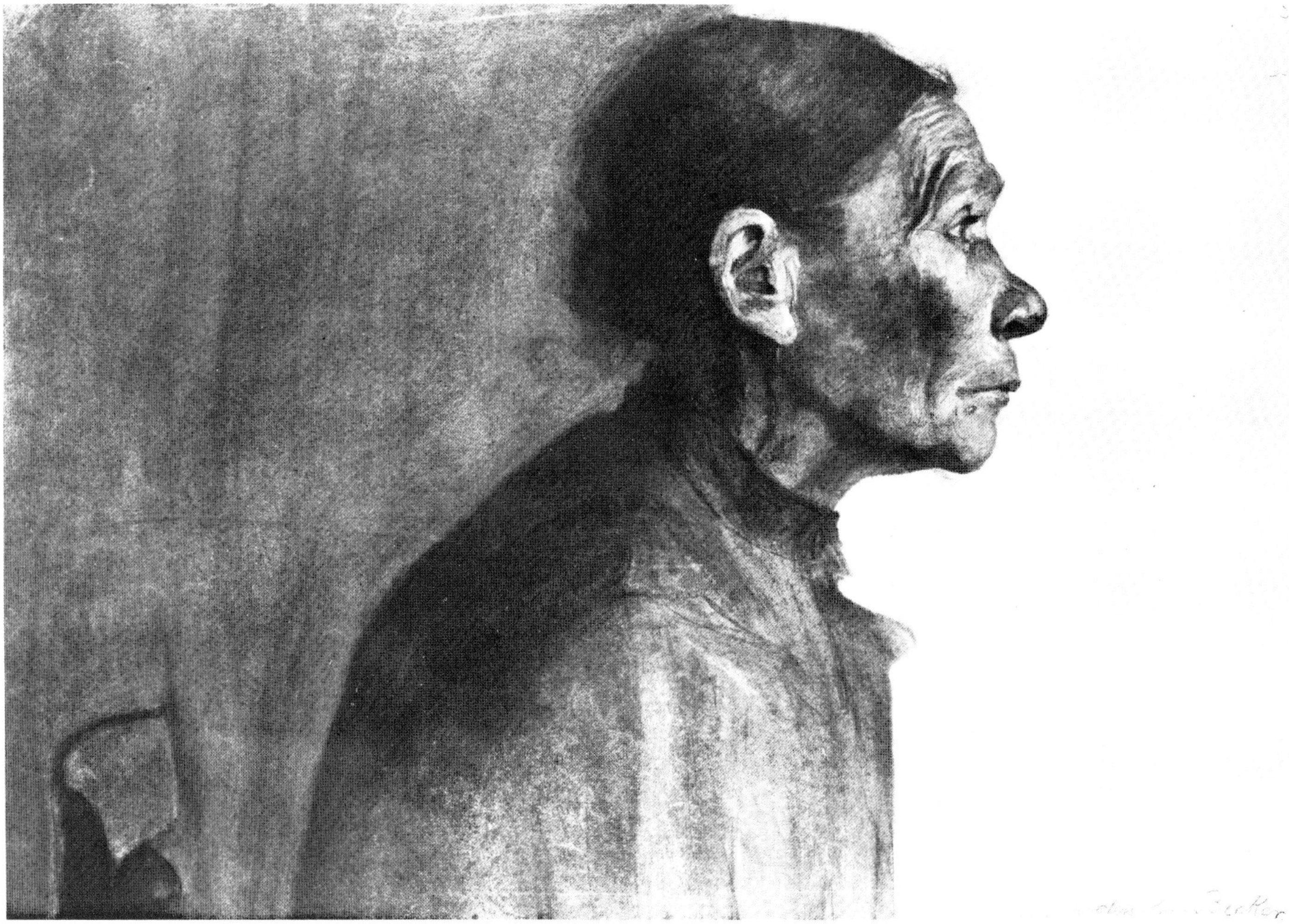

Paula Modersohn-Becker, Portrait einer Bauersfrau, um 1899

einmal seinen Namen. Paula hatte ihn auf ihre Art entdeckt, und diese Entdeckung war für sie eine unerwartete Bestätigung ihres eigenen künstlerischen Suchens. Ich wunderte mich später, davon nichts in ihren Briefen zu finden. Vielleicht schien es ihr unmöglich, sich hierüber verständlich mitzuteilen – ja, vielleicht war dieses Erlebnis so wenig aussprechbar, daß es nur in Arbeit umgewandelt werden konnte."

Mit ihrem Zeichenblock, dem späteren „Bunzlauer Skizzenbuch" ist sie häufig im Louvre zu finden. Durch Zufall begegnet sie Emil Nolde. Die Pariser Tage bleiben nicht ohne Spuren. Ihr künstlerisches Urteil entdeckt Stärken und Schwächen sowohl in ihrem Gastland wie auch in der Heimat.

Paula Becker an Otto Modersohn, Mai 1900:

„Alle Nationen sind wundervoll vertreten. Sie müssen einfach herkommen, Sie dürfen dies gar nicht an sich vorübergehen lassen. Gerade Sie mit Ihren Farben ... alle stecken noch viel zu sehr im Konventionellen. Unsere ganze deutsche Kunst ... Wissen Sie, Sie sind einer, der sich durch diesen Berg der Konvention hindurchgearbeitet hat. Alles andere fällt von Ihnen ab. Ich hoffe ganz riesig auf Ihre Zukunft. Entschuldigen

Sie, daß ich Ihnen das so ins Gesicht sage, ich mußte es mir aber mal von der Seele oder Leber wegsprechen. Ich habe es so oft gedacht..."

Zur Weltausstellung folgen Paula Beckers Einladung nach Paris Overbeck, Vogeler, Modersohn und Marie Bock.

Paulas Freude währt nicht lange: *Briefe an die Eltern 8. 6. und 15. 6.*

„...Paris, Sonntag. Und am Montag kommen die Worpsweder! (Modersohn und Overbecks) Das ist die Hauptriesenfreude. Überhaupt: Dort ist allzeit mein Sinn...

Ganz plötzlich ist Frau Modersohn gestorben. Der arme Mann ist mit den anderen nach Hause gereist. Nachdem er sie Jahre hindurch voll rührendster Selbstaufopferung gepflegt hatte, war der Himmel so grausam, sie ihm in seiner Abwesenheit zu nehmen... Dies ist ein sehr trauriger Schluß meiner Pariser und auch meine nächste Worpsweder Zeit wird schwer und traurig sein. Ich habe in diesen Tagen so viel von Modersohn gehabt."

Ende Juni kehrt Paula nach Worpswede zurück. Sie bezieht das Zimmer im Brünjeshof und mietet das Atelier der Ottilie Reylaender in der Nähe Otto Modersohns.

Aus Paula Beckers Tagebuch, 26. Juli 1900

„Mir kamen heute beim Malen die Gedanken her und hin und ich will sie aufschreiben für meine Lieben. Ich weiß, ich werde nicht sehr lange leben. Aber ist das denn traurig? Ist ein Fest schöner, weil es länger ist? Und mein Leben ist ein Fest, ein kurzes intensives Fest. Meine Sinneswahrnehmungen werden feiner, als ob ich in den wenigen Jahren, die mir geboten sein werden, alles noch aufnehmen sollte. Mein Geruchssinn ist augenblicklich erstaunlich fein. Fast jeder Atemzug bringt mir eine neue Wahrnehmung von Linden, reifem Korn, von Heu und Reseden. Und ich sauge alles in mich ein und auf. Und wenn nun die Liebe mir noch blüht, vordem ich scheide, und wenn ich drei gute Bilder gemalt habe, dann will ich gern scheiden mit Blumen in den Händen und im Haar. Ich habe jetzt wie in meiner ersten Kinderzeit große Freude am Kränzebinden. Ist es warm und bin ich matt, dann sitze ich nieder und winde mir einen gelben Kranz, einen blauen und einen von Thymian.

Ich dachte heute an ein Bild von musizierenden Mädchen bei bedecktem Himmel in grauen und grünen Tönen, die Mädchen weiß, grau und bedeckt rot. Ein Schnitter in blauem Blusenhemd. Der mäht all die Blümlein ab vor meiner Türe. Mit mir wird es auch wohl nicht mehr lange dauern. Ich weiß jetzt zwei andere Bilder mit dem Tod darauf, ob ich die wohl noch male?"

Auch Clara Westhoff zieht es wieder nach Worpswede.

Sie und Paula läuten im wahrsten Sinne des Wortes in Worpswede eine neue Zeit ein, *wie dem „Buch der Freundschaft" (Ss. 43 ff) zu entnehmen ist:*

„In dem Sommer, der auf die Pariser Zeit folgte, tönte wohl alles noch einmal zu einem vielstimmigen Klang zusammen: Freude an allem Erfahrenen, Gesehenen, am Land, an Menschen – Freude aneinander – wie eine festliche Ruhepause vor der eigentlichen Arbeit der Verwirklichung. Sollte sie im Leben oder in der Kunst kommen – oder in beidem? Zunächst war es ein seltsamer Eindruck für uns, auf den langen Birkenchausseen wieder in das heimatliche Land hineinzuwandern, nach dem wir uns in der Ferne gesehnt hatten. Das Land war so ernst und so schwer, so dunkel, so schien es uns, und so ernst und schweigsam die arbeitenden Bauern, die rechts und links in den Torfstichen zu sehen waren. Fast war es, als könne alles Erlebte gar nicht

Paula und Clara beim Glockenläuten
Zeichnung von Paula Modersohn-Becker, 1900

wahr sein. Wir waren tief ergriffen und bewegt von diesem Unterschied zwischen unserer jetzt kärglich erscheinenden Heimat und den Eindrücken der vergangenen Monate. Der Schwung aber, der von allem Erlebten noch in uns war, konnte nicht so verebben. Ihn in Kunstwerken ausklingen zu lassen, dazu fehlte uns noch die Möglichkeit. So kam es, daß er eines Tages einen anderen Ausdruck fand. Wir gingen an einem Sonntagabend in weißen Kleidern über den Weyerberg und kamen an die kleine Kirche, deren Turmtüre wir offen fanden und hinaufstiegen. Oben neben dem weiten Ausblick über das abendliche Land sahen wir die Glocken hängen, und schon entstand in uns der Wunsch und Beschluß, sie zu läuten. Wir hatten aber in dieser Arbeit keine Erfahrung, und so fingen wir es nicht auf die richtige Weise an, indem wir die Stränge der schweren Glocke festhielten, anstatt sie nach jedem Anziehen wieder loszulassen, was den

Clara Westhoff und Paula Becker in ihrem Atelier, um 1900.

Ausklang des Tones behinderte. Mit jedem Schwunge wurden wir selbst mit hinaufgerissen; wenn ich unten war, sah ich Paula in ihrem weißen Kleid hoch über mir. So konnte kein harmonischer Rhythmus entstehen. Unser Bemühen, ihn durch verstärktes Ziehen an den Strängen doch noch zu erzwingen, hatte keinen Erfolg, so daß wir sehr erhitzt und enttäuscht schließlich die Sache aufgeben mußten.
Als das Getöse sich verminderte und wieder Augenblicke von Stille eintraten, hörte man Schritte von unten die Turmtreppe heraufkommen. Bald tauchte der weiße Bart des Küsters auf, der mit großem Erstaunen über unseren Anblick uns nur bedeutete, hinter ihm herzusteigen. Es blieb uns wohl oder übel auch keine andere Wahl. Unten aber beim Heraustreten aus der kleinen Turmtüre sahen wir uns einer großen Menschenmenge gegenüber; der kleine Kirchhof war dunkel von Menschen, die nun wissen wollten, wo es brenne. Im Hintergrunde waren schon Pferde für den Spritzenwagen bereitgestellt. Nur mit einem flüchtigen Blick stellten wir erschreckend dies alles fest und entwichen am Turm entlang seitlich über den Kirchhof und durch das angrenzende kleine Gehölz. Mitten auf der Flucht aber, oben auf dem Berg, kehrten wir wieder um; denn weithin sichtbar kam der Herr Pastor mit wehenden Rockschößen hinter uns her. Leider hatte er gar kein Verständnis für den Anlaß, der uns zur Übertretung der Ordnung verleitet hatte. Auch die Maler, die im Modersohnschen Hause versammelt waren, hatten kein Verständnis für uns und meinten, so etwas täte man nicht.
Als Paula Becker bei ihren Hauswirten erschien, sagte der Hausvater, wie es in einem ihrer Briefe zu lesen steht:
„O Fräulein, wat har ek en Angst hat, ek ben wohl hunnertmal vor de Dör wesen. Ek dacht, sie haren Ehr insperrt." – Die Hausmutter fügte hinzu: „Ek har all jümmer seggt, die Grote, de kann dat af, aber us Fräulein, de holt sick en Krankheit in Loch."

Nach seiner zweiten Rußlandreise besucht Rainer Maria Rilke für 6 Wochen Heinrich Vogeler auf seinem Barkenhoff. Er wohnt im blauen Giebelzimmer des Barkenhoffs. Vogeler hatte inzwischen für den Dichter den Band „Mir zur Feier" illustriert, der 1899 in Berlin herauskam, im März 1900 erschien in der gerade gegründeten Zeitschrift „Die Insel" Rilkes Gedicht „Die heiligen drei Könige" mit reichem Bildschmuck Vogelers. Von Rilke stammt auch der Sinnspruch über dem Portal des Barkenhoffs: „Licht sei sein Loos. Ist der Herr nun das Herz und die Hand des Baus, mit den Linden im Land, wird auch sein Haus schattig und groß."

Heinrich Vogeler schreibt in seinen „Erinnerungen" über Rilkes Besuch:
„Gegen Ende des Sommers kam Rainer Maria Rilke aus Rußland auf den Barkenhoff. Er stand stark unter dem Eindruck der russischen Menschen, wie Dostojewski sie darstellte. Die unterirdischen Kirchen von Kiew hatten seine Veranlagung zur Mystik weiter befruchtet. Dann war er bei Tolstoi gewesen. Viele der Eindrücke spiegelten sich in seiner Kunst wider, so wie geschliffenes böhmisches Glas das Bild der Wirklichkeit in vielfältiger Wandlung, Bereicherung und in seiner Farbe und Form wiedergibt. Rilke wohnte jetzt in dem Giebelzimmer des Barkenhoffs, das auf den Arbeitshof hinabsah. Bei mir im Hause war damals nicht mehr der weißköpfige kleine Hermann, sondern eine alte Haushälterin versorgte uns. Sie hatte ein sonderbares Entsetzen vor dem eigentümlichen Gast, vor allem wenn er in der umgürteten grünen Rubaschka mit den bunt applizierten roten Tatarenlederstiefeln an den Füßen durch den Garten ging. Dann wurde sie von großer Angst befallen, er könne vielleicht in diesem Aufzuge ins Dorf gehen. Außerdem wußte sie nicht, warum er betete. ‚Er betet wieder, er betet den ganzen Tag', sagte sie oft und horchte ganz verstört unten in der Diele, wenn Rilke oben seine Verse deklamierte.
An einem der ersten Abende wanderte ich mit Rilke am Fuße des Berges entlang zum Moor. Eine schwefelfarbene Abendluft stand am Himmel. Über den Bergrand schob sich eine lange dunkelviolette Wolke. Sie wirkte wie ein zum Moor hinübergreifender Arm, der in eine krallige Hand auszulaufen schien. Als wir hinter Kucks Gastwirtschaft an dem schwarzen Torfsumpf vorüberkamen, erschauerte Rilke: „Ein grausiges Land, in dem ihr da lebt". Wir wanderten weiter über die Landstraße und bogen in

Heinrich Vogelers Barkenhoff, Foto um 1914.

die schimmernde Birkenallee, in das Moordorf Westerwede ab. Es dunkelte schon, als wir beide vor dem Giebel eines alten Strohdachhauses standen. In der großen Dielentür erschien das leuchtende Weiß einer Frauengestalt, die uns begrüßte. Es war Clara Westhoff. Man konnte sie aber im Dunkel der einbrechenden Nacht kaum erkennen. Sie führte uns in die weiße Laube an der Hausecke. Schnell kam ein bildreiches Gespräch auf, als Rilke von Tolstoi und seinen Reiseeindrücken aus Rußland erzählte. Clara meinte, ihr stehe der russische Mensch so fern. ‚Mich beunruhigen die mystischen Gefühle der slawischen Menschen'. Sie beschrieb auch, wie eine Künstlerin die Art dieser Menschen sah, was mich erschreckte, da sie in mir einen Typ lebendig machte, der ganz auf Rilke paßte. Clara ging ins Haus und kam mit einer brennenden Petroleumlampe zurück. Wie angewurzelt blieb sie im Rahmen des Laubeneingangs stehen, als das Licht auf den Gast fiel. Rainer Maria Rilke schrieb in mein Buch diese Verse:

„Einsame Stunden sind uns zu eigen,
Wenn das schwere
Tägliche Schweigen
Von uns fällt
Wie ein staubiges Kleid.
Stimmen hören wir aus unseren Zeiten,
Denn wir sind wie silberne Geigen
In den Händen der Ewigkeit."

In den kommenden Zeiten fanden sich die beiden Menschen Clara und Rainer immer mehr zueinander."

Aber auch Paula Becker hinterläßt bei Rilke sichtbare Spuren

Rilke, Tagebuch, 16. 9. 1900

„Dann war ich im Lilienatelier. Tee erwartete mich. Eine gute und reiche Gemeinsamkeit in Gespräch und Schweigen. Es wurde wundersam Abend; wovon die Worte gingen: von Tolstoi, vom Tode, von Georges Rodenbach und Hauptmanns ‚Friedensfest', vom Leben und von der Schönheit in allem Erleben, vom Sterbenkönnen und Sterbenwollen, von der Ewigkeit und warum wir uns Ewigem verwandt fühlen. Von so vielem, das über die Stunde hinausreicht und über uns. Alles wurde geheimnisvoll. Die Uhr schlug eine viel zu große Stunde und ging ganz laut zwischen unseren Gesprächen umher. – Ihr Haar war von florentinischem Golde. Ihre Stimme hatte Falten wie Seide. Ich sah sie nie so zart und schlank in ihrer weißen Mädchenhaftigkeit."[1]

Anfang September ist auch Carl Hauptmann wieder für eine Woche in Worpswede und anläßlich eines literarischen Abends Gast im Barkenhoff.

Otto Modersohn berichtet darüber
Tagebuch, Sonntag, den 3. 9.

„Da ihr Wesen so grundverschieden war, kam es oft zu höchst interessanten, kritischen Zusammenstößen. Carl Hauptmann, in ein braunes Kleid gehüllt, in nervöser Unruhe und mit lebhaften Gesten und Schritten auf und ab gehend, Rilke in sich zusammengezogen still in einer Ecke lehnend, von wo er ab und zu einige zielsichere Worte seinem wortreicheren Partner entgegenwarf. Hauptmann entzündete sich geradezu an Rilkes mystischer Art..."

Martha Vogeler im Festkleid, um 1900.

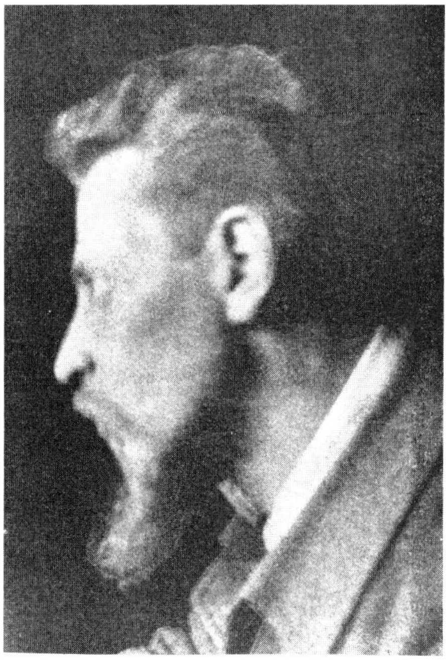

Rainer Maria Rilke, Foto um 1900.

Paula Becker sieht den Besuch des Dichters aus ihrer Sicht

Tagebuch, 3. 9.

„Dr. Carl Hauptmann ist auf eine Woche hier. Er ist eine große, starke, ringende Seele, einer, der schwer wiegt. Ein großer Ernst und ein großes Streben nach Wahrheit ist in ihm. Er gibt mir viel zu denken. Er las aus seinem Tagebuche: ‚Gedankliches und Lyrisches'. Deutsch hart im Wortlaut und schwer und unbeweglich, doch groß und tief. Lege die Eitelkeit ab und sei Mensch. Die Eitelkeit setzt Mauern auf zwischen dir und der Natur. Du kommst nicht zu ihr hindurch.
Die Kunst leidet dadurch. Vertiefen, von innen nach außen leben, nicht von außen nach innen. Deshalb gegen Paris für mich.

Heinrich Vogeler, Frühlingsmorgen, 1899. Barkenhoff hinter blühenden Zweigen, Radierung.

Daneben Rainer Maria Rilke, ein feines lyrisches Talent, zart und sensitiv, mit kleinen rührenden Händen. Er las uns seine Gedichte, zart und voller Ahnen. Süß und bleich. Die beiden Männer konnten sich im letzten Grunde nicht verstehen. Kampf des Realismus mit dem Idealismus."

Prominente Gäste stellen sich auf dem Barkenhoff in diesem oder dem nächsten Sommer ein.

Neben Carl auch sein Bruder Gerhart Hauptmann, Richard Dehmel, René Schickele, O.J. Bierbaum, Walter Heymel, R. A. Schröder, der Verleger Eugen Diederichs, der Regisseur Max Reinhardt, die Musiker Egon Petri, Louis Grünberg und Georg Kulenkampff sowie die Kunsthistoriker Hans Bethge und Richard Muther sind in Heinrich Vogelers gastlichem Haus zu finden. Richard Muther skizziert seinen Worpswede-Besuch:

Richard Muther, Studien, Berlin, 1925

„Es waren die Jahre des Pleinair. Man wollte Luft malen statt brauner Sauce. Das Tageslicht sollte an die Stelle des Galerietons treten. Also suchte man nach allem, was grau war, malte graugrüne Wiesen und staubige Landstraßen, fahle Oktoberstimmungen mit dürren, bestaubten Disteln, Bauplätze mit weißlicher, kalkdurchschwängerter Luft. Nachdem man im Grau geschwelgt, kam dann die Sehnsucht nach Farbe.

Es wurde Böcklin bewundert, weil er Farben mischte, voller, leuchtender, strahlender, als es auf Erden gibt.

Es wurden die Schotten bewundert, weil sie eine farbensatte Natur, nicht die stimmungslose graue Werktagswelt schilderten. Und die Worpsweder traten auf, die in Deutschland nach sonoren „schottischen" Motiven suchten.

Einen solchen Zusammenhang anzunehmen fühlt sich der Historiker versucht. Denn die Worpsweder wurden erst 1895, fünf Jahre später als die „Boys", bekannt. Doch in Wirklichkeit war die Geschichte anders. 1884 schrieb man. Da kam die Tochter des Kaufmanns von Worpswede – kein Mensch, der nicht Worpsweder war, wußte damals den Namen – ein Fräulein Stolte, auf Besuch zu einer Verwandten nach Düsseldorf. Deren Mietsherr war ein junger Maler, ein Akademieschüler, namens Mackensen. Und da Jungfer Stolte gar Schönes von dem weltverlorenen Marschendorf erzählte – nebenbei auch der Billigkeit halber – fuhr er hin. Dann im darauffolgenden Jahr, 1885, kam er wieder, von seinen Freunden Otto Modersohn und Alexander Hecking begleitet, dem armen Großveranlagten, der sich im Münchener Hofgarten erschoß. Das war die Entdeckung von Worpswede, wo heute außer den Entdeckern noch Fritz Overbeck, Heinrich Vogeler und Hans am Ende leben, nicht weit von Carl Vinnen, dem Gutsherrn, der auf Osterndorf seinen Sitz hat. Auch mich hat mein Weg jüngst nach dem stillen Erdwinkel geführt. Ich lernte sie alle kennen, die lieben Leute, deren Bilder man auf Ausstellungen bewundern, aber doch erst verstehen kann, wenn man auf dem Boden stand, aus dem sie herauswuchsen.

Eine Fahrt nach Worpswede ist eine Staroperation: als schwinde plötzlich ein grauer Schleier, der sich zwischen die Dinge und uns gebreitet. Gleich wenn man der Zweigbahn entstiegen ist, die von Bremen nach Lilienthal führt, beginnt ein seltsames Flimmern und Leuchten. Haben diese Bauern einen Farbendämon im Leib? Oder ist's nur die Luft, die weiche, feuchtigkeitsdurchsättigte Luft, die alles so farbig macht, so tonig und strahlend? Ich blicke auf die blauen Zügel, die mein Kutscher hält. Sie phosphoreszieren und flirren. Ich blicke auf die blauwollenen Handschuhe, auf das tiefrote Brusttuch eines Bauernpaares, das ganz fern auf der Landstraße daherkommt – sie leuchten und strahlen wie von innerem Feuer durchglüht. Da steht ein Arbeiter in hellblauem Kittel neben einem perlgrauen Birkenstamm. Dort hängt an einer Leine ein roter Unterrock, und er sprüht Farbe wie Purpur. Dort ist eine Bauernhütte blutigrot gestrichen, ähnlich denen, die es in Norwegen gibt. Doch während dort in der dünnen durchsichtigen Luft alles klar sich abzeichnet, wird es in Worpswede zur Tonsymphonie: diese rote Mauer mit dem saftigen Efeu, dieses hohe, fast bis zum Boden reichende Strohdach, worüber feuchtgrünes Moos sich wie ein Teppich breitet. O dieses Moos in Worpswede! Alle Dinge überspinnt es: nicht nur die Stämme der Bäume, auch das Gebälk der Häuser, die Ziegel der Backöfen und das Holz der Zäune. Da schillert es zitrongelb, dort grüngelb, dort bläulichgrün, die ganze Natur in eine Farbenvision verwandelnd. Nicht einmal im Spätherbst entfärbt sie sich. Denn tiefbraun leuchtet das Heidekraut. Rostbraun sind die Blätter der Eichen.

Die kleinen Birkenwaldungen gleichen Zauberhainen, in denen silberne Bäumchen goldene Blätter tragen. Dann,

wenn man weiter kommt, wird es düsterer, ernster. Tiefbraun, beinahe rotschwarz, zieht der Moorboden sich hin, zuweilen von Föhrenwaldungen, schwarzen Ackerfeldern und gelben Lehmgruben unterbrochen. Die Wiesen stehen unter Wasser. Nur hie und da ragt tiefgrünes Schilf aus den blauschwarzen Fluten auf. Und in den Stunden der Dämmerung verwebt sich alles zu großen mystischen Harmonien. Die glühroten Wolken und die glühroten Hütten haben alles Sonnenlicht aufgesaugt und strahlen es wieder, während die Erde schon in farblosem Schweigen daliegt.
Nun, wenn die Farben tot sind, beginnen die Formen zu reden. Die erhabene Poesie der weiten Ebene enthüllt sich. In großer mächtiger Silhouette zeichnen der Weyerberg, der plumpe niedere Kirchturm Worpswedes, sich vom Himmel ab. Riesenhaft wirkt der Viehhirt, der dort oben über die Höhe kommt; machtvoll wie eine Statue der Fischer, der steil aufgereckt in seiner Barke steht. Drohend wie Spieße strecken die Bäume, die die Hütten umhegen, ihre Äste aus: Wächter gleichsam, die ein Heiligtum schützen. In der Luft kreist einsam ein Vogel. Ganz gespenstisch mutet der schwarze Ziegenbock an, der da sinn- und zwecklos auf dem Moore steht, als ob er eine Hexe erwarte, um sie nach dem Blocksberg zu tragen. Das ist auch der Boden, auf dem das Märchen wächst. Irrlichter scheinen über das Moor zu huschen. Die schwarzen Föhren werden zu Phantomen. Der einsame Backofen, der da aus der Landschaft aufragt, wirkt wie ein Grabmonument, das in der Urzeit einem Helden errichtet wurde. In der zerfallenen Hütte dort drüben, aus deren Fenster ein grelles, schwefelfarbenes Licht fällt, scheinen böse Geister zu Gast. Wie gelbe Frauenhaare flattern die Binsen. Aus dem verfaulten Baumstrunk lugt die Waldfrau, in weiße Gewänder gehüllt, hervor. Den Bauer führt das zum Aberglauben, zur Phantastik den Künstler.
Die Worpsweder wurzeln in diesem Boden wie Bäume in ihrem Erdreich. Keiner ward da geboren. Aus den verschiedensten Orten kamen sie: Overbeck und Vogeler aus Bremen, Modersohn aus Soest, Mackensen aus Braunschweig, Hans am Ende aus Trier. Doch sie sind Bauern geworden, haben sich Ackerland erworben und Häuser gebaut.
In jeder Stunde des Tages sind sie draußen in Wald und Feld, das Werden und Sterben der Natur, ihr Welken und Keimen beobachtend. Und zu jedem hat sie in anderen Lauten geredet. Jeder hat andere Stimmungen aus diesem seltsamen Boden gezogen.
Mackensen – soweit man wagen darf, Künstler in das Prokrustesbett einer Charakteristik zu spannen – ist der Maler der Bauern, der Maler jenes kernhaft knorrigen, wetterharten Friesengeschlechts, dem der Rembrandt-Deutsche die Zukunft prophezeite. Er kennt diese Schiffer, in deren markige Züge Sturm und Wetter ihre Furchen gegraben haben; diese Torfstecher, die, tief eingesunken in das Erdreich, unter dunklem, wolkenschwerem Himmel ihr hartes Tagewerk tun; diese Matronen, deren runzlige Gesichter und müde Augen von mancher Bitternis des Lebens erzählen; diese Bauernhäuser mit der weiten Diele, wo ungetrennt voneinander Kühe und Menschen wohnen. Er ist mit der Bevölkerung verwachsen, nimmt – wie Millet in Barbizon oder Leibl in Aibling – an den Freuden, dem Kummer der Bauern teil, zeigt ihre Arbeit, die den Rücken beugt und die Glieder schwer macht. Da sitzt ein Mütterchen, Kartoffel schälend, am glimmenden Herde. Dort ruht ein Moorbauer, die Pfeife qualmend, vor der Haustür aus. Oder ein Kind ist gestorben. In der weiten Diele haben sich die Leidtragenden – in schwarzem altväterischem

Heinrich Vogeler, Sommerabend, 1902. Radierung.

Rock, hohe rauhhaarige Zylinder auf dem Kopf – versammelt. Doch sie klagen nicht. Stumm, wie steifgefroren, sitzen sie da. Alles rührselig Pathetische ist diesen harten, wortkargen Menschen fremd. Gerade diese Schweigsamkeit, dieses Fehlen jeder „Stimmung" gibt Mackensens Bildern wie denen Cottets ihre herbe Größe.
Als ich bei Modersohn eintrat, dachte ich an die Worte Taines: „Der Mensch ist von der Erde ebensowenig zu trennen wie Tier und Pflanze." Denn wie ein Rebhuhn, ein Auerhahn, ein Fasan die Farben des Bodens annehmen, aus dem sie leben, hat Modersohns rotbrauner Bart ganz die Farbe des Laubes, das er so gerne malt. Otto Modersohn ist ein ernster, großer, grübelnder Künstler. Während Mackensen mit seinem blonden Schnurrbart und seinen schneidigen Zügen dem deutschen Landwehrmann gleicht, wie ihn unsere Siegessäulen zeigen, macht Modersohn mit seiner goldenen Brille und seinen leisen Bewegungen den Eindruck eines stillen Gelehrten. Mackensen ist der Fanatiker,

der Märtyrer. Unter unsäglichen Schwierigkeiten hat er sich durchgerungen, hat bei Wind und Wetter Plainair gemalt mit dem Eifer eines Menschen, der nicht an den Augen und an den Fingern friert.
Modersohn, mehr Stubenmensch, führt alles auf die Gesetze der Natur zurück. Das erste, worauf in seiner Werkstatt der Blick fällt, ist eine zoologische und botanische Sammlung: getrocknete Blumen und ausgestopfte Vögel, Schmetterlinge, Käfer, Libellen. Aus den Farben dieser Dinge entwickeln sich seine Bilder. Indem er die Tiere und Pflanzen Worpswedes studiert, sucht er sich Klarheit zu verschaffen über die signifikanten Farbenstimmungen der Landschaft.
Modersohn hat alles gemalt: jene Stimmungen des Frühlings, wenn die Birken perlgrau sich von zartem Wiesengrün absetzen; auch den Sommer, wenn die Sonne schwer über den Kieferwaldungen, den Äckern lastet. Doch die Farbe seiner Möbel ist rostbraun. So ist ihm auch am liebsten jene Stimmung des Herbstes, wenn die Bäume wie Riesenbuketts in tausend rostbraunen Tönen schillern, wenn die violettbraune Heide, die schwarzen Schlehen, und die hochroten Hagebutten, die Brombeeren, Ebereschen und Preiselbeeren in hundert verschiedenerlei tieftonigen Farben leuchten. Seine Bilder entstehen, möchte ich sagen, aus der Stimmung des Rüsselkäfers heraus, der im raschelnden, gelbbraunen Laube lebt. Und derselbe Mann, der in diesen Bildern ein so „denkender Künstler" ist, wirft des Abends bei der Lampe mit schwarzer und roter Kreide seltsame Zeichnungen aufs Papier: schiefe, halb zusammengesunkene Hütten, in denen es von Geheimnissen raunt und flüstert; Backöfen, aus denen Dämpfe aufsteigen, die sich zu menschlichen Formen verdichten. Ein verhutzeltes altes Weib, auf den Krückstock gestützt, beugt sich zu einem flachshaarigen Mädchen, einem rotznäsigen Buben nieder, man denkt an Hänsel und Gretel. Das Flechtenmoos, das im Winde flattert, wird zu einem Märchenkönig mit langem, wallendem, weißem Bart. Die Synthese der beiden Anlagen hat sich bei Modersohn noch nicht vollzogen. Aber wenn sie kommt, wird eine nordische Phantastik da sein: etwa das Himmelreich, wie es Hannele sich dachte, oder jener Bauerngespensterglaube, wie ihn Werenskiold zeichnete.
Fritz Overbeck empfing mich in Wasserstiefeln, und damit ist auch die Note seiner Kunst gegeben. Während Modersohn mehr im Walde haust, ist Overbeck der Maler der Moorniederung, der Schilderer jener lehmigen Ebenen, wo man über Tümpel springen muß, um vorwärtszukommen, wo man bei jedem Schritt in feuchten Moorboden einsinkt, von Schilf, Röhricht und fetten Wasserpflanzen umwogt. Die Hamme, Wümme und Worpe münden mit ihren vielverästelten Kanälen bei Worpswede in die Nordsee. Schwere Kähne mit schwarzen teergetränkten Segeln gleiten träg und langsam über die schwarzen Fluten. Diese Stimmungen hat Overbeck mit einer Kraft gemalt, daß man die Torferde zu riechen, die feuchte, dicke Luft nicht zu atmen, sondern zu schlürfen glaubt. Nebenbei ist er ein wunderbarer Interpret jener seltsamen Abendstunden, wenn die schweren feuchtigkeitgeschwängerten Wolken tief purpurrot leuchten, die roten Hütten wie glühende Backöfen daliegen und aus den Fenstern gelbe Lichter zucken, als seien Christbäume angezündet.
Heinrich Vogeler war mir manchmal langweilig. Das Kling-Klang-Gloribusch, die Haselnußbiedermeierei unseres Otto Julius schien mir zu sehr in seinem Oeuvre zu herrschen. Doch seit ich ihn kenne, weiß ich, wie sehr auch bei ihm Herz und Hand, Mensch und Künstler sich decken. Als Vogeler zum erstenmal nach Worpswede kam, sah er dort ein niedliches kleines Mädchen, die Lehrertochter, kaum vierzehn Jahre alt, mit weichem, weißblondem, die Stirn wie ein Diadem umfließendem Haar und blauen großen Augen, in denen Märchen schlummerten. Dieses kleine Weib, sein Weib, wurde der Genius seiner Kunst. Sie brauchte nur auf der Wiese zu stehen, und das Märchen vom Froschprinzen ward lebendig. Sie saß an einer Rosenhecke, und man dachte an Dornröschen. Sie beugte zu einem Brunnen sich nieder und war Rautendelein. Das sind die Bilder Vogelers, in denen er so zart und keusch von Jugend und Glück, von Lenz und Liebe erzählt, vom Zirpen der Mücken und dem Sang der Vögel, von knospenden Blumen und hellgrünen Birkenblättchen, die sich zitterig im blauen Äther wiegen. Er selbst sieht aus wie Theodor Körner, wie ein Mensch aus jener Zeit, als „Leier und Schwert" geschrieben wurde, als Tieck, Eichendorff und Clemens Brentano lebten. Also braucht man, um seine Kunst zu verstehen, gar nicht auf Ähnliches zu verweisen, was bei Beardsley, Somow und Eichler vorkommt. Vogeler malt sich selbst, malt Worpswede. Denn in den Sandsteinfiguren vor der Ziegelbrennerei, in den grauen von Tränentüchern umwundenen Louis-Seize-Urnen, den spitz aufsteigenden Lebensbäumen und den gelben Strohkränzen, die auf dem Worpsweder Friedhof die grauen Grabplatten schmücken, ist auch die Biedermeierstimmung enthalten.
Und schön ist, wie bei Vogeler Leben in Kunst, Kunst in Leben sich umsetzt. Wie ein Stück Biedermeierzeit ragt sein Häuschen in die Gegenwart herein. Da ist – fast mehr Handarbeit als Natur – ein kleiner altväterischer Garten, wo Kletterrosen sich an zierlichem Holzwerk emporwinden und weiße Urnen auf

Fritz Mackensen, Landschaft am Weyerberg, um 1892

weißgestrichener Balustrade stehen. Linden beschatten das Haus. Runde Lorbeerbäume, mathematisch regelrecht, umgeben die Tür, über der sich steifbeinig eine welke, magere Girlande ausstreckt. Patriarchalisch-traulich sind die Stuben. Geranien und andere altmodische Topfpflanzen stehen im Fensterbrett. Verschossene, schlaffe, dünne Kränze aus Immortellen, Kornblumen und Eichenlaub, kleine, braun gerahmte, mit blauen Schleifchen und grünen Bändchen gezierte Schwarzweißblätter aus der Zeit von Greuze bis auf Rethel schmücken die hell getünchten Wände. Bunte Majolika-Bauernteller, Tonpfeifen und Violinen, weiße Bauernuhren mit rosen bemaltem Zifferblatt, spitzbeinige, steife, weiß-grünrot geblümte Sofas und schmale, hellgelbe Himmelbetten mit verschossenem grünseidenem Vorhang – das ist das übrige Inventar der Wohnung, in der Vogeler mit seinen Vatermördern und seiner dicken Krawatte, mit seinem langen, samtkragigen, breitschößigen Rock wie ein übriggebliebener Sproß der Biedermeierzeit waltet.

Hans am Ende, der 1889 nach Worpswede kam, ist vielleicht weniger mit dem Boden verwachsen. Gewiß sind seine Bilder sehr lieblich und freundlich, sehr heiter und sonnig. Man denkt an Daubigny, wenn er hellblaue Bächlein

Clara Rilke-Westhoff

malt, die an perlgrauen Birken vorbei durch junges Wiesengrün rieseln. Man denkt an Thaulow, wenn er schneebedeckte Hütten schildert, aus deren Fenstern das Licht der Öllampe scheu über winterliche Fluren huscht. Aber daß man an diese Meister denkt, zeigt doch, daß die Eigenart Worpswedes sich in Endes Bildern nicht ganz so bodenwüchsig und rein wie in denen der anderen spiegelt. Trotz ihres großen Formats haben sie nicht die innerliche Größe von Modersohns oder Overbecks Werken. Er geht schönen Motiven nach, wie man sie allerwärts findet, und malt sie photographisch, ohne die elementare Sprache der Worpsweder Natur zu hören. Desto wuchtiger – formen- und farbenstark – wirkt Vinnen. Was ihn von den anderen unterscheidet, erklärt sich aus der Verschiedenheit des Landes: Moorboden in Worpswede; sandiger Geestboden in Osterndorf. Schon das gibt Vinnens Bildern farbig eine andere Nuance. Die Luft ist hier weniger dick. Rosarot ist die Heide. Grauschwarz, nicht tiefbraun sind die Äcker. Seine Werke verhalten sich, könnte man sagen, zu denen Overbecks, wie reife, mürbe, rotglühende Äpfel zu schlammigem, fettem Schilf. Und was sie weiter unterscheidet, geht darauf zurück, daß hier nicht nur ein Maler, auch ein Gutsherr spricht. Vinnen ist Patrizier: mit seinem hellblonden Kinnbart, seiner gedrungenen Gestalt recht der Typus des nordischen Menschen, der Typus des wetterfesten, auf seiner Scholle ansässigen Gutsherrn, der mit der Flinte im Arm durch die Fluren streift, seine Knechte anleitet, in allen Arbeiten des Feldes Bescheid weiß. Was er malt, gehört ihm. Jeden Baumstamm kennt er. So haben seine Werke jenes seltsame Etwas, das auch aus den „Gutsherrenbildern" Gleichen-Rußwurms oder des Grafen Kalckreuth so deutlich vernehmbar spricht. Definieren kann ich es nicht und wollte eine „Kunstkritik" überhaupt nicht schreiben. Ich wollte den Worpswedern, auch meinem lieben Freund Rilke, nur für die unvergeßlichen Stunden danken, die ich in ihrer fernen schönen Welt verlebte."

Für Otto Modersohn war der Besuch Richard Muthers von besonderer Bedeutung. Er schreibt dazu in sein Tagebuch am 20. November 1901:

„Ich glaube ein sehr wichtiger Tag für mich. Prof. Muther hat einen tiefen Eindruck von mir gehabt. Vogeler hat es Paula gesagt und gestern Abend bei Heinrich Vogeler sagte es mir Rilke. Ich hätte den tiefsten Eindruck gemacht, er hätte immer von mir gesprochen bis auf die Plattform des Zuges. Ich hätte zeitlebends einen Freund in ihm gefunden. Er würde mich immer im Auge behalten. Er hat vom Erwerben einer Arbeit gesprochen. Er will etwas schreiben – Zum ersten mal bin ich von solch einem Manne verstanden…"

Rilke an seinem Schreibtisch in Westerwede. Über dem Schreibtisch das Hochzeitsgeschenk Otto Modersohns „Mondnacht mit Paar im Garten", 1889

Auf dem Barkenhoff hat sich um die Jahrhundertwende ein privater künstlerisch geprägter Kreis gebildet, der sich die „Familie" nennt. Allsonntäglich trifft man sich in kultivierter Gastlichkeit, wie sie Heinrich Vogeler auf seinem großformatigen Bild „Sommerabend" (1905) festgehalten hat.

Otto Modersohn im „Buch der Freundschaft"

„Den Nachmittag und Abend verbrachten wir meist in Vogelers reizendem Hause, dem „Barkenhoff". Dann trug sie mit Vorliebe ein weißes Kleid wie auch die anderen Damen. Oft kamen Gäste… Häufig weilte auch Paulas Schwester Milly in unserem Kreise und sang dann Lieder im „Weißen Saal". Im Sommer saßen wir auf der Terrasse vor dem Hause, an Winterabenden am offenen Kaminfeuer in der alten Deele; die Männer rauchten aus holländischen Tonpfeifen."

Paula an Maria Hill, 30. 12. 1900

„… Draußen leben wir eine stille Gemeinde: Vogeler und seine kleine Braut, Otto Modersohn und ich, und Clara Westhoff. Wir nennen uns: die Familie. Wir sind immer Sonntags beieinander und freuen uns aneinander, und teilen viel miteinander. So mein ganzes Leben zu leben ist wunderbar…"

Otto Modersohn, Tagebuch, 15. Jan. 1901

Mit wunderbarem Gefühl denke ich an

das letzte Vierteljahr Sept. – Dez. 1900. Ich glaube, daß ich nie eine angeregtere, reichere Zeit erlebt habe, Bildersehen, Kunst, Musik, Literatur, glückliche Arbeit, alles vereinigte sich, um eine wahrhaft ideale Zeit zu bilden. Und Paula war der Mittelpunkt. Es ist bewunderungswürdig, welch eine Fülle von Leben in ihr steckt.
Otto Modersohn, Tagebuch, 4. 11. 1901
„... Bei Heinrich Vogeler ein wundervoller, mir riesig sympathischer Geist, zwanglos künstlerisch. Am Sonnabend so schön, wie ich lange, lange keinen Abend verlebt habe. Das ist sicher wahr: zuerst ein künstlerisches Leben führen, ganz erfüllt von Kunst – nichts an sich heranlassen:
Das ist Paulas Geist und Absicht,
... so ist Paulas Streben."

Wer also war Paula Becker? Wie selbstverständlich fügte sie sich in den Freundeskreis auf dem „Barkenhoff" ein, als Mensch geschätzt und geliebt, aber als „Künstler" in ihrer überragenden Größe kaum beachtet, es sei denn von Otto Modersohn, der vom ersten Augenblick an von ihrem künstlerischen Streben gefesselt war.
Otto Modersohn, Tagebuch 24. Januar 1901 (während Paula Becker in Berlin)
„*Lebendigkeit, Lebhaftigkeit, Gewandheit,* das war der erste Eindruck, als sie bei uns Besuch machte. Der Kopf mit dem üppigen Haar bog sich leicht akzentuiert von der einen zur anderen Seite. Ein munteres Auflachen oft.–
Wenn sie mit der Alten aus dem Armenhaus an unserem Hause vorbeischritt, gefiel mir immer die jugendfrische Erscheinung, wie sie die Alte am Arm

Geselligkeit vor dem „Barkenhoff" Heinrich Vogelers: Rechts im Bild Paula Modersohn-Becker, neben ihr Martha Vogeler. Ganz links im Bild Milly Becker, Paulas Schwester, dann Philine Vogeler und Otto Modersohn.

Paula Modersohn-Becker

leitete, wie sie pikant ging mit den Zehen den Fuß zuerst aufsetzte.–
Und so oft sie uns besuchte, war sie uns sympathisch, ja immer lieber. Helene, meiner ersten Frau, war sie sehr sympathisch, weil sie so natürlich und zwanglos war, was wir anfänglich nicht gedacht. Sie belebte uns immer, nie war sie langweilig, und das merkte sie gewiß. – Dann ihre Abreise nach Paris, vorher ihr Brief aus Bremen, und diese Briefe aus Paris und die Blumen ...
Sie war einmal in meinem Atelier im Herbst 99, ich zeigte ihr meine Studien, meine Kompositionen ‚Oh, Herr Modersohn, was haben Sie für wundervolle Sachen' – Sie kniete auf dem Strohteppich und betrachtete alles mit Interesse. Ich besuchte sie einige Male in ihrem Atelier bei Gawes. Eines Abends sprach ich über Rembrandt, sie saß vor dem Ofen, es war sehr kalt im Zimmer.–
Nach der schlechten Kritik kam sie mit Frau B. in mein Atelier, munter aber doch wütend über Fitger.–
Anmut in Kleidung, Haltung, Bewegung, Redeweise verbreitet einen wahren Zauber um sie – Und wenn sie zerrissene, alte Kleider trägt, es wirkt bei ihr alles anmutig. Eine andere könnte neue tragen und wirkte nicht so. Anmutig gekleidet, bewegt sie sich, spricht sie, lacht sie, ist sie, liest sie, liegt sie, etc., wie anmutig wirkt sie beim Schlittschuh-

Paula und Otto auf der Gartenbank, 1904.

laufen, wo sie graziös mit ihrem braunen Kleidchen und der Tasche sich vor mir wiegt.
Wie im Geistigen, so im Körperlichen schlägt sie oft mit den Füßen hinten aus, und dann kommt die Spitze der ‚langen' Zunge vorn zum Vorschein – blitzschnell. Ihr Lachen ist ein ganzes Kapitel für sich. Sehr oft umspielt ihre Mundwinkel ein Lächeln. Oft macht sie: Ha, ha, ha, mehr gesprochen. – Ihr Lachen ist mir so äußerst lieb, und daß es so häufig kommt. Zu ihrem Gesicht steht frohe, heitere Laune sehr gut; Trauer macht sie mir fast fremd, wenn ihre Tränen rollen. Famos sieht sie aus, wenn sie beim Lesen oder Gesang zuhört, den Kopf geneigt, sitzt sie mit ernster Miene da, voller Aufmerksamkeit.–"

Die Begegnung mit einem jungen Wesen von so sprühendem Temperament hilft Otto Modersohn leichter über den Verlust seiner ersten Frau hinweg, die er jahrelang leiden sah, ohne helfen zu können.

Otto Modersohn hält darüber fest („Buch der Freundschaft"):

„Die folgenden traurigen und einsamen Monate erhellte sie mir mit ihrem großen künstlerischen Streben, das mich magisch anzog. Ganz allmählich ward unsere Freundschaft immer inniger, und wir fühlten beide, daß wir Gefährten fürs Leben geworden waren. Ein schöner Sommer zog ins Land und brachte auch ihr neue Kräfte. Eines Abends erschien Heinrich Vogeler in ihrem Atelier und stellte einen Korb mit allerlei lukullischen Genüssen vor uns auf den Tisch: ‚Wir wollen mal eure Verlobung feiern', sagte er kurz. Wir sahen uns nicht täglich, aber wir schrieben uns oft, und Paula hatte eine reizende Idee: In einer Kuhle in der Heide, nicht weit von ihrem Atelier, wurden die Ergüsse unserer Liebe unter einem Stein niedergelegt."

Tagebucheintragungen Otto Modersohns über diese Zeit:

„Samst. 1. Sept. Weyerdelen, treffe sie auf der Straße. Sie Famos. Nachmittags zu ihr. Sagt mir – warum ich nicht mehr komme, könnte doch nicht immer zu mir kommen. –
Dienst. 4. Sept. Morgends ich bei ihr, langes Gespräch über ihre Studien… Treffe sie abends – sehr schön und tief – starkes Gefühl.
Sonnt. 9. Sept. Morgends getroffen. Nachmittags zu ihr mit Dr. Hauptmann. Herrlicher Tag. Bis zwei Uhr nachts gesungen, gelesen, gegessen, Sie, Schwester, Bruder, Hauptmann, Rilke, Frl. Westhoff, ich. – Wein.
Mittw. 12. Sept. Nachmittags Schiff Paula Becker – Rilke. 5–2 Uhr nachts verlobt. – – –
Samst. 15. Sept. Morgens Atelier, Nachmittags Gartenfest (Barkenhoff)
1. Künstlerischer Mensch. – Persönliche Ideen über Kunst, Malerei, Literatur, Musik, genießen, schaffen von Kunst ihr Hauptziel. Und meins. Natur, Landleben, Worpswede, alte Häuser, alte Einrichtungen…
2. Freier Mensch. – sich geben ganz ohne Rücksichten, Heiteres, lebensfrohes, frisches Temperament…
3. Äußerlich reizvoll, anmutig, kräftig, gesund, energisch. – Gewandt, geschickt, nicht verlegen, selbständig, graziös, weiblich."

Paula und Otto fühlten sich zum ersten Mal in ihrer Kunst vom anderen ganz verstanden.

Paula Becker, Brief an Marie Hill, Oktober 1900

„Meine liebe Tante Marie,
ja, ich sitze im Glück, tief und sanft und das Leben umweht mich süß. Es ist mir alles wie ein Traum. Eigentlich war mir mein ganzes Leben wie ein Traum, doch jetzt ist es eben noch mehr. Solche Abende, wie ich sie verbringe, blühen, glaube ich, den wenigsten in der Welt. Wie heute, als wir uns gegen Dunkelwerden an unserem Lieblingsplatz trafen. Da standen wir zusammen zwischen zitternden Föhren, in denen der Wind knackte; – – – er ist wie ein Mann und wie ein Kind, hat einen roten Spitzbart und zarte liebe Hände und ist siebzehn Zentimeter größer als ich. Er hat eine große tiefe Intensivität des Gefühls. Daraus besteht eigentlich der ganze Mensch. Kunst und Liebe, das sind seine beiden Stücklein, die er geigt. Er hat eine ernste, fast schwermütige Natur bei einer großen Freude an Sonnenschein und Frohsinn. Ich kann ihm viel sein. Das ist ein wundervolles Glück.
In der Kunst verstehen wir uns sehr gut, der eine sagt meist, was der andere empfindet. Ich will auch meine Kunst nicht an den Nagel hängen. Wir wollen

Clara und Rainer Maria Rilke vor ihrem Westerweder Haus, 1901

nun vereint weiterstreben. Bei seiner großen Einfachheit und Tiefe wird mir fromm zumut. Ich bin ein solch komplizierter Mensch, so ewig zitternd, da tut solch eine ruhige Hand so viel Gutes. Ich trage das Glück in meinem Herzen. Deine Paula Becker"

Otto Modersohn
in seinem Tagebuch über diese glückliche Zeit:
27. Sept. 1900
„Unvergeßliche Tage – eine einzige Harmonie, die unausgesprochene, von allen geahnte Liebe bildete den Mittelpunkt. Mir war an der Seite meiner Paula unendlich wohl. Heinrich Vogeler verhielt sich ganz famos. Milly Becker wechselte Worte voller Glück zu mir … Frei muß der Künstler sein, ohne Freiheit kann er nicht gedeihen: *nur ein künstlerisch angelegter Geist kann einen Künstler begreifen.* –"
13. Okt. 1900
Köstlicher Sonntag mit Paula im Atelier … Bestes: Alte Mappen, Zeichnungen besehen, schwärmt dafür, findet sie riesig naiv, lebendig, schwärmt von alten und kommenden Zeiten, die dem ähnlich werden sollen. –
27. Okt. 1900
Gestern Abend ist mir wieder leuchtend klar geworden, Paula ist ein einzigartiges Mädchen … ihr feiner, freier Sinn, immer mehr verstehe ich sie … Sie strebt allüberall nach Freiheit, echtem Stimmungsleben.
4. Dez. 1900
Paula sucht mit eigenen Augen die Welt zu sehen und aufzufassen – das läßt sie mir immer von neuem in reinstem Licht erscheinen, darum verehre ich sie, darum gehören wir zusammen, passen wir zusammen. –
8. Dez. 1900
… Man muß in der Liebe verschieden empfinden, nicht ineinander aufgehen wollen … So muß es sein: In der Grundanschauung verwandt – kunstdurchdrungenes Leben – in den Äußerungen verschieden.

1901

Das Jahr der drei Worpsweder Hochzeiten. Bis Februar ist Paula in Berlin, um dort kochen zu lernen. Freilich sind ihr die Nachzeichnungen in den Berliner Museen wichtiger. Vor allem beeindruckt sie dort Böcklin.
Ein Wiedersehen gibt es mit Rilke, der darüber Otto Modersohn berichtet.

Rilke an Modersohn, Berlin, 15. 1. 1901
„Lieber und verehrter Otto Modersohn, heute als es zu dämmern begann, kam Paula Becker zu mir und mit ihr – so viel liebe Erinnerung und schöne Wiederkehr, daß ich mich Ihnen und unserem Kreise wieder dankbar und innig nahe fühle … ich will diesen Tag nicht vergehen lassen, ohne Sie zu grüßen. Denn Sie waren auch bei mir, mit bei mir und sollten das doch erfahren. – …"

Im März ist Paula wieder zu Hause. Im gleichen Monat heiraten Heinrich und Martha Vogeler. Auch Rilke findet sich wieder in Worpswede ein, wo er zu aller Überraschung mit Clara Westhoff die Ehe eingeht.
„Es war ein seltsam ungleiches Paar", *erinnert sich später Rudolf Alexander Schröder.*
In Westerwede, im Umland des Künstlerdorfes, gründet der Dichter

Heinrich und Martha Vogeler im Barkenhoff, um 1900.

Ihre eheliche Verbindung beehren sich ergebenst anzuzeigen
Heinrich Vogeler
Worpswede
und Frau Martha
geborene Schröder
Worpswede. Im Maerz 1901.

Eheanzeige Martha und Heinrich Vogeler aus dem März 1901, von Heinrich Vogeler gezeichnet.

mit Hilfe Vogelers seinen Hausstand. Dort reift sein Plan, in sechs voneinander unabhängigen Essays „die sechs Persönlichkeiten, die in diesem Lande starke Wurzeln haben, zu behandeln." Er denkt dabei an Mackensen, Modersohn, Vogeler, am Ende, Overbeck und Vinnen, der jedoch in diesem Zusammenhang nicht behandelt werden wollte.
Am 25. Mai heiraten Otto Modersohn und Paula Becker. Die Hochzeitsreise geht über Berlin, Dachau, München, Prag zu den beiden Hauptmanns nach Schreiberhau.

Paula und Otto Modersohn[4])

Exkurs

Für Paula und Otto beginnt eine Zeit guten gemeinsamen Schaffens, wie es in der Kunstgeschichte nur selten zu finden ist. Otto's „In der Grundanschauung verwandt, in den Äußerungen verschieden", wird zu beider Maxime. Die Zeit dieses fruchtbaren Zusammenspiels von zwei eigenwilligen Künstlernaturen als Eheleuten ist von 1901 bis zu Paula's frühem Tode durch zahlreiche Tagebuchaufzeichnungen beider belegt, aber auch durch den Briefwechsel mit Freunden und Verwandten.

Otto Modersohn, Tagebuch, 8.3.1901

„... Es ist gewiß gut für einen Künstler, wenn er Schicksale durchmacht.
Das Leben muß Höhepunkte und Tiefpunkte besitzen.
So anregend das Tagebuch Böcklins, so stellt er mir mein oft gegenteiliges Gefühl vor Augen ... Übermorgen kommt Paula wieder – meine große Arbeit hat mir über die Zeit hinweggeholfen."

13. März 1901

„Sonntag kam sie mit Wagen, Wiedersehen unbeschreiblich. Essen – Atelier – ihr Zimmer – Clara Westhoff, zu Abend im Barkenhof ... Paula ist viel feiner, als ich anfänglich dachte. Wahres Künstlertum. Ihre Interessen und Verständnis für Kunst und Menschen, Leben, Natur, einfache Verhältnisse – wunderbar.
Sie wirkt durch ihre Natur, ihr Wesen. – Meine Liebe ist gewachsen."

Für seine Zeit entwickelte Otto Modersohn eine besonders aufgeschlossene Auffassung über freie Entfaltung der Ehepartner.

Otto Modersohn, Tagebuch, 27. Okt. 1901

„Meine Paula ein einziges Mädchen, ihr freier Sinn ist köstlich. Immer verstehe ich sie ... Sie strebt überall nach Freiheit, feinem Stimmungsleben, was ja auch mein liebstes ist. – ... Ist so ein feines, künstl. Stimmungsleben nicht das Schönste, Höchste, Erstrebenswertheste? ... Muß es nicht auch in der Ehe so sein, ärgerte es mich nicht, wenn ich es anders fand und sah? Warum heirathet man denn, um alsbald ein philisterhaft-spießbürgerliches Leben zu führen, einen ordentlichen Haushalt zu führen, in dem alles nach dem Schnürchen geht, um Kinder zu bekommen und großzuziehen – nein das ist alles für mich nebenbei, in erster Linie doch um sein ideales-künstlerisches Leben ganz nach seinem Geschmack zu führen, um an seiner Frau eine Lebensgefährtin zu haben in dem, was einem das Liebste ist – das erhoffe ich von unserem Leben in der Ehe."

Paula, enttäuscht über die Veränderung ihrer Freundin Clara in deren Ehe mit Rilke, äußert sich hierüber in ihrem Tagebuch:

Paula, Tagebuch, 2. Mai 1902

„... Rilke schrieb einmal, die Gatten hätten die Pflicht, die gegenseitige Einsamkeit gegenseitig zu bewachen. Sind denn das nicht oberflächliche Einsamkeiten, die man bewachen muß? Liegen die wahren Einsamkeiten nicht völlig offen und unbewacht? Und doch dringt keiner zu ihnen, obgleich sie manchmal auf einen warten, um mit ihm durch die Tale und Wiesen Hand in Hand zu wandeln. Aber das Warten ist vielleicht nur Schwäche, und es dient ihr zur Stärke, daß keiner kommt. Denn dieses Alleinewandeln ist gut und zeigt uns manche Tiefen und Untiefen, deren man mit zweien nicht so gewahr würde. Mir ist, als ob es wohl schwer wäre, sein Leben gut und groß zu Ende zu führen. Bis jetzt, der Anfang, war leicht. Nun kommt es wohl schwerer und mit manchem inneren Ringen. Die Netze auswerfen, das tut mancher, aber dann auch einen Fischzug tun! ..."

Freiheit und eheliche Bindung müssen sich nicht ausschließen.

Paula, Brief an Otto, Paris, 15.4.1904

„... Weißt Du gerade, daß Du im Hintergrund meiner Freiheit stehst, das macht sie so schön. Wenn ich frei wäre und hätte Dich nicht, so gelte es mir nichts ..."

Nach kurzer Trennung im Frühjahr 1906, die Paula ihre „Sturm- und Drangzeit" nannte, kam Otto Modersohn für ein halbes Jahr nach Paris.
Es wurde „alles alsbald gut ... eine hochanregende Zeit in dieser herrlichen Stadt. Abends immer in Paulas großem Atelier am Monte Parnass."

Paula, Brief an Clara Rilke, Paris, 17.11.1906

„... Ich habe diesen Sommer gemerkt, daß ich nicht die Frau bin alleine zu stehn ... würde mich gerade meine Freiheit verlocken von mir abzukommen. Und ich möchte so gerne dahin gelangen, etwas zu schaffen, was ich selbst bin ... Die Hauptsache ist: Stille für die Arbeit, und die habe ich auf die Dauer an der Seite Otto Modersohns am meisten ..."

Paula Modersohn-Becker, Clara Westhoff-Rilke, um 1902.
Kohle auf grünlichem Papier.

Beide schätzen es, ihre aus Tiefen und Nöten erwachsene Kunst der ehrlichen Kritik des anderen zu stellen. Gegenseitiges Verständnis und Achtung vor der Individualität des anderen bestimmen beider Leben.

Otto Modersohn, Tagebuch, 26. März 1901

„Gestern einzig schöner Sonntag mit Paula. In der Natur empfinden wir beide gleich, in der Kunst ganz verwandte Gefühle. Aktzeichnungen unter Mackensen, Paris, Berlin besehen, vieles *sehr* fein. Freie Gespräche über (Böcklin), Worpswede, dessen Seiten...
Paula Tagebuch, ganz famose Sachen. Ein feines, künstlerisches, strebsames, originelles, anmutiges, weibliches weht aus diesen Blättern. Ich bin unendlich glücklich, – dieser prächtige Geist."

Paula, Brief an Marie Hill, Worpswede, 23.3.1901

„... Wunderbar hat unsere Liebe auf seine Kunst gewirkt. Da sind auf einmal viele Schleier gefallen, die über ihm lagen, und nun kommt alles hervor und ans Licht in mannigfacher Gestalt. In ihm arbeitet es von immer neuen Bildern. Ich wünschte Du sähest einmal die Pracht und ihn dazwischen, einfach und kindlich, und jungenshaft in seinem Glück. Da stehe ich reflektierender Mensch ganz fromm und demutsvoll vor dieser Seeleneinfalt. Sein Leben ist die Natur. Er kennt jeden Vogel und seine Lebensgewohnheiten und erzählt mir in Sorgfalt und Liebe von ihnen, und den Schmetterlingen, und von jedem, was ein Leben in sich hat..."

Die Beziehung scheint persönlich wie künstlerisch gleich stark. Das Persönliche strahlt auf das Künstlerische zurück und umgekehrt.

Paula an Clara Rilke-Westhoff, Worpswede, 13.5.1901

„Es ist ein sommerlich heißer Tag. Ich kehre gerade heim von den Tiebrucks mit dem Skizzenbuch. Dort ist es jetzt fein. Zwischen leuchtend gelben Hundeblumen und rührend kleinen blauen Gundermanns sitzen und knien und liegen und stehen und wühlen kleine Kinder und kleine Zicklein und Voges kleine Gänse. Und in der Ferne lacht es von blühenden Bäumen und jungen Birken. Da war es gut sein. In allerletzter Zeit denke ich wieder ganz intensif [!] an meine Kunst und ich glaube es geht vorwärts in mir. Sogar bekomme ich glaube ich ein Verhältnis zur Sonne. Nicht zu der Sonne, die alles teilt und überall Schatten hineinsetzt und das Bild in tausend Teile zerpflückt, sondern zu der Sonne, die brütet und die Dinge grau macht und schwer und sie alle in dieser grauen Schwere verbindet, auf daß sie eines sind. An das alles denke ich viel und es lebt in mir neben meiner großen Liebe. Es ist mal wieder eine Zeit, wo ich denke, ich werde einmal etwas sagen können, wo ich fromm bin und erwartungsvoll. In Otto Modersohn wird in dieser Zeit auch so vieles Neu. Es nimmt mich so wunder, wie in ihm die Dinge werden. Sechs Wochen geht er nur herum mit seinem Piepchen und am 43. Tage auf einmal, da kommt es ans Licht. Er verwirft im Augenblick die meisten von seinen neusten Bildern. Ich weiß nicht, ob mit Recht. Aber was ihm vorschwebt ist ein immer tieferes Eindringen in die Natur. Und ich begreife mit Jauchzen diese Revolutionen, denn ich weiß auch garnicht, wohin sie führen so ist es doch genug für mich zu sehn, wie da in meinem Lieben so viel viel vorgeht. Und alles auf eine so ruhige Weise alles wie bei der Natur selber.
... Und da fühle ich es wieder: Die Liebe höret nimmer auf, wenn auch alles andere aufhört. Und so haben wir unser Leben dieser Liebe geweiht. Denn ist Kunst nicht Liebe. Liebe Clara Westhoff, es wird schön, wenn wir wieder

Otto Modersohn und Paula mit Elsbeth, Otto Modersohns Tochter aus erster Ehe, im Garten der Modersohns im Jahre 1904

zusammen sind. Ich möchte Ihnen noch viel liebe Dinge sagen, aber dann will so vieles nicht aufs Papier und es wird wohl gut sein so zwischen uns beiden, daß manche letzten Dinge aus Scheu unausgesprochen bleiben. Ich grüße innig Ihren Mann. Und singt er wieder?"

Die Grundmotive des Ausbruchs der Künstler nach Worpswede werden für Otto Modersohn durch Paula neu belebt und bestärkt.

6. Juli 1901

„Im Anfang fühlte man stark den Gegensatz zur Welt, das merkwürdige des Lebens in Worpswede und das war gut. Daraus entsprang so vieles. Später wurde das viel schwächer. Jetzt mit Paula kommt es wieder, das ist ein großer Segen. – Je merkwürdiger, weltabgewandter unser Leben, desto heilsamer für die Kunst. (Man sieht fast nur Weltkunst). Ich will eine weltabgewandte Kunst."

Elsbeth, Tochter aus erster Ehe von Otto Modersohn, und Paula Modersohn-Becker beim Spaziergang in Worpswede, um 1903.

22. Juli 1901
„Gestern mit Paula Studien besehen. Sie gefielen ihr ausgezeichnet… Es gibt bei mir dreierlei: 1) meine Studien 2) meine Kompositionen 3) meine Bilder. – Kompositionen und andere Phantasien, im Sinne meiner Studien malen… möglichst einfach, prima. Das ist das meiner Natur entsprechende."
2. März 1902
„Heute (Sonntag) nachmittag mit Paula bei Brünjes (Paulas Atelier). Meine alten Kompositionen besehen… sie sind der ureigenste Ausdruck meiner Kunst. Sie entstammen einer künstlerisch reichen, eigenartigen Zeit voll glühender Ideale…
Merkwürdig, wie lieb mir Paulas Zimmer bei Brünjes ist, es ist mir fast der liebste Raum, es erinnert mich immer an meine ehemalige Stube bei Grimms, in der all diese Blätter entstanden. Unter niederem Strohdach mit Kuh, Katze, Hund, Hühnern und den arbeitenden Bauern, die schiefen Bäume vorm Fenster, die niedrigen Fensterchen, durch die das Licht über die vielen koloristisch so feinen Dinge, über Gläser und Blüten, Stoffe und Kränze etc. huscht."
In der Literatur über Paula Modersohn wird häufig der Eindruck erweckt, daß die Kunst Ottos im Mittelpunkt der Auseinandersetzung stand, Paula nur eine „Randerscheinung" der Worpsweder „Männerwelt" war. Ottos Tagebücher belegen anderes.
11. März 1902
„Ich bin wirklich überrascht über Paulas Fortschritte in diesem Winter. Wenn sie sich so weiter entwickelt, bin ich sicher, daß sie mal etwas sehr Feines in der Kunst leisten kann. Zunächst ist sie durchaus persönlich, nichts Conventionelles, Hergebrachtes, wie doch fast alle Malerinnen haben, in Form, Farbe, Stoff, Behandlung – das ist mir das beste Zeugnis für ihren wirklichen künstlerischen Beruf. Und so sind auch ihre ersten kleinen Arbeiten. Besonders zwei Mädchenköpfe auf der Luft. Das ist wirklich ein feines, erstes Stück Malerei – frei, naiv, koloristisch fein gestimmt, intim und doch malerisch groß. Mir ist besonders das größere sehr lieb, ein süßer Frühlingsgeist lebt in dem Bildchen. Früher schätzte ich ihr Urteil, jetzt aber auch ihre Leistung. Sie hat dann einige Stilleben und einen Kopf auf Tafeln gemalt, alle originell in der Farbe. Vor allem freue ich mich, daß sie viel intimer, tiefer geworden ist,…
In aller Stille wird sie weiterstreben und eines Tages alle in Erstaunen setzen (wie ich damals). – Darauf freue ich mich… Bei P. ist alles naiv, still da. Koloristisch ist sie sehr veranlagt. In großer Bildfassung noch mehr vielleicht. Darin ist P. gerade auf einem feinen Wege, wie sie ihre Persönlichkeit verflechtet mit der

Otto Modersohn, Herbst im Moor, Schwarze und rote Kreide, um 1895

Natur. – Sie ist groß bei der Intimität. Ihre Sachen wirken größer gesehen wie einige von mir bei ihr."
28. März 1902
„Das ist echt Worpswede. Paula verstehen sie gar nicht, ihre Kunst ignorieren sie gänzlich… *Sie wird absolut nicht verstanden,* gewürdigt als das, was sie ist… Ruhig für sich bleiben, ernst streben, auf keinen warten."
8. April 1902
„Die kompliziertesten Wege werden eher gefunden, als die einfachen. *Das Einfache ist das höchste und schwerste. Man übersieht es.* Die Antike, Leonardo, Rembrandt, Millet! Große Kunst kann nur aus dieser Wurzel wachsen."
Und immer wieder die Auseinandersetzung beider mit Böcklin und dem Zukünftigen ihrer Kunst.
Paula, Tagebuch, April 1902
„Was hat der Böcklin alles in die Welt gesetzt! Es ist schön, daß mein Leben noch seines zeitlich berührte. Man hat das Gefühl, daß man zu der Epoche gehört, die ihn hervorgebracht hat, und versteht ihn dadurch besser.
Heinrich Vogeler sagt oft, wie leid es ihm tut, seine Bilder aus dem Hause und aus den Händen zu geben. Es ist mir das ein Zeichen seiner im letzten Sinne spärlich fließenden Kunst. Eine üppige, neugebierende, die denkt nur an das Zukünftige. Das ist mir auch das Große, Hoffnungsvolle, was mich aus Ottos Schaffen anspricht.
Dieses Hoffen auf Zukünftiges hat wohl jeder Maler. Das gibt ihm die Kraft zum ersten großen Aufschwung. Und dann erstarren die meisten. Sie sind nicht zukünftig genug, leben künstlerisch zu sehr im Gewesenen."
Otto, Tagebuch, 13. April 1902
„Mit Paula heute morgen über *Paris* gesprochen… In das dicke Blut der Deutschen müßte immer von Zeit zu Zeit von dem lebendigen, temperamentvollen

Wesen der Franzosen etwas eingeführt werden. Wie gut wäre das allen Worpswedern … Ich gehe mit Paula sicher noch einmal nach Paris."

Während sich im Impressionismus die Gegenstände aufzulösen begannen, suchen Paula und Otto gemeinsam nach einer neuen Formensprache und einem neuen Begriff des Gegenständlichen. „Das Ding an sich – in Stimmung" wird beider Maxime.

19. April 1902

„*Das Ding an sich – in Stimmung.* Nicht im Sinne des gewöhnlichen Naturalismus … Derartige Bestrebungen geben Konkretheit, Kraft, Ernst, Gediegenheit. Paula malt ihre Köpfe so (interessant im Stoff, und dann kräftig). Es ist die alte Geschichte. Die Tiefe, der Ernst der Deutschen – gemalt wie die Franzosen – Zukunftskunst."

20. April 1902

„Es kommt darauf zumeist an, das man seine Sache *ganz, klar* und *voll* sagt, daß es jeder sieht und fühlt … Ein (ihr) kleines Bild z.B. mit dem Alten im Garten und der Kuh; der Alte, die Kuh, Blumenbeete … Alles wird deutlich gezeigt (im Bilde), die Gegenständlichkeit ist ja so wichtig fürs Bild.

Das Verderblichste von allem ist das Streben nach einer gewissen landläufigen Richtigkeit, alles Besondere zu vermeiden, das ist in der Kunst wie beim Menschen."

Eine weitere Formel wird das „Intime", das Persönliche, das Paula die Seele aller Kunst nennt.

25. April 1902

„… Es sind herrliche Frühlingstage. Was mich am meisten freut: Überall betätigt sich derselbe persönliche Geist, der uns beiden inne wohnt … – Und ist nicht das Ziel der Kunst immer intim? Intim bin ich wohl immer gewesen, oder habe ich sein wollen, und das primitive habe ich im Grunde immer geliebt. Wenn ich zurück denke haben den stärksten Eindruck auf mich gemacht: Björnson (Novellen) und Burns, Andersen, Jacobsen, Turgenieff. Dagegen erschienen mir Storm, Rosegger etc. zu glatt, sentimental. Etwas herb frisches, frühes, junges, suchendes, werdendes lag für mich in diesen Schriften. Sie wirkten auf mich, wie manches Bild der Franzosen … Die alle aus der Natur neue Werte schöpften."

4. Mai 1902

„… Ein großes gemeinsames Streben verbindet uns – alle Tage. Das ist die rechte Lebenskunst, die auch die rechte Kunst ins Leben bringt."

13. Mai 1902

„… Man muß zeigen „warum" man es gemalt, und gerade so gemalt, das Wesentliche, den Kern der Sache gegeben hat.

Es muß sich die Ergriffenheit dem Beschauenden mitteilen – warum malt man sonst. –"

19. Mai 1902

„Ich bin innerlich, geistig ganz allein (mit meiner Paula), und da kann man am besten streben für sich."

Paula, Tagebuch, 29.5.1902

„Ich stand im Grase mit bloßen Füßen und mein Mann malte mich. Ich hatte mein Brautkleid an und dann ein rosa und ein blaues und schließlich ein weißes Atlaskleid, mit Gold besetzt. Bei dem rosa war der Rücken weit frei und die Arme. Ich stand aber in der Sonne. Und wenn dann die Ahnung eines Windes mir über den bloßen Nacken strich, so lächelte ich ein wenig, und meine Augen, die sich vor der Sonnenhelligkeit ganz geschlossen hatten, lüfteten sich auf Augenblicke … Um mich herum im Grase war es besäet mit weißen Sternmieren. Ich pflückte eine Handvoll und betrachtete sie auf der hellen Luft und das Spiel ihres Schattens auf meinem Arm. Ich träumte im

Paula Modersohn-Becker in Otto Modersohns Atelier, 1901.

Wachen und sah wie aus einem zweiten Leben meinem Leben zu."

3.6.1902

Otto Modersohn erkennt nicht nur die außerordentliche Begabung der 11 Jahre jüngeren Partnerin, er sieht auch deren Stärken und Schwächen und fördert sie, ohne ihr Lehrer zu werden.

Otto, Tagebuch, 15.6.1902

„Ganz famos ist das Streben mit meiner lieben Paula. Abends lehnen dann die frischen Studien in der Veranda an dem Blumentisch. Gestern Abend hat P. mich wirklich überrascht durch eine Skizze aus dem Armenhause mit der 3bein, Ziege, Hühnern – ganz famos in der Farbe, in Bildfassung riesig merkwürdig und mit Pinselstiel die Oberfläche kraus, krieselig gemacht. Merkwürdig, wie groß diese Sachen sind, riesig als Maler gesehen. Mich interessiert tatsächlich nicht einer hier in Worpswede auch nur annähernd so wie Paula. Sie hat Witz, Geist, Phantasie, sie hat einen prächtigen Farbensinn und Formensinn. Wenn sie weiter kommt im Intimen, ist sie eine syperbe [!] Malerin. Ich bin voller Hoffnung. Wie ich ihr von dem Intimen geben kann – so sie mir vom Großen, Freien, Lapidaren …

Wundervoll ist dies wechselseitige Geben und Nehmen; ich fühle wie ich lerne an ihr und mit ihr. Unser Verhältnis ist zu schön, schöner als ich je gedacht, ich bin

Paula Modersohn-Beckers Atelier bei Brünjes. Zuerst war hier nur Paulas Zimmer. Nach der Hochzeit ließ Otto Modersohn es zu ihrem Atelier umbauen. Äußerlich hat es sich bis heute so erhalten.

wahrhaft glücklich, sie ist eine echte Künstlerin, wie es wenige gibt in der Welt, sie hat etwas ganz Seltenes … Keiner kennt sie, keiner schätzt sie – das wird anders werden …"

Immer wieder setzt sich Otto Modersohn mit dem Generalthema Kunst, Leben, Natur und der richtigen Einschätzung der wirklichen Werte in der Malerei und im persönlich-ethischen Bereich auseinander.

Ottos Tagebuch, 17. Juni 1902

„Das höchste und letzte in der Kunst ist: *Das Leben* wieder zu geben, das Wesen der Dinge … Die große Form, die große Erscheinung soll wirken, und innerhalb derselben flutendes, bebendes, vibrierendes Leben … So nur kann man groß und intim ohne Kleinlichkeit sein.
So nur kann man Luft, Athmospäre geben, das war wohl der erste Grund in der moderenen Kunst für dieses Technik … So nur kann man Leben ausdrücken; Leben ist Bewegung.
So kann man am besten das Wesen ausdrücken … Das ist auch ein Hauptreiz meiner Kompositionen, die aus diesem Gefühl geschaffen sind."

18. Juni

„*Paula malt groß und voll,* sie ist auf feinem Wege. Wenn sich eine organische Zeichnung und Innerlichkeit des Vortrags mit ihrer Farbe verbindet – ist sie eine sehr feine Künstlerin …"

23. Juni

„… Ich glaube, daß wir im Wesentlichen auf rechtem Wege gehen. *Paula strebt riesig künstlerisch und gesund.* Und als Mensch; sie ist ja schroff gegen Kleines, nicht zu ihr gehöriges, aber das tut sie aus hoher Einschätzung wirklicher Werte, die ja so sehr selten sind … Wenn ich ringsum diese Enge, diese Kleinlichkeit, diese Ungesundheit sehe. –"

Paula, Brief an die Mutter, 6. Juli 1902

„… Ich fühle, daß nun bald die Zeit kommt, wo ich mich nicht zu schämen brauche und stille werden, sondern wo ich mit Stolz fühlen werde, daß ich Malerin bin.
Es ist eine Studie von Elsbeth, die ich gemacht habe. Sie steht in Brünjes Apfelgarten, irgendwo laufen ein paar Hühner und neben ihr steht die große blühende Staude eines Fingerhutes. Welterschütternd ist es natürlich nicht. Aber an dieser Arbeit ist meine Gestaltungskraft gewachsen, meine Ausbildungskraft.
Ich fühle deutlich, wie nach dieser Arbeit noch manches andere Gute kommen wird, was ich im Winter noch nicht wußte. Und dies Fühlen und Wissen ist beseligend. Mein lieber Otto steht dabei, schüttelt den Kopf und sagt, ich wäre ein Teufelsmädel und dann haben wir beide uns von Herzen lieb und jeder spricht von der Kunst des anderen, dann aber wieder von der seinen. O, wenn ich erst etwas bin, dann fallen mir allerhand Steine vom Herzen.
… Und allen anderen Menschen gegenüber, die meine Malerschaft mitleidig und zartfühlend behandelten wie einen kleinen, schnurrigen, verbissenen Spleen, den man eben bei einem Menschen mit in Kauf nehmen muß."

Wie stark die wechselseitige Anregung auch Otto Modersohn beflügelt, zeigen die folgenden Tagebuchnotizen:

Otto, Tagebuch, 7. 7. 1902

„… Wenn man arbeitet, glühend, leidenschaftlich, da muß man den Verstand verlieren, nur Gefühl – und dann das feinste der Natur, ihren Klang, ihre Harmonie. Ihr Amen faßt man nur in momentan geschärftem Geist – kann man nur an sich reißen mit Gewalt, weil es flüchtig ist. So malte ich meine alten Studien, *so arbeitet jetzt Paula* und regt mich mächtig an. –
– Ob Misthaufen oder Königsschloß, Mistforke oder Zepter – nur wie man es sieht und fühlt und macht – das entscheidet. Nicht, daß Millet Bauern malte, ist seine Größe, daß Corrot den Morgen, Dupré das Gewitter, Troyon Kühe, Renoir Kokotten, nicht in diesen Stoffen liegt ihre Künstlergröße, sondern wie sie das malten, wie sie darin sich,

Paula Modersohn-Becker, Elsbeth, 1902

ihre Persönlichkeit aussprachen.
Der Stoff ist nur Vehikel, es kommt darauf an, wer drin sitzt. Bei diesen saß ein Prinz drin. Die Form ist der Inhalt des Kunstwerkes."

8. Juli 1902

„Man muß den Verstand verlieren ... alle meine Franzosen zeigen dieses Temperament ... *hier malt keiner so, kann keiner so malen, nur Paula ...*
Diese Leidenschaft, dieses Temperament muß herausleuchten – nenne es Natur, Liebe, Intimität, Persönlichkeit, Temperament, das ist alles eins. – Das nur ist im letzten und höchsten Sinne malen. Dieses Ineinanderstoßen von Tönen, dieses Gleichgefühl, dies Balancieren – das ist malen kurzweg. Das ist die Verwandschaft aller echten, großer Maler aller Zeiten."

9. Juli 1902

„... Malen ist kurz das: *Sehen, fühlen, machen.* Das ist alles. Je kürzer der Weg desto besser ... Seit ich so empfinde (nach Paulas Studie) fühle ich überall Harmonien, Klänge, nichts Einzelnes – Gemeinsames, Verbundenes; Luft, Licht, die großen Einiger.
Ich will mich vertiefen, sammeln zu tiefer, großer Kunst. Nur das beschäftigt mich. Paula ist mein Kamerad.
Paula ist ein geniales Frauenzimmer, die begabteste hier und überhaupt selten, sie allein hat großen Gesichtspunkt, fühlt worauf es ankommt, ist Künstlerin durch und durch. Alle anderen ziehen abwärts, alle.

Das Wesen der Dinge, „das Ding an sich" bemühen sich beide – jeder auf seine Weise – immer wieder zu ergründen.

Otto, Tagebuch, 13. September 1902

„Der Naturalismus oder Impressionismus hat das Augenmerk von dem ‚Ding an sich' abgewandt, er löst alles auf in Licht und Luft. Der Gegenstand ist nur die unentbehrliche Grundlage ... Die alten Meister waren und dachten anders. Sahen ihren Stoff, ihren Gegenstand an, ‚Das Ding an sich' spielte die genußvolle, die einzige Rolle. Die Modernen haben mit geringen Ausnahmen fast nur ‚die Stimmung', das Licht, die Luft gemalt. Das Ding an sich ist immer mehr zur Nebensache geworden. –
Meine Idee ist die: Zuerst ist gewissermaßen die Welt da, die Dinge, die Gegenstände – darüber breitet sich die Stimmung. – Manchmal tritt diese zurück, manchmal herrscht sie.
Am schönsten beides."

Paula, Tagebuch, 1. 10. 1902

„Ich glaube, man müßte beim Bildermalen gar nicht so an die Natur denken, wenigstens nicht bei der Konzeption des Bildes. Die Farbenskizze ganz so machen, wie man einst etwas in der Natur empfunden hat. Aber meine persönliche Empfindung ist die Hauptsache. Wenn ich die erst festgelegt habe, klar in Form und Farbe, dann muß ich von der Natur das hineinbringen, wodurch mein Bild natürlich wirkt, daß ein Laie gar nicht anders glaubt, als ich habe mein Bild vor der Natur gemalt.
Ich habe in diesen Tagen so recht gefühlt, was für mich Farbenstimmung ist: daß alles auf dem Bilde seine Lokalfarbe wechselt nach dem gleichen Prinzip. daß alle gebrochenen Töne dadurch eine einheitliche Verwandtschaft erhalten."

Paula und Otto Modersohn im Garten, um 1901.

Paula Modersohn-Becker in ihrem Atelier bei Brünjes, von Rilke das „Lilienatelier" genannt.

Im Jahre 1903 ist Paula wieder für einige Wochen in Paris. Ein ausgiebiger Briefwechsel mit ihrem Mann muß jetzt das tägliche Gespräch ersetzen.

Paula an Otto, Paris, 14. 2. 1903

„Ich fange nun schon den dritten Brief an Dich an und fange auch an, brennend den ersten von Dir zu erwarten. Und habe ich mich morgen auf den Sonntag vertröstet. Lieber Kerl, was Du wohl machst und wie es Dir wohl geht und was Du wohl malst? Hast Du die kleinen Rahmen schon bespannt? Da freue ich mich besonders darauf. Das merke ich überhaupt, das ist eine der Hauptsachen, die man hier in Paris lernen kann, die Impromtus [!]. Ich war heute in der Rue Lafitte, der Straße der Kunstläden. Da sieht man viel Interessantes.
Weißt Du, was Du das Künstlerische in der Kunst nennst. Dieses nicht Fertigdrehen, das besitzen die Franzosen in hohem Maße. Da kommt ihnen auch das Bewegliche ihrer Natur zu statten.
Wir Deutschen wir malen immer pflichtgetreu unser Bild herunter und sind zu schwerfällig aus dem Stegreif eine kleine Farbenskizze zu machen, die oft mehr sagt als das Bild. Da machen sie hier allerliebste Sachen. Oft im kleinsten Formate. Dahin mußt Du auch noch kommen, denn das liegt gerade Deinem Talent sehr. Nur sind solche Sachen nicht für das Publikum ..."

Paula Modersohn-Becker, Frau mit Gans, 1902. Zeichnung.

Paula formuliert Technik und Ziele ihrer Malerei in Paris neu:
Paula, Tagebuch, 20. 2. 1903
„Das sanfte Vibrieren der Dinge muß ich ausdrücken lernen. Das Krause in sich. Auch in der Zeichnung muß ich dafür den Ausdruck finden; in der Art, wie ich hier in Paris meine Akte zeichnete, nur noch origineller und dabei feinfühlig beobachtet. Das merkwürdig Wartende, was über duffen Dingen schwebt (Haut, Ottos Stirn, Stoffen, Blumen), das muß ich in seiner großen, einfachen Schönheit zu erreichen streben. Überhaupt bei intimster Beobachtung die größte Einfachheit anstreben. Das gibt Größe... Ich fühlte, wie es mir im Blute lag, zuviel machen zu wollen...
Paula, Tagebuch, 25. 2. 1903
„...Die große Einfachheit der Form, das ist etwas Wunderbares. Von jeher habe ich mich bemüht, den Köpfen, die ich malte oder zeichnete, die Einfachheit der Natur zu verleihen. Jetzt fühle ich tief, wie ich an den Köpfen der Antike lernen kann. Wie sind die groß und einfach gesehen! Stirn, Augen, Mund, Nase, Wangen, Kinn, das ist alles. Es klingt so einfach und ist doch so sehr, sehr viel... Ich will in Worpswede viel mehr zeichnen. Ich will mir die Armenhauskinder oder Familie A. oder Familie N. zu Gruppen stellen. Ich freue mich sehr auf die Arbeit, ich glaube, der Aufenthalt hier wird mir sehr gut getan haben."

Zur wichtigsten Erfahrung dieses Aufenthalts in Paris wird für Paula die Wiederentdeckung der Natur und Worpswedes für ihre Kunst.
Otto Modersohn, Tagebuch, 23. 3. 1903
„Meine liebe Paula bringt mir – von Paris zurückgekehrt – die wunderbarsten Dinge: Auf der einen Seite eine Vertiefung unserer Liebe, die ganz wunderbar ist, ich lebe wie im Traum, wahre Wonnen durchströmen mich. – Und dann die Kunst: ... Sie weist mit stärkster, nachhaltigster Betonung auf die Natur. Meine Bilder enthalten für sie alles mögliche, aber eines fehlt ihnen: Studium, Natur ... Keine Übertreibung kann so stark sein wie die Natur selbst, denn nichts ist so eigenartig als die Wahrheit im konkreten, im einzelnen Fall ... Die Natur ist göttlichen Ursprungs' so schrieb ich schon Frühjahr 94...
Mit *Paula* heute nachmittag a. d. Ziegelei ...wunderbare Dinge dort gesehen, worauf man ja nie käme. Diese jungen funkelnden Stämme, diese zarten Weidenbüsche, Anemonen, Gras, die Luft, die Formen – all das in einem Bilde voller Form und Abgewogenheit in ganzer unmittelbarer Frische – würde herrlich sein ... Wie oft sagten wir mit Recht: Nie hat das einer gemalt, jeder Ismus lag uns fern, so originelle Sachen in Form und Farbe entdeckten wir überall. So ist es. Hat man diesen Sinn, sieht man überall die wunderbarsten Dinge in Form und Farbe – riesig originell.
Es ist merkwürdig: In der Kunst geht es wie in der Liebe (sagte heute morgen Paula). Je mehr man sich gibt, desto mehr man empfängt. Man muß sich ganz öffnen, jede Falte der Natur bewundern, anbeten, dann lohnt sie's einem wunderbar, dann empfängt man von der Hohen ihre Weihe. Die meisten schielen

Paula Modersohn-Becker, Armenhäuslerin am Ententeich, 1904

nur mit einem Auge hin, da erschließt sie sich nie. So in der Ehe, wenn jeder auf seinem Standpunkt verharrt, da kann die Liebe nicht walten, beseligen, verbinden."
Paula, Tagebuch, Worpswede, April 1903
„Ich komme unsern Leuten hier wieder nahe, empfinde ihre große biblische Einfachheit. Gestern saß ich eine Stunde lang bei der alten Frau Schmidt am Hürdenberg. Diese sinnliche Anschauung, mit der sie mir den Tod ihrer fünf Kinder und drei Winterschweine erzählte. Dann zeigte sie mir den großen Kirschbaum, den ihre Tochter gepflanzt hatte, die im achten Jahr gestorben war. ‚So, so, as dat Sprekword seggt:
Wenn de Bom ist hoch,
Is de Planter dot.'
Ich habe einen großen Drang nach Natur von Rodin, Cottet und Paris mitgebracht. Und das ist wohl das Gesunde meiner Pariser Reise. Es brennt in mir ein Verlangen, in Einfachheit groß zu werden."
Otto Modersohn, Tagebuch, 28. August 1903
„Das ist Malerei: Gefühl (und Verstand) – die beiden machen einen großen Künstler ...
Bei Paula (heißt) mit Gefühl malen – groß malen, den großen Eindruck, die große Wirkung der Natur ins Bild bekommen. Das heißt für mich über-

haupt malen. Es ist das Schwerste und Seltenste besonders in Deutschland … Nun malen manche groß und breit, und was herauskommt dabei, ist doch nichts feines, das macht's allein auch nicht. Sie haben kein wirkliches Gefühl dabei. Bei Ihnen ist es ein äußerlicher, nicht innerlicher Vorgang. Das Charakteristische ist eben, daß das Gefühl alles schafft, also das Innerlichste was es gibt. Keinerlei andere Erwägungen sind maßgebend, haben Raum, das Gefühl füllt alles aus.
Hier strebt kein Mensch so außer meine Paula … Herrliche Dinge stehen mir vor Augen …
31. August 1903
„… Ein neuer Großer wird diesem modernen sehen und malen – den großen Inhalt hinzugesellen … Kunst ist neben dem ‚malen können' auch Ausdruck des persönlichen Weltgeistes … Von den Worpswedern hat keiner diese Sendung.
Paulas malen auf gutem Wege Gehalt auch in kleinen Dimensionen. Ein Bild muß *Natur* sein – aber weniger als Natur und dadurch mehr als Natur … Zunächst durch die Form, ein Konzentriertes, also mehr wie die Natur. Z.B. *Rodin*. Aus 20 Balzacs schafft er schließlich einen."

Immer wieder geben beider Aufzeichnungen wichtigen Aufschluß über die gemeinsam erarbeiteten Auffassungen über alte und moderne Kunst, über Grundbegriffe und Zielsetzungen der eigenen Malerei und der Malerei des anderen.

7. September
„Mit ganzer Seele empfinde ich (nach einem Gespräch mit Paula), das Kunst nur die Verbindung von *Natur und Persönlichkeit* ist. ‚Das Mittel der Kunst ist die Wahrheit'.
Bei Paula beides gut vorhanden – da kann allerlei werden. Die Deutschen neigen entweder zur konventionellen Natur, oder zum naturalistischen Idealismus. Die Mitte, wo beides sich verbindet, die trifft man so furchtbar selten."
1. Oktober 1903
„Das höchste und letzte ist Einfachheit, Natürlichkeit, Gefühl … Alle bestiecht Äußerliches, das ist die wahre Größe, vor der ich mich allein beugen würde, wo das nicht der Fall.
Paula ist selten darin – sie schätzt das wahre, sie würde nie durch Äußerlichkeiten geblendet. 11.10. … der einfachste und künstlerischste Weg ist ihr am liebsten … das äußerliche wird von selbst durch das Streben nach dem innerlichen bestimmt."
11. Oktober 1903
„… Es ist herrlich, daß Paula mich darin unterstützt. Sie hat auch den inneren Beruf und sieht darin allein das Heil."
8. November 1903
„*… Von der allergrößten Wichtigkeit ist sich durchaus die innerliche Freiheit zu bewahren."*
Otto Modersohn, Tagebuch, 20. Dezember 1905
„… an der Seite Paula mit ihren meisterlichen Stilleben und Skizzen, das Kühnste und Beste an Farbe, was hier in Worpswede je gemalt …
Malerei muß ganz Geist geworden sein, in jedem Strich und Punkt. – Ausfluß, Ausdruck des geisten, inneren Schauens – das ist malen."
16. März 1906
„Bei der Absichtslosigkeit fängt erst die wahre malerische Kultur an. Dieser Geist, dieses Leben, diese Frische und Unmittelbarkeit, diese Vornehmheit, dieses Nichtfertigdrehen besitzen die Franzosen in hohem Maße …
Sie sind frei aber gediegen, gehaltvoll, überall steckt so viel dahinter! Wenn das nicht der Fall, wird Freiheit Roheit … Van Gogh … herrlich in der Farbe,

Paula Modersohn-Becker, Alte Bäuerin im Garten, um 1906. Kohle.

wie feinstes Mosaik. – Landschaft mit Eisenbahn und kleinem Wagen … ein riesig lebendiges Bild.
Cézanne, zwei Landschaften, dünn flächig, anspruchslos, wahr und echt."
Paula an Otto, Paris, 15. März 1905
„Mein Rother … Es ist mir doch immer interessant und lehrreich zu sehen, wie alle Leute hier unter der Macht der Tradition und der Schule stehen. Es ist ungefähr eine Art soldatischer Manneszucht, wir in Deutschland fangen die Geschichte viel zu genialisch an. Da redet jeder immer gleich von Persönlichkeit. Die ältesten Professoren sind hier ungefähr die besten, weil sie eben *nur* das A-B-C lehren …"
Paula an Otto, Paris, 2. März 1906
„… Ich habe hier bei Durand-Ruel eine schöne Manet-Ausstellung gesehn. Besonders gefiel mir der Mann mit der Gitarre, den wir irgendwo abgebildet haben und ein Kaninchen-Stilleben. Dann gab es noch einen Saal Odilon Redon, für den ich mich aber nicht begeistern kann. Mir scheint, viel Geschmack und Caprice, aber die Grundlage zu schwach. Er hat viel Blumenstücke, meist in Pastellfarben, ausgestellt. Die Farben haben eine große Leuchtkraft. –"
Paula an Otto, Paris, 19. März 1906
„… Meine Malereien sehen hier dunkel und saucig aus. Ich muß in eine viel

Paula Modersohn-Becker, Mutter und Kind, 1906. Kohle.

reinere Farbe kommen. Ich muß modellieren lernen. Ich muß überhaupt noch allerhand und dann werde ich vielleicht etwas. Und das weißt Du, das ist das Endziel, auf das all meine Wünsche und all mein Streben endigen..."

Otto, Tagebuch, 23. April 1906

„Paulas herrliche Stilleben haben mich ganz gefangen genommen, mit ihnen verglichen besteht nichts. Das wußte ich eigentlich lange...Jetzt verstehe ich, das sie die Art Slevogts, Trübners (nicht den alten), Liebermanns etc. nicht mag – ...Ich bin überglücklich. –"

Paulas Mutter an Paula, Bremen, 8. Mai 1906

„...Ottos Brief, den ich Dir beilege, rechtfertigt Dein Fortgehen in so zarter Weise, daß ich kein Wort darüber zu sagen hatte und dachte... Er hat sich Deine Studien in sein Atelier geschleppt und ist umgeben von Deinen Stilleben. Heinrich Vogeler will Deine Äpfel für hundert Mark kaufen, aber Otto kann sich von ihrem Glanze nicht trennen. Er hat Deine Farben von Brünjes geholt und malt damit die merkwürdigsten Dinge, ausgestopfte Vögel und alte Krüge und stellt Deine Stilleben daneben und vergleicht, ob er Deine Farben erreicht..."

Otto an Paula, Worpswede 10. August 1906

„...Nun bin ich eifrig mit meiner Gurlittausstellung beschäftigt... Ich wollte, ich könnte dir einmal die Sachen zeigen... Du mußt auch bei dieser Ausstellung mit ausstellen. Ich habe für das Stilleben auf blaugrünem Grund mit Bambino und für die Äpfel auf roter Decke Rahmen bestellt. Außer diesen möchte ich das schlafende Kind (Bremer Bild) und den Kinderkopf mit Hut (wofür Vogeler Rahmen bestellt hat), ausstellen, auch vielleicht das große Stilleben mit lila Decke und den Äpfeln im Korb. Wenn Du aber dort etwas Neueres hast, was Dir gut scheint, dann schicke es bald hierher, damit ich es rahmen lassen kann..."

Worpswede 20. 9. 1906

„Ich war drei Tage mit Herma und dem jungen Triedberg auf Helgoland. Ich fühlte mich selten so wohl... Diese Sturmtage am Meer sind das gewaltigste das ich je erlebt. Die Seele wird so weit und vergißt für kurze Zeit die ewigen Sorgen."

Paula an Schwester Milly, 18. November 1906

„Die Kritik war mir mehr eine Genugtuung als eine Freude. Die Freuden, die überwältigend schönen Stunden, kommen in der Kunst, ohne daß es die anderen merken. Mit den traurigen geht es ebenso. Drum lebt man in der Kunst doch meistens ganz allein. Gut ist aber die Kritik für mein Auftreten in Bremen und wird vielleicht mein Weggehen von Worpswede in einem anderen Licht erscheinen lassen.
...Im Frühling ziehen Otto und ich wieder heim. Der Mensch ist rührend in seiner Liebe. Wir wollen versuchen, Brünjes zu kaufen, um unser Leben freier und breiter um uns zu gestalten, mit allerhand Getier um uns herum. Ich denke jetzt so: wenn der liebe Gott mir noch einmal erlaubt, etwas Schönes zu schaffen, will ich froh und zufrieden sein, wenn ich einen Ort habe, wo ich in aller Ruhe arbeiten kann, und will dankbar sein für das Teil Liebe, was mir zugefallen ist. Wenn man nur gesund bleibt und nicht zu früh stirbt..."

Der im Vorausgegangenen unternommene Versuch, unter Einbeziehung noch unveröffentlichten Quellenmaterials der Frage auf den Grund zu gehen, warum es „in mancherlei Hinsicht für beide eine ungemein glückliche Fügung war, daß sie sich begegneten, und daß dies zu diesem Zeitpunkt geschah"[5] macht deutlich: Worpswede blieb für Paula Modersohn-Becker auch in ihrer Pariser Zeit, neben aller menschlichen Bindung, stets geistiger und landschaftlicher Bezugspunkt.

Der gemeinsame Freund Rainer Maria Rilke schreibt schon im Jahre 1902 aus Paris an Otto und Paula (Er hatte gerade sein Rodin-Buch beendet):

Paris, am Sylvester-Tage 1902:

„...ein reiches Jahr für ihre zukunftsvolle Kunst, für jeden von Ihnen beiden und für Ihre Gemeinsamkeit... Wenn ich an diesem vergehenden letzten Tage das Vergangene überschaue, drängt es mich, Ihnen zu sagen, daß zu den besten Erinnerungen und Errungenschaften, die es gebracht und gewährt hat, die nahe Beziehung gehört, die ich zu Ihrer Kunst gefunden habe. Ich habe so viel Gutes und Großes von Ihnen empfangen, daß meine Dankbarkeit nicht vergehen wird; der Weg durch Ihr Werk führte mich an vielen Stellen näher zu mir selbst; vieles wurde mir daran klar, vieles hängt mir damit für immer zusammen... halten Sie fest an Ihrem Lande! Paris (wir sagen es uns täglich) ist eine schwere, schwere, bange Stadt... Zu allem ist Rodin ein großer, mächtiger Widerspruch.
...Er und sein Werk sind von derselben Art und Wesenheit wie die alten Kathedralen, wie die Dinge im Louvre und: wie die Tage bei Ihnen, in ihrem großen, einfachen erhabenen Land, daß Sie sich verdient haben mit lebendiger Liebe,
...seien Sie gut Ihrem treu und dankbar ergebenen Rainer Maria Rilke."

1902

Anläßlich der Einweihungsfeierlichkeiten zur Neueröffnung der Kunsthalle Bremen schreibt Rilke auf Veranlassung von Gustav Pauli eine Festspielszene.

Gustav Pauli, der damalige Direktor der Kunsthalle, berichtet in seinen „Erinnerungen aus sieben Jahrzehnten" (Tübingen, 1936):

„Daß Rilke im Februar 1902 bei der Einweihungsfeier der Kunsthalle mitwirkte, habe ich bereits erzählt. Natürlich gab es viele Besprechungen darüber, denn alles wurde mit großer Sorgfalt vorbereitet. Dafür blieb aber auch der Lohn nicht aus und vielleicht war der stürmische Beifall, der Rilkes ‚Zwiegespräch' auf der Freitreppe der Kunsthalle zuteil ward, der erste laute Erfolg, den er genoß, denn mit seiner eindringlich stillen Lyrik, die er gelegentlich in Privathäusern vorlas, fand er nicht den verdienten Widerhall.
Bald darauf erlebten wir eine schwere Erschütterung seines jungen Familienfriedens. Eine bisher aus der Heimat empfangene Rente blieb aus und der Ärmste sah sich einer ungewissen Zukunft gegenüber, von ernsten Sorgen unmittelbar bedroht. Es wurde einiges versucht, um zu helfen. Beispielsweise erhielt er damals den Auftrag, für die bekannte Serie der von Knackfuß herausgegebenen Künstlermonographien ein Büchlein über Worpswede zu schreiben. Es wird unter seinen Schriften kaum beachtet – mit Unrecht! Schon um der Einleitung willen sollte man es in Ehren halten. Sie enthält die Gedanken eines Dichters über die Landschaft in der bildhaften Sprache Rilkes, ein fast kindlich klingendes Bekenntnis, das wie ein vergessenes Kleinod inmitten der landläufigen Kunstliteratur der übrigen Serie verborgen ruht. Diese und ähnliche Versuche konnten dem jungen Haushalt nicht helfen. Rilke ging nach Paris, wo er sich für einige Jahre an Rodin als dessen Privatsekretär anschloß. Seine junge Gattin folgte ihm nach, doch sahen sie sich halb genötigt, jedes für sich fortan ihren Lebensweg zu gehen."

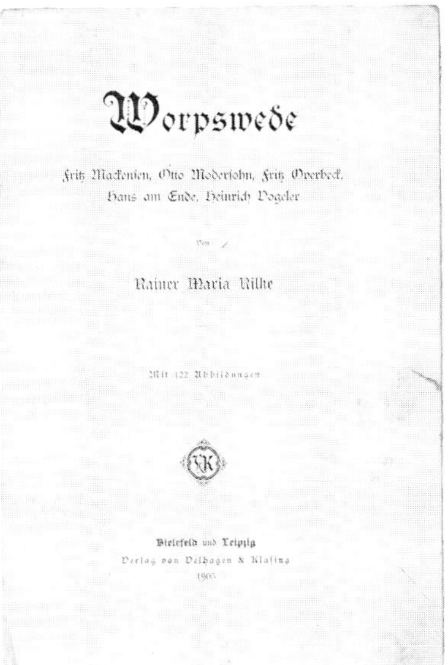
Worpswede

Fritz Mackensen, Otto Modersohn, Fritz Overbeck, Hans am Ende, Heinrich Vogeler

von

Rainer Maria Rilke

Mit 122 Abbildungen

Bielefeld und Leipzig
Verlag von Velhagen & Klasing
1903

Innentitel von Rilkes Worpswede-Monographie, erschienen 1903

1903

Die Worpswede-Monographie Rilkes erscheint, nachdem Rainer und Clara Worpswede bereits verlassen haben. Paula reist zum zweiten Male nach Paris (10. Februar – 18. März). Im Sommer Urlaub mit Otto Modersohn und Elsbeth auf Amrum.

1904

Ein Jahr der Reisen. Die Rilkes kehren nach Worpswede zurück, um im Herbst nach Skandinavien zu fahren. Die Modersohns und Vogeler reisen nach Berlin, Dresden, Kassel und Braunschweig. Orientreise von Mackensen. Gegen den Protest des Bremer „Kunstpapstes" Arthur Fitger erhält Heinrich Vogeler den Auftrag, die Güldenkammer im Bremer Rathaus neu auszugestalten: Sie gilt heute als klassisches Beispiel des Jugendstils.

Der Auftragsbrief, unterzeichnet von Vogelers Widersacher, Arthur Fitger.

„Rohland Commission, 9. Juli 1904
Anwesend die Herren Bürgermeister Pauli, Senator Marcus, Gruner, Vogeler, Fitger, Gildemeister.
Beschlossen wurde nach eingehender Diskussion Herrn Vogeler mit der Anfertigung des Holzwerkes der Güldenkammer nach vorgelegten Proben zu beauftragen. Betreffs der Entarsien Rosen wurde ein gewisser Vorbehalt gewünscht. Betreffs der Tapete jedoch konnte man sich nicht einigen und übernahm es Herr Vogeler einen gänzlich neuen in Formen und Farben von der bisherigen Probe abweichenden Entwurf anzufertigen, über den etwa im August Beschluß zu fassen sein wird. A. Fitger"

Heinrich Vogeler als Architekt der Güldenkammer. Handgezeichnete Grußkarte von Heinrich Vogeler an Paula und Otto Modersohn aus dem Jahre 1904, dem Datum der offiziellen Auftragsvergabe an Vogeler.

Die Worpswede-Monographie von Hans Bethge erscheint:
„Wir zählen in Deutschland eine ganze Reihe von Dörfern in malerisch reizenden Landschaften, die gewissen Gesamtheiten junger Künstler als Studienplätze dienen. Die Bedeutung von Worpswede können sie nicht gewinnen, aus innerlichen Gründen. Das Dorf bei Bremen ist der ständige Wohnsitz, man kann sagen: die neue Heimat jener Maler geworden, die sich in ihm ihre Häuser gebaut und dort großenteils verheiratet haben. Das ganze Gefühlsleben dieser Menschen ist mit dem Worpsweder Landes bleibend verwachsen. Jene anderen Ortschaften dagegen, Dachau, Grötzingen, Cronberg, Dittersbach und wie sie alle heißen mögen, dienen den Malern, die von ihnen aus dem Studium der Natur nachgehen, nur als vorübergehende Aufenthaltsplätze. Es sind keine Kolonien einheitlichen Charakters, denn die Namen derer, die hier Wohnung nehmen, wechseln ständig. Es sind nur Vororte, Anhängsel sozusagen für größere akademische Wirkungskreise, Grötzingen für Karlsruhe, Dachau für München, Cronberg für Frankfurt, Dittersbach für Dresden. Worpswede liegt bei Bremen, wo die Kunst immer nur ein Stiefkind war. Die Worpsweder sind lediglich auf sich selbst und auf ihr Land angewiesen, an dem sie mit Liebe hängen und das sie nur selten verlassen. Worpswede ist nicht der Ableger eines größeren Kunstzentrums; es hat zu keiner der offiziellen Kunsthauptstädte nähere Beziehungen. Es ist selbst ein Kunstzentrum, ein sehr kleines zwar nur, aber doch kein bedeutungsloses."
(Einführung Hans Bethges zu seinem Buch „Worpswede", Berlin 1904)

1905

Von Februar bis April ist Paula Modersohn-Becker wieder in Paris. Studium an der Academie Julian.
Im März und April Besuch von Martha und Heinrich Vogeler, Otto Modersohn und seiner Schwägerin Milly in Paris.
Heinrich Vogeler erhält auf der Ausstellung in Oldenburg einen eigenen Saal. Fritz Overbeck verläßt Worpswede und bezieht in Bremen-Nord sein neu erbautes Haus.

1906

Paula und Otto Modersohn besuchen Carl Hauptmann in Schreiberhau. Die Rückreise führt sie über Dresden nach Berlin zur Jahrhundertausstellung Deutscher Kunst von 1750–1875 in der Nationalgalerie.
Paula erwähnt in ihren Tagebüchern Leibl, Trübner, Böcklin, Feuerbach und Marées. Am 23. Februar fährt Paula erneut nach Paris. Sie teilt Otto Gedanken der Trennung mit.
Paula Modersohn besucht den in Paris lebenden Bildhauer Bernhard Hoetger und befreundet sich mit dem Ehepaar. Sie malt ein Portrait von Lee Hoetger.
Hoetger gehört zu den wenigen, die ihre künstlerischen Ziele verstehen und fördern.
Er schreibt in der Zeitschrift Genius 1919 über Paula Modersohn-Becker:
„Geist ist Kraftsehnsucht nach Sichtbarwerdung, gebiert Form, um sich innerhalb des Lebens zu bestätigen.
Kunst entsteht, wenn in uns das Wesen des Geistes nach Ausdruck sucht, wenn der Wille des Geistigen in anderen Wesen von unserem Geist erkannt wird, wenn unser Geist mit dem des anderen eine Einheit bildet, wenn sich der heilige Geist in unser Wesen ergießt. Hier ist die große Erkenntnis, hier beginnt das schöpferische Sehen. Form ist Ausdruck des Geistes, so wie nur Geistigkeit schöpferisch formen kann. Kunst wird nicht geboren aus dem Wollen nach Zweck und Wirkung, sondern sie treibt dem Sichtbarwerden entgegen und die spielende Hand vermittelt das Tasten zum Licht.
Die Formwerdung des Kunstwerkes aber drängt in gleichem Prozeß zum Begrifflichen, spannt die Kraft des intuitiv Erregten, fordert Klärung und Einordnung in das Weltbild. Je endlicher das Werk umgrenzt, um so ewiger die Erscheinung. Ewigkeitswerte werden nur durch das Sichtbare erkannt.
Form ist nur das Mittel zur Verständigung.
Es muß grundsätzlich der große Unterschied zwischen Kunst und Kunstwerk gemacht werden, um Irrtümer hinwegzuräumen, die auf die Dauer für die große Linie der Entwicklung bedenklich werden dürften.
Es entsteht viel Kunst durch Kinderhand, durch Philosophen, Musiker, Literaten, Gläubige, Bekenner, Fanatiker u.a.m. Nur wenige sind wirklich Maler und unbeeinflußt von philosophischen Tendenzen. Es ist bedenklich, dauernd

Bernhard Hoetger, um 1920

mit Bildern und Dichtungen zu predigen. Es ist ehrlicher Glaube einer nach Lösung ringenden, sehnsuchterfüllten Gruppe, ehrlicher Glaube an den bequemen Persönlichkeitskultus, der oft bis zur unverständlichen Geste ausartet, nicht wissend, daß es um noch neuere Dinge geht (sich aufgeben können). Schöpferisch sein heißt noch nicht ein Kunstwerk schaffen, sondern nichts anders als Kunst produzieren. Allgemein spricht man von schöpferischen Expressionisten, dagegen auch von unschöpferischen Impressionisten. Wenn der Impressionismus ein schöpferisches Sehen ist, so ist er genau so Kunstwerk wie Expressionismus schöpferisch ist. Kunstwerke sind Resultate, sind höhere Vollendung der Kunst, sind Äußerungen der nicht von Gedanken tendenziös Beschwerten. Irrsinn schafft vielleicht ebenso große Kunst wie Normalität, aber selten ein Kunstwerk, es sei denn, daß die wichtigste Funktion zur Erfassung organischer Willensform noch dunkel mitarbeitet. Können ist wichtiger Bestandteil des Kunstwerkes. Wenige werden dieses anerkennen, denn es liegt in der bequemen Art der Zeit, anzunehmen, daß das Können dem Kunstwerk hinderlich sei. Die Begabung muß überwiegen und im Können die Stütze haben, ein Mittel, das Wesentlichste zu fördern. Man existiert nicht im Sinne des Schaffenden, sondern man wird durch Bewegung. Man bebaut zunächst das Feld, dann erst kommt das Wesentlichste, das, was einen größeren Zweck erfüllen wird, wie das Drängen nach dem Licht oder das Suchen nach Gott. Dieses sind die stillen Gebete im Atelier, jenes dagegen Bestandteile des Lebens.
So empfand Paula Modersohn-Becker, so war ihre Arbeit. Es war die große Vorarbeit zu dem reichsten und höchsten Kunstwerk. Kunstwerk war alles, was sie schuf. Sie lächelte ernst und sagte stets: erst muß ich dieses tun, und dann will ich mit dem, was ich kann und weiß, das ‚andere' machen. ‚Dieses' war der rastlose Drang nach wissendem Können, nach Erkenntnis; das ‚andere' war die Sehnsucht nach Verwendung ihrer inneren Sammlung und Vertiefung. Es war das Gesicht der Ferne nach dem Monumentalen, Sehnsucht und Traum von der Ergießung des heiligen Geistes in ihr Wesen, Sehnsucht nach der Einheit mit den Dingen.
Nicht nur Gefühl, sondern auch Wissen und Können sind Bestandteile des Kunstwerkes. Form ist sichtbares Mittel, ewige Dinge zu vermitteln. Empfängnis ist Bestandteil der Schöpfung, einerlei, ob sie geistig durch uns selbst mit unseren treibenden Energien nach dem Genie, oder durch Erkenntnis der Energien, die hinter der Natur lebendig sind, gezeugt wird.
Ohne diese Empfängnis wird es Dekoration. In diesem Sinne suchte Paula Modersohn-Becker die heiligen Dinge hinter der Form, und die Form wurde ihr Ausdrucksmittel großer mütterlicher und eigener Weltanschauung; und somit ging sie den Weg zum Monumentalen, wurde sie der große Ruhepunkt in dem unerhörten Kreis flüchtiger Erscheinungen, ein Merkstein modernsten Kunstwillens. Ihre Arbeit griff der Entwicklung unserer neuen Malerei voraus, vielleicht sogar echtem Kunstschaffen überhaupt. Man müßte sich endlich mal klar werden darüber, daß dem Künstler das Denken nie schaden kann, sofern es sich um Klärung seines Weges, sowie um Wissen und Können handelt. Schaden wird es nur, wenn es als Ersatzmittel im Schöpferprozeß herangezogen wird.
Es ist unwesentlich, von welcher Persönlichkeit Paula Modersohn-Becker angeregt wurde, denn gleich der Natur vermag das Kunstwerk in seiner Endlichkeit die geistige Bewegung zum Beschauer zu finden, um dadurch befruchtend und ewig zu wirken.
Wichtiger ist die Feststellung, daß sie sich auf dem letzten Drittel der neuen und gewaltigen Kurve moderner Malerei (von der Staffelei zur Wand) bewegte, und daß ihre große Sehnsucht nach großen Flächen grausamerweise nur Sehnsucht blieb, wenn auch einige Bilder bereits in diesem Sinne entstanden sind. Sie war von echt künstlerischem Geiste, sie mußte sich mit den Dingen erst auseinandersetzen, sie mußte schaffen, sich vertiefen.
So war sie unerbittlich mit sich und kindlich demütig vor der göttlichen Natur, und der Geist der Ewigkeit öffnete sich ihren Augen, die suchend das Höchste anbeteten. Sie liebte nicht das Spiel mit der Kurve, denn für sie lebte die Kurve und hatte höchste Funktionen, nicht nur die des Raumes. Es war ein gesamtes Schauen, verwandt den jüngsten Bestrebungen, die das äußerliche Spiel mit der Kurve bereits überwunden haben.
Sie schrieb mir am 5. Mai 1906:
‚Daß Sie an mich glauben, das ist mir der schönste Glaube von der ganzen Welt, weil ich an Sie glaube. Was nützt mir der Glaube der andern, wenn ich doch nicht an sie glaube. Sie haben mir Wunderbarstes gegeben. Sie haben mich selber mir gegeben. Ich habe Mut bekommen. Mein Mut stand immer hinter verrammelten Toren und wußte nicht aus noch ein, Sie haben die Tore geöffnet. Sie sind mir ein großer Geber. Ich fange jetzt auch an zu glauben, daß etwas aus mir wird. Und wenn ich das bedenke, dann kommen mir die Tränen der Seligkeit.
Ich danke Ihnen für Ihre gute Existenz. Sie haben mir so wohl getan. Ich war ein bißchen einsam'."

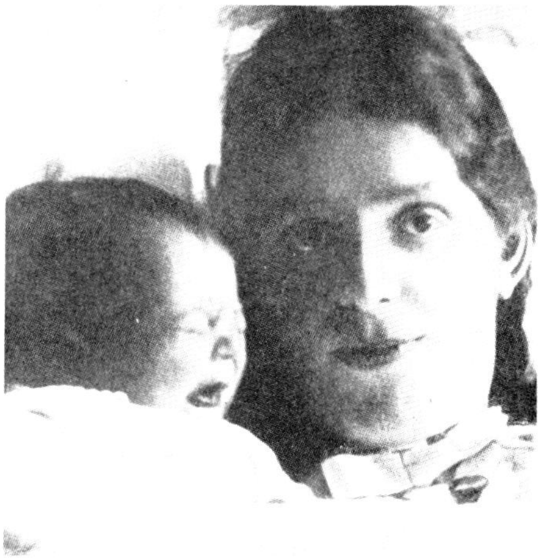

Paula Modersohn-Becker mit Tochter Mathilde, November 1907.

Im Oktober kommt Otto Modersohn für ein halbes Jahr nach Paris. Inzwischen findet in der Bremer Kunsthalle eine Ausstellung mit den Worpswedern statt. Auch vier Bilder von Paula sind dabei.

Gustav Pauli, der erste Förderer Paulas unter den Kunstexperten, verfaßt eine Kritik in den „Bremer Nachrichten" vom 11. 11. 1906:

„... Mit ganz besonderer Genugtuung begrüßen wir diesmal einen nur allzu seltenen Gast in der Kunsthalle in Paula Modersohn-Becker. Aufmerksame Leser der Bremer Kunstberichte erinnern sich noch der grausamen Abfertigung, die der höchstbegabten Künstlerin vor einigen Jahren in einem angesehenen bremischen Blatt zuteil wurde. Leider wird, wie ich fürchte, ihr ernstes und starkes Talent auch jetzt unter dem großen Publikum nicht viele Freunde finden. Es fehlt ihr so ziemlich alles, was die Herzen gewinnt und dem flüchtig hinblickenden Auge schmeichelt. Grade solchen Erscheinungen gegenüber erwächst indessen einer ernsthaften Kunstkritik die Pflicht, auf die Qualität hinzuweisen. Es ist für den Kritiker eine erbärmliche Genugtuung, wenn er sich einen nur allzu leichten Augenblickserfolg dadurch sichert, daß er, sich zum Mundstück der jeweils herrschenden Mehrheit machend, tüchtige junge Talente, die natürlich immer gern mißverstanden werden, herunterreißt. Wer die Stilleben und den Mädchenkopf von Paula Modersohn als häßlich, brutal an den Pranger stellt, wird auf ein beifälliges Kopfnicken vieler Leser mit Sicherheit rechnen dürfen. Wer dagegen sagt, daß in der jungen Künstlerin eine ungewöhnliche Energie lebt, ein höchst kultivierter Farbensinn und ein starkes Empfinden für die dekorative Bestimmung der Malerei, wird sich auf Widerspruch gefaßt machen müssen. Und doch sei es gesagt, daß wir uns glücklich schätzen dürfen, ein so starkes Talent wie Paula Modersohn die unsere nennen zu können. Die Künstlerin weilt seit einiger Zeit in Paris, und der Einfluß der dortigen unvergleichlichen Kultur, namentlich Cézannes, ist nicht zum Schaden bei ihr sichtbar."

1907

Ende März sieht Paula die Cézannes der Sammlung Pellerin. Sie kehrt nach Worpswede zurück. Im Sommer besucht sie Hoetgers in Holthausen (Westfalen), Otto Modersohn kommt nach.

Paula an Rainer Maria Rilke, Paris 10. 3. 1907

„Ich glaube, das Beste ist, man geht seinen Weg wie im Traum ... Paris ist immer die Gleiche. Trotzdem freue ich mich, es Ostern zu verlassen. Ich werde wieder nach Worpswede gehen ... Ich glaube, ich bin mit meinem Leben zufrieden."

Paula an Rainer Maria Rilke, Worpswede, 5. 4. 1907 (Vergl. OM-Tagebücher, 2. 3. 1902)

„Ich sitze wieder in meinem kleinen Atelier bei Brünjes mit den grünen Wänden und unten hellblau. Ich gehe denselben Weg hierher wie in alten Zeiten und mir ist wunderlich zu Mute. Dies ist für mich die liebste Stube aus meinem ganzen Leben."

Die Mutter an Herma, Bremen, 10. 5. 1907

„... in der Frühe ist ihr stets ein bischen flau und blümerant zu Mute. Dann trägt Otto sie auf Händen ... Sie war so überaus reizend. Güte und Schalkhaftigkeit atmend. Man hatte nie das Gefühl hier sei etwas gekittet und geflickt, sondern überall fühltest du Sicherheit, Durchsichtigkeit ..."

Paula an Otto, Holthausen, Juli 1907

„Hoetger wirkt eigentlich nicht viel anders als in Paris ... Er ist vielleicht in hohem Maße Hypochonder und ich glaube, Du könntest ihn mit Deiner Erfahrung ein bischen davon herunterreden. Er redet von Dir mit großem nettem Gefühl ..."

Paula an Bernhard Hoetger, Sommer 1907

„... In der Konzeption bleiben sich die Sachen wohl im ganzen gleich. Aber die Art, wie sie in die Erscheinung treten, ist wohl eine andere. Ich möchte das Rauschende, Volle, erregende der Farben geben, das Mächtige. Meine Pariser Arbeiten sind zu kühl und zu einsam und leer ... Ich wollte den Impressionismus besiegen, indem ich ihn zu vergessen versuchte. Dadurch wurde ich besiegt. Mit dem verarbeitenden, verdauten Impressionismus müssen wir arbeiten.

2. November 1907. Geburt der Tochter Tille. Am 20. November stirbt Paula an einer Embolie.

Otto Modersohn im „Buch der Freundschaft":

„Nach kurzer Trennung hatten wir uns wiedergefunden. Sie nannte mich im letzten Sommer oft ihren getreuen Eckart, der ihr über eine schwere Zeit hinweggeholfen. In dem Zimmer, worin sie ihre Niederkunft erwartete, mußten liebe Gegenstände und Bilder sie umgeben. Da verlosch ganz unerwartet am Beginn einer neuen Zeit ihr Lebenslicht. Grausam entriß der Tod sie ihrer heißgeliebten Kunst und zerstörte die herrlichsten Hoffnungen. ‚Wie schade', waren ihre letzten Worte. Ihre Ahnung vom frühen Tode war zur Wirklichkeit geworden. Dieses jähe Ende aus blühender Gesundheit und reichstem Leben war für mich lange nicht zu fassen."

Ihre Freundin Clara Rilke übernimmt das Atelier bei Brünjes.

Sie schreibt Otto Modersohn am 22. 2. 1908:

„... Lassen Sie doch alles, die Malereien sowie die vielen Kleinigkeiten an ihrem Platz, bis Ihnen ganz von selbst eine andere Lösung klargeworden ist. Mir ist das alles unendlich lieb so und auch Rainer Maria wird ja für seine Arbeit Nutzen davon haben..."

Otto Modersohn, Tagebuchnotizen im Jahr nach Paulas Tod, Juni-August 1908

„Paula wächst immer mehr, sie steht als eine der größten Künstlerinnen da, das wußte und ahnte ich lange... Paula gehörte ihrer Kunst, immer, immer mehr und entschiedener – mir zur Freude und Genuß... gewaltig, grandios, geistig und tief, das kommt ja immer, immer mehr zu Tage, je mehr man sie im ganzen überschaut."

1908

Fritz Mackensen bekommt einen Ruf als Professor an der Kunstakademie in Weimar, deren Direktor er 1910 bis zum Jahre 1918 wird.
Heinrich Vogeler gründet die „Worpsweder Werkstätten", einen Tischlereibetrieb unter der Leitung seines Bruders Franz. Otto Modersohn zieht nach Fischerhude.
Fritz Overbeck stirbt 1909, mit 39 Jahren in Bröcken bei Bremen.
Heinrich Vogeler betätigt sich verstärkt als Architekt; es entstehen zahlreiche Häuser nach seinen Entwürfen, so auch 1911 der Worpsweder Bahnhof.
Hans am Ende stirbt 1918 infolge einer Kriegsverletzung.
Heinrich Vogelers Kriegserlebnisse machen aus ihm erst einen Sozialutopisten, später Kommunisten. 1919 wird der „Barkenhoff" eine Siedlungsgemeinschaft, dann eine Arbeitsschule und Kinderheim der „Roten Hilfe".
1921 ist Bernhard Hoetger in Worpswede und betätigt sich als Architekt.
1931 geht Heinrich Vogeler in die Sowjetunion.
1938 und 1939 finden in Worpswede NS-Gaukulturwochen statt. Die Bilder von Paula Modersohn-Becker und Heinrich Vogeler werden als entartet, bzw. nicht ausstellbar der Öffentlichkeit verweigert.
1942 stirbt Heinrich Vogeler in Kasachstan/UdSSR.
1943 stirbt Otto Modersohn in Fischerhude.
1953 stirbt als letzter der Maler, der Worpswede zuerst sah: Fritz Mackensen. Er ruht im Schatten der Worpsweder Kirche, die für ihn einstmals Motiv und Staffelei war.

Paula Modersohn-Beckers Grab in Worpswede, von Bernhard Hoetger um 1917 fertiggestellt.

Anmerkungen

1 Es wird hier der Versuch gemacht, bisher unveröffentlichtes, schwer erreichbares oder wenig bekanntes Quellenmaterial (Briefe, Tagebücher, Aufzeichnungen, Beiträge für Zeitungen und Zeitschriften u.v.m.), von den Worpsweder Malerinnen und Malern oder deren Zeitgenossen, chronologisch zusammenzustellen. Hierbei ging es nicht darum, die Worpsweder Chronologie lückenlos zu erfassen, vielmehr eine Art „Lesebuch" authentischen Materials anzubieten. Das Fettgedruckte dient dabei als Leitfaden des Geschehens.
2 Werden in dieser Zusammenstellung Quellen nicht genannt, so handelt es sich in aller Regel um bisher unveröffentlichte Texte. Weitere Hinweise auf nicht genannte Quellen finden Sie im „Quellennachweis" (S.158).
3 Die in diesem Beitrag enthaltene deutschnationale Tendenz in der Interpretation kristallisiert sich später noch deutlicher in der Arbeit Paul Schultze-Naumburgs während des Nationalsozialismus. Wir verweisen an dieser Stelle auf den Beitrag Karl Veit-Riedels über Fritz Mackensen in diesem Buch, der sich mit der Rolle der deutsch-nationalen Bewegung in der Frühzeit der Künstlerkolonie beschäftigt.
4 Die erst 35 Jahre nach seinem Tode wiederentdeckten oder verfügbar gewordenen (größtenteils noch unveröffentlichten) Tagebücher von Otto Modersohn werden erst heute für die Wertung der frühesten Vorläuferin des deutschen Expressionismus und darüber hinaus für den Aufbruch der Kunst in ein neues Jahrhundert in ihrer Bedeutung ganz erkannt. (Vgl. auch die Beiträge von Siegfried Salzmann und Günter Heiderich in diesem Buch.) Da noch keine Veröffentlichung vorliegt, welche auf die künstlerische und menschliche Wechselbeziehung von Paula und Otto Modersohn aus dessen Sicht auch nur annähernd ausreichend eingeht und sie belegt, haben wir dieser Auseinandersetzung größeren Raum gegeben, stellen seine Zeugnisse neben den schon bekannten Briefen und Tagebuchblättern von Paula doch den ergänzenden Niederschlag der Gespräche und Erkenntnisse aus ihrer gemeinsamen Zeit dar.
5 Günter Busch „Paula und Otto Modersohn", Katalog Nachlaß-Museum 1977 S.291, Monographie-Katalog 1978, S.181.

Karl Veit Riedel

Fritz Mackensen

Fritz Mackensen

Fritz (Heinrich Friedrich Karl) Mackensen war der Entdecker Worpswedes und der erste, der „Urworpsweder", und schon der Zeitfolge wegen muß er an erster Stelle stehen in einer Präsentation des Künstlerortes, der unter den unterschiedlichsten, zeitbedingten Aspekten Aufmerksamkeit beanspruchen kann. Doch gerade ihn heute darzustellen, ist nicht ohne Schwierigkeiten. Das liegt mit daran, daß er der Konsequenteste war und am wenigsten die während seines langen Lebens aufgekommenen Kunstströmungen mitvollzogen hat. Genau besehen, war er trotz der ihm früh bescheinigten Engstirnigkeit ein besonders widersprüchlicher Künstler. Zunächst der Führende und Progressive, galt er schließlich als der Rückschrittliche. Zunächst der Erfolgreichste, der von den Urworpswedern die meiste Anerkennung fand, es auch am „weitesten" brachte, nämlich zum Professor, Ehrendoktor, Direktor von Kunsthochschulen, angesehenen Berater vieler Einrichtungen und Träger kaum zählbarer Auszeichnungen, geriet er als erster ins Zwielicht wie kein anderer. Nie erfuhr er posthum eine „Renaissance", wie sie seit 1945 im Rückgriff und Wiederanschluß an unterbrochene Entwicklungen, seit 1970 in Aufarbeitung und Richtigstellung und jüngst aus der Konsequenz wissenschaftlicher Bemühungen um Details und größere Zusammenhänge, auch im Gefolge einer neuen Hinwendung zum Regionalen, für viele Künstler erfolgte, nacheinander Paula Modersohn-Becker, für Heinrich Vogeler, für Otto Modersohn und mehrfach, aber ohne Nachhall, für Bernhard Hoetger.

Im Grunde fällt Fritz Mackensen aus der oft vordergründig als Einheit, sogar als Schule mißverstandene Gruppe der ersten Worpsweder heraus, in deren anfänglicher Einmütigkeit aber schon der Dissens und der Zerfall vorprogrammiert war, obwohl sich zeitweise die Bilder zum Verwechseln glichen. Dies alles aus seiner Person und seinem Werk, und vor allem die bei ihm zu wenig erkannten und formulierten Widersprüche zu erklären, – nicht um zu rehabilitieren oder gar zu rechtfertigen, sondern um zu verstehen im Hinblick auf die Situation der Worpsweder und weitergehend des Kunstzusammenhangs in Deutschland überhaupt – soll hier versucht werden.

Daß Fritz Mackensen zum „Entdecker" Worpswedes notwendig werden mußte, war Zufall und Notwendigkeit zugleich. Zufall insofern, als er nicht, wie Erich Heckel den kleinen Küstenbadeort Dangast am Jadebusen für den Sommeraufenthalt der Brücke-Freunde im Jahre 1907 aus Reisehandbüchern zwecküberlegt bestimmt hatte, sondern die Anregung, seine Sommerferien 1884 in Worpswede zu verbringen von Mimi (Emilie) Stolte, der Tochter des Worpsweder Kaufmanns und Gemeindevorstehers, die er in Düsseldorf kennenlernte, erhielt. Zufall war es auch noch weitgehend, daß er nach weiteren Ferienaufenthalten 1886, 1887 und 1889 mit seinem Freund Otto Modersohn den spontanen und damals wohl kaum zuendegedachten Entschluß faßte, auch den Winter in Worpswede zu verbringen und endgültig dort ansässig zu werden. Die Notwendigkeit lag in der Übereinstimmung seines Wesens und Wollens, auch seiner Ideologie, mit dem, was Worpswede als Eigenart bot, ihn schon 1884 zur Begeisterung und zu dem für einen Akademiestudenten damals existentiellen (allerdings unsicher überlieferten) Bekenntnis im Brief an die Mutter führte: „Hier male ich mein erstes Bild"[1]). Die subjektiven Bedürfnisse eines Künstlers und die objektiven Gegebenheiten eines Ortes verstärkten sich wechselseitig und legten den Grundstein zum Künstlerort Worpswede, der inzwischen auf hundert Jahre wechselvoller Geschichte zurückblicken kann und immer neu die Frage nach den Gemeinsamkeiten und den Beweggründen stellt.

Der irradierende Begriff „Natur" stand an erster Stelle. Natur, als ein die abendländische Kunst durchziehendes Ziel und Anliegen, erfaßte auch Mackensen, und dieser fand sie eben ganz besonders in Worpswede, in einer kulturfernen Gegend. Die Landschaft und die ortsklimatisch bedingten Wetterverhältnisse und die Naturstimmungen mußten einen Künstler anziehen, und die damit verbundenen Stimmungsreize mußten unter dem Gebot „zurück zur Natur" und „die Natur als Lehrmeisterin" als künstlerische Anlässe und Aufgaben angesehen werden. Das bewundernde Anschauen der Natur paarte sich – auch zufällig und irrational – mit dem künstlerischen Naturprogramm von Dürer, dessen Hochschätzung und historische Verkennung gegen Ende des 19. Jahrhunderts eine ideologische Weiterentwicklung und Ausweitung erfuhr, die sich mit weiteren

Beweggründen paarte und verstärkte. Kunst wurde nach Naturmaßstäben gemessen, und dem „Naturideal" Gesundheit im Sehen unterstellt. Natur wurde zugleich als das Elementare erfaßt, und hieraus entwickelten die Worpsweder, in ungenauem Verständnis dem magischen Initialbegriff folgend, subjektiv genaue und untereinander ganz verschiedene eigene Konzepte.
Die Landschaft, die Mackensen und seine Malerkollegen so anzog, war ja keineswegs unberührte Natur, sondern ein vom Menschen mühsam geschaffener und bewirtschafteter Siedlungsraum mit Moorkolonaten und -kanälen. Doch gerade für Mackensen bildeten Natur und Mensch einen Zusammenhang, ja eine Einheit. Das kommt auch sehr deutlich in seinem Roman „Gerd Klindworth – Betas Sohn" 1947 zum Ausdruck, der überhaupt für seine Denkweise wie auch für den Untergrund seines Empfindens höchst aufschlußreich ist. In ihm läßt er den Naturphilosophen Dr. Hinrich Horn, der als Freiheitskämpfer von 1813 das Augenlicht verlor, nach einer Beschreibung des Rundblicks vom Weyerberg sagen: „Dieses letzte Bild höchsten Formen- und Farbenwunders meines Heimatlandes hat mich in allen schweren Kämpfen traumhaft begleitet und, von dem mir heilig gewordenen Berg gesehen, wurde es mir zum Kraftquell meiner Seele"[2]). Hinzu kommt ein neuer, ebenso grundsätzlicher, irrationaler, ernstgewichtiger wie undefinierbarer, produktiver wie verführerischer Begriff ins Spiel: Heimat.
Der Heimatbegriff war wie das Natur- und Landschaftsideal ausschlaggebend für die Worpswedebegeisterung Mackensens. Seine Ausformung stand in komplexem Zuammenhang mit langer Entwicklung. Sie beginnt bei Klopstock und dann bei den Romantikern mit der Besinnung auf die eigene Geschichte und das eigene Land neben den Ländern des klassischen Altertums, in denen man zunächst das Klassisch-Schöne wie das Urtümliche zu finden gemeint hatte. Nacheinander wurden entdeckt die Alpen, die Rheinlande, die Mittelgebirge und schließlich die nördlichen Küstenregionen, und zwar hinsichtlich ihrer Geschichte, der Kunde von Land und Leuten und auch als Gegenstand der Künste. Behielt auch die Faszination durch die helle südländische Welt ihren Rang, so gewannen mehr und mehr die dunklen, rauheren und schwereren Eindrücke des heimischen Nordens Anziehungskraft, und das für alle Lebensbereiche. Zugleich erneuerte sich der schon im Mittelalter vorhandene und konstruierte Gegensatz „deutsch-wälsch" neu. Vor allem trat der Nationalgedanke hinzu, der durch die Napoleonische Herrschaft und die Befreiungskriege zu der im 18. Jahrhundert vorherrschend kulturellen Komponente seine staatlichen und politischen Akzente bekam.
Der ganze Komplex bestärkten Interesses an der eigenen Umwelt gewann eine neue und besondere Aktualität, als man die Veränderungen und Verluste zu bemerken begann, die die allgemeine Entwicklung der Technisierung, Mechanisierung, Industriealisierung und der Verstädterung und der Wandel auf dem Lande mit sich gebracht hatten. In den gleichen Jahren, als die ersten Maler nach Worpswede kamen, formierte sich die Heimatbewegung, begannen die Bemühungen, das vom Verlust Bedrohte zu erhalten, zu pflegen und zu sammeln. Seit 1889 entstanden Volkskunde-, Volkskunst- und Heimatmuseen, 1899 entstand nach skandinavischem Vorbild zur Erhaltung eines alten Bauernhauses in Husum das erste Freilichtmuseum in Deutschland. Bezeichnenderweise war in all diesen Bestrebungen der Norden Deutschlands führend vor dem Süden,

Fritz Mackensen, Torfschiffe unter Segel, Kreide, um 1900

beispielhaft dafür die Gründung der Zeitschrift „Die Heimat" 1890 in Schleswig-Holstein und die Zeitschrift „Niedersachsen" 1895, beispielhaft dafür schon seit der Jahrhundertmitte auch die Wiederbelebung der niederdeutschen Sprache und überhaupt das mit vielerlei positiven Emotionen befrachtete Interesse für alles Niederdeutsche, zumal für Haus und Tracht.
Dies alles fand seinen Niederschlag in der bildenden Kunst mit den Volkslebensbildern, aber auch mit den Moor- und Heidebildern. Bei den Volkslebensbildern mit Themen aus dem Jahres- und Lebenslauf (Feldarbeit, Spinnen, Feierabend, Kirchgang, Hochzeit, Tod, Begräbnis) waren die Schleswig-Holsteinischen Maler wie Christian Carl Magnussen (1821–1896), Carl Ludwig Jessen (1833–1912), Christian Ludwig Bokelmann (1844–1894), Ludwig Dettmann (1865–1944), die natürlich ihre Vorläufer hatten, Vorreiter. Fritz Mackensen ist eng an sie anzuschließen; Bokelmann war

Fritz Mackensen, Der Gänserupfer, Radierung, erschienen in der Mappe „Worpswede", 1902

1891/92 in Karlsruhe und 1892/93 in Berlin sein selbstgewählter Lehrer nach der eigentlichen Akademieausbildung. Bei den Moor- und Heidebildern stand die Motivwahl nicht nur in der Folge einer spezifischen Entwicklung der Landschafts- und Freiluftmalerei, sondern hatte auch ihren literarischen Hintergrund, etwa die Erzählungen von Theodor Storm (1817–1888) und Hermann Löns (1866–1914), die ebenso ihre Vorläufer wie ihre Nachfahren hatten; und die Heidedichtung war ein bevorzugter Zweig der Heimatdichtung und Heimatkunst.
Die so entschiedene Hinwendung zum Heimatlichen mußte, gerade bei Fritz Mackensen ist das gut zu fassen, umso intensiver sein, als sie auf alle Lebensbereiche zu beziehen und geeignet war, eine Ideologie zu produzieren, in der scheinbar alles Natürliche zusammengefaßt und mit religiösen Werten versehen werden konnte: „Bodenständigkeit", ideales Leben und eben auch die Kunst. Im Hintergrund stand die Kunst- und Kunsterziehungsbewegung, die starke Wirkung der seit 1887 erscheinenden Zeitschrift „Der Kunstwart" und die ebenso starke, aber auch verhängnisvolle Wirkung von Julius Langbehns (1851–1907) „Rembrandt als Erzieher" (1.–4. Aufl. 1890, 77.–84. Aufl. 1922!). Mackensen hat dieses überemotionale, naive und oberflächliche Buch, das Deutschlands Gesundung aus einer organisch gewachsenen Kunst und mit einem wirren, – politisch umgesetzt – Niedertracht rechtfertigenden und eine chaotische Machtübung ermöglichenden Repertoire von Verinnerlichungen erreichen wollte, im Erscheinungsjahr mit Eifer gelesen und ausdrücklich darauf Bezug genommen.
Gut meinend im Sinne der Suche nach dem Ideal und der Findung eines Platzes im Leben, vollzog Mackensen weitgehend unreflektiert die Verbindung von Idealismus und Nationalismus, von Geist und Seele, Kunst und Augenwunderwelt, Kulturkräften und Stammesbindungen, von Heimatliebe und Heimatkunst und glaubte das Geheimnis der Kunst im Urgrund der Volksseele, im Blut und im Boden gefunden zu haben. Beide Vokabeln waren im Schwange, aber nicht im Sinne der NS-Ideologie; Blut meinte zunächst nichts Rassistisches, sondern das Herzblut, die Leidenschaft, mit der der Künstler schafft, und Boden zunächst nur das Bodenständige im Sinne des Eigenen, Heimischen, Örtlichbedingten und -vorhandenen. (Die mißbräuchliche Verschiebung der Wortinhalte im Zuge der nationalsozialistischen Politik ist bislang noch viel zu wenig geklärt!) Eine Ideologie des einfachen Lebens wurde wirksam, erwachsen aus Verlustangst und Verlustideologie mit dem ewigen „zu spät", das fast bis heute alle Aktivitäten der Heimatpflege und der Volkskunde begleitet. Idealisierung der Realität aus Zivilisationsflucht war damit verbunden und die Hinwendung zum Ländlich-Heimtlichen – eine Sache der Städter und Bürgerlichen, eine Flucht aus den Problemen der eigenen Wirklichkeit, die nie gelang und dazu führte, daß Armut für Volkstum und Bodenständigkeit gehalten wurde. Auch das ist an Mackensens Roman „Gerd Klindworth" verfolgbar.
Die Künstlerkolonien bildeten sich unter solchen Aspekten als Idyllen in Reliktgebieten, in die später das Proletarische und die „Arme-Leute-Malerei" einbrach. Dahinter stand wiederum ein Fluchtakt. Die jungen Künstler drängten aus der Schulsituation der Akademien mit Antikenstudium und Gipskopien nach lebendiger Kunstübung, nach Realität, nach Malen im Freien im Sinne der großen Kunstentwicklungen des 19. Jahrhunderts. Gleiche Ausbruchsbestrebungen hatten schon die romantischen Künstler. Philipp Otto Runge (1777–1810) und seine romantischen Künstlerkollegen erträumten bereits die Loslösung vom Schulbetrieb und die freie Werkgemeinschaft der Gleichgesinnten und Begeisterten, wie nach ihnen im Vormärz die Alpenmaler und später wieder die Brücke-Maler. Mackensen verwirklichte sie zu Anfang seiner Worpsweder Aufenthalte mit seinen Künstlerfreunden.
Aber auch menschlich-persönliche Motive waren bei Mackensens Entscheidung für Worpswede im Spiel. Die Lebenssituation drängte nach der Verbindung von Kunst und Wirklichkeit und nach einem Wirkungsort, mit dem eine Identifikation möglich war, und der Aufstieg aus der Armut zum Künstlerdasein – seine Herkunft (der früh verstorbene Vater war Pachtbäcker und die Mutter ernährte die Familie mit Nähen und Bügeln) prädestinierte ihn in keiner Weise dazu – mußte alles, was diesem

Fritz Mackensen, Alte Wollspinnerin, 1891

Fritz Mackensen, An der Feuerstelle, 1895

„Das Augenwunder der Natur ist so unendlich als die Welt – es ist nie und nimmer auszusehen.
In erster Linie ist es das Lichtgeheimnis, das Form und Farbe und das Wesen der Dinge zum farbigen Wunder macht."
Fritz Mackensen, um 1950

Fritz Mackensen, Holzschuhmacher im Teufelsmoor, 1898

*„Er hat einen Mann sitzen sehen in der Dämmerung, auf weißen Birkenspänen sitzend, weiße Holzschuhe schnitzend.
Wenn das einer malen könnte, wäre er größer als sie alle …
Vor der Natur ist er wie ein Kind, weich wie ein Kind. Dann rührt er mich.
Dann kommt er mir vor, wie ein alter, stolzer Krieger, der seine Knie vor dem Höchsten beugt.“
Paula Modersohn-Becker, Tagebuch 29. Oktober 1898*

„So malte er dann das ganze figurenreiche Werk im Freien, indem er die Mauer der Kirche ... sozusagen als Staffelei benutzte. An diese Mauer gelehnt, stand die Arbeit fast ein Jahr hindurch, und oft genug, wenn des Nachts der Sturm um die Kirche und Schulhaus pfiff ... stand er auf und eilte hinaus, um das riesige Bild vor Beschädigung zu schützen ..."
(Ein Freund Mackensens über das Bild „Gottesdienst im Moor", zitiert nach Weltge-Wortmann.)
Paula Becker beschreibt ihren ersten Eindruck von diesem Bild, das sie 1895 in der Bremer Kunsthalle sah: „Aber wie lebenswahr der Künstler die einzelnen lebensgroßen Gestalten getroffen hat. Die leben alle. Natürlich alles riesig realistisch, aber ganz famos."
(Brief an Kurt Becker vom 27. April 1895)

Fritz Mackensen,
Gottesdienst im Moor, 1886–1895

Fritz Mackensen, Die trauernde Familie, 1896

Fritz Mackensen, Mutter und Kind („Moormadonna"), 1893

Fritz Mackensen, Mädchen am Gartenzaun, 1897

Aufstieg vorteilhaft sein konnte – auch als objektiv wertvoll und wichtig erscheinen lassen. Die in der Düsseldorfer Akademiezeit gefundene Kunsthaltung mußte sich auf die neu gewonnene Heimat als Heimat schlechthin fixieren. Die menschlichen Kontakte zu den Kommilitonen mußten bedeutungsvoll sein und akademischen Habitus annehmen. So wurden die Beziehungen zu dem Bildhauer Alexander Hecking und zu Otto Modersohn in der von diesem gegründeten Studentenverbindung „Tartarus" besonders eng. Im übrigen war immer die künstlerische Arbeit der Inhalt der Gemeinsamkeit. Gemeinsam reisten die Freunde im Sommer 1885 auch in den Harz und nach Braunschweig, wo die Gemälde von Rembrandt prägende Eindrücke hinterließen, und gemeinsam wären sie auch in dem entscheidenden Sommer 1889 zusammen mit Hans am Ende, mit dem sich Mackensen bei der Militärdienstübung in Ingolstadt kurz zuvor angefreundet hatte, in Worpswede gewesen, wenn sich nicht Alexander Hecking unmittelbar vor der Reise im Münchner Hofgarten erschossen hätte. Da Hecking dem Freund testamentarisch sein mütterliches Erbteil vermacht hatte, gewann Mackensen durch den Freitod, der ihn sehr tief berührte, eine gewisse Unabhängigkeit und Entscheidungsfreiheit.

Noch weitere ganz persönliche Motive bestimmten die Entscheidung für Worpswede. Während der ersten Sommer hatte der mittellose Mackensen, der in Düsseldorf nur einigermaßen studieren konnte, weil er einen Freitisch erhielt, und nie wie Heinrich Vogeler als Sohn eines angesehenen Bremer Kaufmanns an Reisen nach Belgien und Italien zu denken wagte, hier dank der Gastfreundschaft des Kaufmanns Stolte die Möglichkeit zu leben, zu erleben und zu arbeiten, und schließlich hatte er auf dem Hof der Witwe Behrens in seinem ersten Worpsweder Winter das Erlebnis der Geborgenheit in völliger Weltabgeschiedenheit und das Erlebnis eines ganz auf die Arbeit und den freundschaftlichen geistigen, künstlerischen und literarischen Austausch konzentrierten Daseins. Das mußte einen energischen, ganz für die Kunst entschiedenen jungen Mann nachhaltig beeindrucken, wie nachhaltig, kommt in den vielen Motiven zum Ausdruck, die als Analogiepunkte zum eigenen Leben in den späten, schon zitierten Roman eingegangen sind. Der Held Gerd Klindworth findet seinen Weg als Pfarrer zuletzt in Worpswede und versteht seine Aufgabe in der Erneuerung aus „niedersächsischem Geist" entsprechend der Idee des „Rembrandtdeutschen", nachdem er die durch den Freitod eines depressiven Jugendfreundes ausgelöste Krise überwunden hat.

Wie Mackensen beerbt er den Freund: „Das Testament des Freundes bedeutete für ihn, nun allein den Weg zu finden und eine heilige Verpflichtung"[3]). Dieser Abschnitt ist der umfangreichste des an sich knapp erzählenden Romans.

Nachdem sich Mackensen für Worpswede entschieden und bei Bokelmann noch fortgebildet hatte, stellten sich Erfolg und Anerkennung ein. Auch die harte Kritik, die die Worpsweder vor ihrem Durchbruch hinnehmen mußten, trafen ihn weniger als die anderen[4]).

Als Paula Becker 1898 in Worpswede Malunterricht nehmen wollte, war er der einzige, der für die Eltern „tragbar" war[5]), hatte überhaupt als erster Schülerinnen, unter anderem Clara Westhoff, (1878–1954) Ottilie Reylaender (1882–1965), Hertha Stahlschmidt (1884–1949), Hermine Rother (1889–1937), und als Franz Hermann (gest. 1916), der 1906 mit Georg Tappert (1880–1957) nach Worpswede gekommen war, in karikaturistischen Postkarten die Worpsweder

Fritz Mackensen beim Malen vor der Natur, um 1908.

Entwicklung verspottete[6]), zielte das sehr wenig auf ihn. Das war keineswegs zufällig. Von allen Worpswedern war er der am meisten akademische und blieb es. Zweifelsohne malerisch und zeichnerisch sehr begabt, hatte er sein Akademiestudium ernsthaft und mit Akribie durchgeführt, sich allen gestellten Aufgaben willig unterzogen und auch 1888/89 – wie damals üblich – in der Münchner Pinakothek alte Meister kopiert. Diszipliniertes Arbeiten wurde und blieb sein Prinzip. Sorgfältig bemühte er sich um die Maltechnik, und als Hans am Ende die Worpsweder in die druckgraphischen Techniken einwies (Otto Modersohn nahm daran nicht teil), erarbeitete er sehr konzentrierte Radierungen, bei denen Menschen in Ruhe und Arbeit, wie er sie auch in seinen Zeichnungen festgehalten hatte, das zentrale Thema waren.

Von den ersten Worpsweder Künstlern hatte er es mit Porträts leichter, Anerkennung zu finden, als seine Malerkollegen mit ihren damals neuartigen Landschaften. Tatsächlich verstand es Mackensen früh, charakteristische, lebendige und weiche Porträts zu malen. Hinzu kam, daß in der Hierarchie der Spartenmalerei damals noch die Porträtmalerei höher bewertet wurde als die Landschaftsmalerei. Von den Worpswedern erfüllte er die Ansprüche des Porträts im akade-

Fritz Mackensen, Torfbauern in der Hammehütte, um 1890, Kreide oder Kohle

mischen Sinne am besten, und dies bis in seine späten Jahre. Bei ihm ist auch nicht der Prozeß der Abwendung von Bildnis und Figurenbild und der fast ausschließlichen Beschäftigung mit Landschaft eingetreten, der seit der Jahrhundertwende bei vielen Künstlern zweiten und dritten Ranges zu beobachten ist und sehr symptomatisch verläuft; in ihren frühen Jahren haben sich diese Künstler, bei denen man fast immer auch zeichnerische Schwächen findet, durchaus mit der menschlichen Gestalt beschäftigt, schon weil es auf der Akademie verlangt wurde, später wichen sie vom Objektiven und Kontrollierbaren mehr und mehr zum Stimmungshaften und Subjektiven aus und haben dann oft nur noch Landschaften gemalt, in nicht wenigen Fällen in einem total festgefahrenen Personalstil. Die Tradition der Spartenmalerei bestimmte Mackensens Schaffen noch in einem anderen ganz wesentlichen Punkt. Noch höher angesetzt als die Porträtmalerei war die Historienmalerei und eben auf diese griff er zurück, gab ihr aber einen anderen Gegenstand, den er damit erhöhen wollte: das Volksleben. Bei vielen Malern von Volkslebensbildern stand im Hintergrund der Gedanke, daß die Geschichte ihres an den welthistorischen Ereignissen kaum beteiligten Landes und ihrer Heimat, das Leben und die Arbeit der Landbevölkerung, der Fischer und Schiffer ist und die gleiche malerische Verherrlichung verdient wie Schlachten und Krönungsfeiern, was zugleich das oft etwas grämliche und karge Pathos vieler ihrer Bilder erklärt. Für Mackensen wurde die Realität des in seinen Notwendigkeiten gegebenen einfachen Lebens, des Schnitters beim Erfrischungstrunk, der zwischen der Arbeit im Moor ihren Säugling stillenden Mutter und vieler anderer Szenen aus dem Dasein der Moorbauern, die trotz der erkennbaren Not Geborgenheit und Trost vermitteln und trotz der erkennbaren Ärmlichkeit ihre Würde haben, zum großen Thema. Daß in einer solchen Auffassung die Gefahr lauert, Armut zur Idylle zu machen, gegebene Entwicklungen zu verkennen und notwendige Einsichten zu versäumen, konnte Mackensen nicht erkennen, wohl aber, unbewußt, mit künstlerischen Mitteln umschiffen. Es kann nicht geleugnet werden, auch wenn die Stilentwicklung im großen ganz anders verlaufen ist, daß in seinen Arbeiten Umpolung und Verneinung des herkömmlichen Genrebildes liegt und eine durchaus ernste Auseinandersetzung vorliegt mit dem, was in der damaligen Kunst traditionell und neu war, mit den Anregungen aus Barbizon, auch mit dem Impressionismus, der in Deutschland sehr mißverstanden und mit Naturalismus verquickt wurde und, im strengen Sinne aufgefaßt, eigentlich keine Vertreter hat.
Es konnte inzwischen durch Zufall geklärt werden, auf welches Gemälde sich der begeisterte Satz „hier male ich mein erstes Bild", bezieht. Es ist das Bild „Moorkanal mit Brückchen", 1884 gemalt, auf der Rückseite Mackensens handschriftlicher Vermerk: „Mein erstes in Worpswede gemaltes Bild". Es bezeugt eine sehr eingehende Beschäftigung mit der Worpsweder Natur und setzt sie in ein Landschaftsgemälde um, das Stimmungshaftes mit fester auf die Bildmitte konzentrierter Komposition, Impressives mit Realismus verbindet. Die gleichen Momente zeigen auch die anderen ganz dem Thema Landschaft gewidmeten Gemälde der ersten beiden Jahrzehnte, in denen Mackensen den übrigen Worpsweder Malern durch die Schwere der Stimmung, das Dunkel der Töne, die Weite und Höhe des Himmels am nächsten steht. Aber immer, selbst in der skizzenartigen nur auf die Stimmungsschwere angelegten frühen „Worpsweder Mühle" von 1889 macht sich ein koloristisches Element geltend. Über das Augenerlebnis von Lufterscheinung, Licht und Farbe hinausgehend wird das Charakteristische der Landschaft in eigenwilligen und wohlüberlegten Bildausschnitten wiedergegeben. Die markantesten und für Mackensens Stil typischsten Beispiele sind die um 1900 entstandenen „Torfkähne" und die „Torfkähne an der Semkenfahrt", ja auch noch der später „Hammeschiffer" von 1927, überhaupt alle Gemälde mit dem Motiv Torfkähne. Die einprägsame, scharf umrissene geometrische Fläche der Segel ist, auch wo sie nur im Hintergrund auftauchen, sowohl hinsichtlich der Farbe als auch der Form ein gliederndes Element im ganzen. Wie sehr es Mackensen darauf ankam, lassen schon seine zeichnerischen Studien erkennen. Allen seinen Bildern hat er ein linear nachvollziehbares Gerüst gegeben. Besonders gut ist das bei dem Gemälde „An der Bergedorfer Brücke" von 1895 zu verfolgen, in dem noch ein zweites für ihn wesentliches Moment zum Tragen kommt, nämlich die Einbindung des Menschen in die Landschaft.
Die Verbindung von Figuren- und Landschaftsbild kann als das eigentliche und erste Anliegen Mackensens gelten. Besonders eindrucksvoll verwirklichte er es in seinem großen Gemälde „Gottesdienst im

Freien" („Gottesdienst im Moor"). Schon bei seinem ersten Worpsweder Aufenthalt 1884 war er von dem Motiv des unter freiem Himmel gehaltenen Missionsgottesdienst im benachbarten Schlußdorf tief beeindruckt, hatte Skizzen angefertigt und den Plan zu einem Gemälde gefaßt. Die eigentliche Arbeit begann unter großen Schwierigkeiten 1892. Vollendet hat er es 1895[7]). Das überdimensionale Bild, das einen ungeheuren Mut bezeugt, begründete seinen Ruhm. Es trug ihm u. a. 1898 die Große goldene Staatsmedaille Wiens ein. Es faßt, in der Erhabenheit des Gegenstandes und der kompositorischen Gruppierung der Figuren an die Historienmalerei anknüpfend, alles zusammen, was sich für Mackensen mit Worpswede verband. Die völlige Eingebundenheit der Menschen in ihre herbe Umwelt, ihr schweres Dasein, ihren gelassenen Ernst, aber auch die Weite der Natur. Realistisch genau und differenziert im Detail, war es doch als Ganzes erfaßt und trotz seiner starken Pathetik enthielt es nichts Posenhaftes.
Das war auch der Eindruck von Paula Becker, die 1895 in ihrer Charakteristik das für die Kunst damals geradezu magische Wort „lebenswahr" benutzte[8]).
Das erste Bild, in dem Mackensen sein Menschenbild zum Ausdruck brachte, ist die „Spinnende Alte" (auch „Alte Wollspinnerin") von 1891; die arme Alte ist vereinsamt und geneigt, ganz in ihre Arbeit „vertieft" und mit ihr eins geworden dargestellt. Das für sein Kunstwollen repräsentativste Gemälde ist „Der Säugling" (auch „Frau auf dem Torfkarren") 1892, das zusätzlich den bezeichnenden Titel „Madonna im Moor" und „Worpsweder Madonna" erhielt und von Rainer Maria Rilke mit richtigem Gespür ein „Devotionsbild des Protestantismus"[9]) genannt wurde.
Mackensen nimmt in ihm klar auf die ikonographische Tradition bezug und setzt sie in seinen Realismus um. Mit starken koloristischen Elementen bettet er das Menschliche in den Natureindruck ein und demonstriert die Ruhe und Feierlichkeit des Alltäglichen, auf malerische Weise Naturweite, Andacht und Armut.
Die gleiche Haltung bestimmt, nur scheinbar ganz anders, die Verbindung von warmer Anteilnahme und kühlem Hinnehmen, von Schmerz und Selbstverständlichkeit, die durch ungewöhnliche Bildbegrenzung und Komposition und leichenhafte Farbgebung dem Gemälde „Die trauernde Familie" 1896/97 seine Eindringlichkeit gibt; für diese Darstellung des Elends und der Würde des Todes erhielt Mackensen 1897 in Dresden eine Goldmedaille.
Die gleiche Haltung, aber etwas von ihren bedenklichen Konsequenzen, spricht aus zwei anderen Gemälden.
Das Gemälde „Frühlingssonne im Dorf" 1895 mit der von Mackensen mehrfach gemalten und auch plastisch geformten alten Moorbäuerin und ihrer Ziege und das Gemälde „Die Scholle" 1898, auf dem zwei Frauen die von einem Greis geführte Egge ziehen, stellen Bauernelend in schöner Natur dar und idealisieren es, woraus heutige Kritiker leicht ideologische Vorwürfe konstruieren können[10]).
Wieder anders liegen die Dinge für den etwa 1898 gemalten „Holzschuhmacher im Moor", von dem Paula Becker in ihrem Tagebuch schreibt: „Er (Mackensen) hat einen Mann sitzen sehen in der Dämmerung, auf weißen Birkenspänen sitzend, weiße Holzschuhe schnitzend. Wenn das einer malen könnte, wäre er größer als alle"[11]).
Zwischen diesen Bildern entstand noch das sehr bekannt gewordene Gemälde „Dodenbeer" 1900.
Eine große Komposition, die auf dem von Justus Möser (1720–1794) in seinen „Patriotischen Phantasien" 1774–78 erstmalig, seither unendlich oft zitiert,

Fritz Mackensen, In der Bauerndiele, um 1890, Kreide oder Kohle

beschriebenen Reiz des Raum-, Licht-und Farbeindrucks im altniederdeutschen Hallenhaus aufbauend, ganz realistisch und zugleich symbolisch die letzte Ehre darstellt, die die Gemeinde einem Verstorbenen noch in seinem Hause erweist. Wieder ist die Komposition streng, zentral und meisterlich.
Mackensen verband die Freiluftmalerei mit dem Volkslebensbild und mit der sogenannten Arme-Leute-Malerei, wie sie u. a. fast gleichzeitig von Fritz Karl Hermann von Uhde (1848–1911) und Max Liebermann (1847–1935) entwickelt – auch an die Vorläufer Jean Francois Millet (1814–1875) und an Constantin Meunier (1831–1905) sei erinnert – und zu würdiger Höhe geführt wurde.
Er übertrug sie auch in solide Graphik, wie seine in tiefes Dunkel eingebettete Radierung „Der Entenrupfer" von 1895 beweist. Alle Radierungen von Mackensen waren genau, sehr dunkeltonig und gattungskorrekt. Wieviel Vielseitigkeit, Potenz und Konsequenz in ihm steckte, belegt sein für den Künstlerort Worpswede so beispielhaftes und zugleich so köstliches Bild aus dem Jahre 1897, das ganz in seiner Weise strengen Komponierens und sensibler Koloristik

ein „Mädchen am Gartenzaun" darstellt, als Mädchen in Worpsweder Tracht deklariert, handelt es sich um Martha Schröder, die spätere Gattin Vogelers. Vielleicht gibt es kein signifikanteres Bild von ihr.

Als die Worpsweder in Bremen 1894 ihre erste große Ausstellung hatten, die gar nicht so unvorbereitet war und keineswegs so einmütig als „Lachkabinett" verrissen wurde, wie es in der älteren Literatur erscheint, aber in der neueren korrigiert wird[12]), und kurz darauf 1895 mit der Münchner Ausstellung ihren eigentlichen Durchbruch erfuhren, standen sie durch ihr Schaffen im Mittelpunkt der aktuellen und grundsätzlichen Kunstdiskussion. Mit ernstem Kunstwollen wendeten sie sich der Natur- und Lebenswahrheit zu und darin lag die Abkehr vom Akademismus und Historismus, von der Theatermalerei und der theatralischen historischen und literarischen und insgesamt pompös verherrlichenden Malerei, deren dominanter Vertreter in Norddeutschland der als Worpswede-Gegner geltende Bremer Maler Arthur Fitger (1840–1909) war. Darin war die Ablehnung des Genrebildes eingeschlossen. Landschaft und Volksleben erhielten als Gegenstand der Malerei durch die Worpsweder eine neue Bedeutung, und unter ihnen stand Fritz Mackensen mit seinen Arbeiten an führender Stelle.

Zehn Jahre später war alles anders. Da erwies sich wie rückwärtsgewandt vieles war, was kurz zuvor noch Vorreiterrolle hatte. Fritz Mackensen vollzog kaum neue Kunstentwicklungen mit. Impressionistisches hat er nur bedingt aufgenommen. Expressionistisches gar nicht. Jugendstil vermag man bei ihm allenfalls in dem 1902 gemalten Bild „Badende Knaben" zu entdecken, das aber Züge der bei ihm in diesen Jahren zu beobachtenden Stilunsicherheit trägt. Dies fällt zusammen mit dem Ende der ersten Phase des Künstlerortes Worpswede. Zwischen 1899 und 1902 endete, was in Worpswede durch Künstlergemeinschaft begonnen worden war. Unter den Künstlerfreunden begannen Gegensätze aufzubrechen, die insgeheim von Anfang an bestanden hatten. Rivalitäten gab es früh, ebenso wie Abwehrakte, beispielsweise gegen die aus München 1889, 1892 und 1894/95 kommenden Künstler wie Otto Ubbelohde (1867–1922)[13]), und darin lagen auch Abschirmungen gegen neue Stile. An dem, was sich am Ort an neuen Kräften regte, nahm Mackensen kaum Anteil, nicht an Heinrich Vogelers literarischem Kreis, nicht an seinem auf allseitige Gestaltung des Lebens zielenden kunsthandwerklichen und architektonischen Stil, nicht an dem, was sich bei Paula Becker nach ihrem Aufenthalt in Paris ergab, und später nicht an Bernhard Hoetgers (1874–1949) umfassenden Aktivitäten auf allen Gebieten der Kunst und nicht an dem, was schließlich mit dem Engagement von Ludwig Roselius (1874–1943) Worpswede so nachhaltig prägte.

Der Zerfall der Gemeinsamkeit der frühen Jahre begann damit, daß Mackensen und Modersohn sich persönlich auseinanderlebten. 1899 trat Otto Modersohn, der, nicht unfrei von einer gewissen künstlerischen Erschöpfung, die Stagnation empfand, aus der Vereinigung Worpsweder Künstler aus. Nur vier Jahre, in denen Worpswede zum Pilgerziel für Maler geworden war (auch für Malschülerinnen, die sogenannten „Malmädchen" oder „Malweibchen", eine Modeerscheinung der Zeit) hatte sie bestanden. Während Heinrich Vogeler und Fritz Overbeck den Schritt respektierten und sich dem Austritt anschlossen, sah Mackensen darin so etwas wie Verrat. Weitere Entfremdung brachte das „Heiratsjahr" 1901 mit den auch untereinander von latenten Konflikten nicht freien Eheschlüssen von Heinrich Vogeler und Martha Schröder, Otto Modersohn und Paula Becker, Rainer Maria Rilke und Clara Westhoff. Mackensen trennte sich vom Barkenhoff-Kreis. 1902 verbat sich Carl Vinnen ausdrücklich, in Rilkes Buch[14]) über Worpswede behandelt zu werden. Seit 1902 haben die ersten Worpsweder nicht mehr gemeinsam ausgestellt.

Der erste Abschnitt der Geschichte des Künstlerortes war zu Ende. Im Mittelpunkt des zweiten Abschnittes stand für ein kurzes Jahrzehnt der Barkenhoff. Fritz Mackensen, der Entdecker, verlor seine führende Stellung. Die Tiefe der zutagetretenden Gegensätze, wenn man genau hinsieht, auch ihre gemeinsamen Quellen, werden sinnbildhaft anschaulich bei einem Blick auf zwei Häuser: den Barkenhoff Vogelers und die Villa Mackensen, zunächst Haus Susenbarg genannt. Vogeler hat 1895 eine ärmliche in die Landschaft eingebettete Kate gekauft und sie nach und nach in ein romantisches Schlößchen verwandelt, Ländliches und urbane Kultur, mittelalterliche Ritterlichkeit, biedermeierliche Geborgenheit und moderne Eleganz, Einfachheit und Kostbarkeit vereinend; sein „Konzert", später „Sommerabend" genanntes Gemälde von 1905 zeigt es in seinem höchsten Glanz, verrät aber schon die sich dort abzeichnenden persönlichen Krisen[15]).

Mackensen erbaute sich auf der entgegen liegenden Seite am Hang des Weyerberges mitten in die Natur (nach heutigen Auffassungen eine Umweltsünde, die nur nicht mehr empfunden wird, weil der Bau inzwischen eingebettet ist in die seither hochgewachsene Bewaldung) von 1900 bis 1903 unter mehrfacher Abänderung der Pläne[16]) eine übergroße Villa, einen vierstöckigen Klotz mit Mansarddach, eine Burg, die, wenn man von dem

generationsbedingten stilistischen Abstand absieht, der von Arthur Fitger 1890 in Bremen-Horn bezogenen gründerzeitlichen Künstlervilla mehr entspricht als der Wohn- und Arbeitsstätte eines sich gerade von dieser Kunsthaltung absetzenden, tief von der heimatlichen Natur erfüllten Künstlers.
Fast scheint es, als reagierte Mackensen auf sein Zurückfallen in der allgemeinen geistigen und stilistischen Entwicklung durch das Hervorkehren seines Erfolges und seiner Etabliertheit.
Das erst über unterschiedliche, dann gegensätzliche und zuletzt feindliche Verhalten der Urworpsweder hatte weltanschauliche und soziale Gründe. Mackensen hing aufgrund seiner Familientradition immer deutsch-patriotischer Gesinnung an. Mit Leib und Seele war er Soldat und absolvierte insgesamt 13 Wehrübungen. In beiden Weltkriegen meldete er sich als Freiwilliger, im Zweiten Weltkrieg als Major der Reserve im achten Lebensjahrzehnt stehend. Wie Hans am Ende war er, für einen Künstler eigentlich verwunderlich, ganz in den Standes- und Ehrenvorstellungen des vorigen Jahrhunderts verhaftet. Nur so sind seine Duellforderungen gegen die Münchner Maler und gegen Heinrich Vogeler um damals schon ganz selbstverständliche und nicht als ehrenrührig anzusehende Dinge erklärbar; beim Bremer Ehrengericht blitzte er auch ab mit seinen Satisfaktionsforderungen, die allerdings etwas unsicher überliefert sind[17]). Weltanschauliche Gegensätze führten auch nach dem Ersten Weltkrieg zu den für Künstler unwürdigen und abwegigen Verhaltensweisen von Heinrich Vogeler, der als Mitglied des Arbeiter- und Soldatenrates mit geschultertem Gewehr Lebensmittelkontrollen durchführte, und von Mackensen, der als Mitglied der von ihm aufgezogenen Bürgerwehr nach Bremen Berichte über die kommunistischen Umtriebe, speziell Vogelers, schrieb.
Für Mackensen war das Leben, bevor sich diese unheilvolle Situation ergab, ganz im Sinne einer soliden Künstlerkarriere verlaufen. Nachdem er seine Villa am Weyerberg bezogen hatte, unternahm er 1904 eine Reise in die Türkei.
1907 heiratete er seine Schülerin Hertha Stahlschmidt, die ihre eigene künstlerische Entfaltung zurückstellte und ihm bis zum Tode eine treue Gattin war. 1908 wurde ihm eine Tochter Alexandra geboren. Die weiteren Stationen auf dem Weg des Malers seien nur kurz erwähnt: 1908 Berufung als Professor nach Weimar. 1910 Direktor der Großherzoglichen Sächsischen Akademie in Weimar. 1918 Rückkehr nach Worpswede.
Noch einmal größere Anerkennung durch die Berufung zum Aufbau der „Nordischen Kunsthochschule" in Bremen 1934. Doch wurde er bald darauf abgesetzt. 1936 erhielt er die Goethe-Medaille. 1953 Bundesverdienstkreuz. 1956 starb er in Armut.
Fritz Mackensens Ende in Dürftigkeit und Vergessenheit darf den Monographen und Chronisten nicht zur Ungerechtigkeit veranlassen, vielmehr hat er zu wissen, daß bei vielen Worpswedern schwer zu entscheiden ist, ob auch eine biographisch-psychologische Studie oder nur ein Beitrag zur Kunstgeschichte zu schreiben ist. Vieles, was den Anschauungen und dem Schaffen einen historischen Platz gab und historisch zu bestimmen ist, wird von außen durch scheinbar kunstfremde, sogar politische Tendenzen überlagert. Gewissenhaft vorgehend, kann man nur versuchen, Zusammenhänge und Konsequenzen zu zeigen. Manches klärt sich damit für Person und Werk, doch vieles kann dann auch zum Verständnis der Zeit beitragen, und darauf kommt es für Kunstgeschichte und Kritik heute gerade an. So nur können Mißverständnisse und Mißbräuche und Umdeutungen immer wieder programmatischer Schlagworte wie Natur, Heimat und Lebenswahrheit geklärt werden, auch für Fritz Mackensen. In mancherlei Hinsicht mag gerade er aus heutiger Sicht ins Zwielicht geraten. Zweierlei steht fest, wie immer man seine Kunst, seine Weltanschauung und sein Verhalten bewerten mag: er war ein solider und in seinem Stil zu respektierender und bedeutender Maler und er bleibt der Entdecker Worpswedes, das noch heute – wie immer zeitbedingt anders – als Künstlerort Bedeutung hat.

Anmerkungen

1 F. Mackensen 1940, S. 7.
2 F. Mackensen 1947, S. 97.
3 F. Mackensen 1947, S. 126.
4 Worpswede (Kat.) Ausstellung Bremen 1980, S. 36.
5 Günter Busch u. Liselotte von Reinken (Hgg.): Paula Modersohn-Becker in Briefen und Tagebüchern, Frankfurt a. M., 1979, S. 73.
6 Für diese Auskunft sei Herrn Hans-Hermann Rief/Worpsweder Archiv herzlich gedankt; vgl. K. V. Riedel 1976/77.
7 S. Weltge-Wortmann 1979, S. 14 u. 18.
8 G. Busch 1979 (wie Anm. 5), S. 65.
9 R. M. Rilke 1903.
10 K. Dede 1981 (unpaginiert).
11 G. Busch 1979 (wie Anm. 5), S. 140.
12 Gerhard Gerkens in Worpswede (Kat.) Ausstellung Bremen 1980, S. 31–53.
13 Bernd Küster: Otto Ubbelohde und Worpswede, Worpswede 1982, S. 10, 16, 22, 26.
14 R. M. Rilke 1903.
15 Karl Veit Riedel: Zwei Bilder von Heinrich Vogeler..., in Berichte der Oldenburgischen Museumsgesellschaft, Oldenburg, X (1973/75), S. 21–31, S. 29; K. V. Riedel 1976, S. 108.
16 Für die Auskunft über die im Nachlaß von Fritz Mackensen befindlichen Belege sei Herrn Dr. Wolfgang Kaufmann/Worpswede herzlich gedankt.
17 Heinrich Vogeler: Erinnerungen, hg. v. Erich Weinert, Berlin 1952, S. 58; David Erlay: Künstler, Kinder, Kommunarden. Heinrich Vogeler und sein Barkenhoff, in Heimat heute XXV, Fischerhude 1979, S. 54; B. Küster 1982 (wie Anm. 13), S. 13.

Meinolf Trudzinski

Hans am Ende

Hans am Ende

„...um die Mitte der neunziger Jahre hatten die Worpsweder, die zur Hälfte aus Bremen stammten und sich nach einem Dorf der Bremer Umgegend benannten, auf den deutschen Ausstellungen Sensation erregt. In ihren frisch und naiv gemalten Bildern lernte man unbekannte Schönheiten des norddeutschen Küstenlandes kennen; denn bisher hatte sich außer den Worpswedern kein Mensch um Worpswede gekümmert. Diese jungen Maler, die von der Düsseldorfer Akademie kamen, befolgten auf ihre Art die alte Mahnung jedes Naturalismus, im Alltäglichen das Seltene und im Gewöhnlichen das Schöne zu suchen. Ihre Motive waren neu, ihre Malerei war es weniger; aber sie genossen die Vorteile des Zeitgemäßen. Im Norden und Süden Deutschlands, in Berlin, Dresden, Karlsruhe und München bildeten sich damals Gruppen, die auszogen, um ihre Heimat neu zu entdecken. Das schöne Wort „bodenständig" kam damals auf. Die Worpsweder zeichneten sich unter den Gleichgesinnten durch größere Formate und kräftigere Farben aus. Mackensen, der Begründer der Kolonie und ihr repräsentativer Vertreter, malte auf großen Leinwänden die Bauern der Scholle, Karl Vinnen in ähnlichem Format einzelne Motive der Landschaft in besonders leuchtenden Farben, Fritz Overbeck und Hans am Ende waren als weniger deutlich ausgeprägte Persönlichkeiten im selben Sinne bemüht, Modersohn erschien mit seinen goldig gestimmten Landschaften als der feinste Kolorist der Gruppe, und der Jüngste unter ihnen, Heinrich Vogeler, der auch als Graphiker und Kunstgewerbler sinnreich zierliche Entwürfe für Buchschmuck, Gerät und Mobiliar lieferte."
Das strenge Resümee, das Gustav Pauli in seinen „Erinnerungen aus sieben Jahrzehnten"[1] zur Kennzeichnung der Kerngruppe der Worpsweder zieht, weist Hans am Ende einen auffällig bescheidenen Platz in der Gemeinschaft an. Auch die Kunstgeschichtsschreibung hat diese Stelleneinschätzung bis zum heutigen Tag nur zaghaft korrigieren können. Im allgemeinen Bewußtsein verschwimmt die Gestalt des Künstlers merkwürdig im Gesamtbild, das sich von den Worpswedern eingebürgert hat.
Bestrebungen, das Eigene der Kunst am Endes deutlicher herauszustellen, sind wohl zu verzeichnen[2], vom Erreichen eines einschneidenden Etappenziels kann freilich kaum die Rede sein.
Am klarsten liegt die Bedeutung des Künstlers auf dem Gebiet der Graphik zutage. Er war es, der die erste eigene Druckpresse nach Worpswede schaffte, die Künstlerkollegen fast sämtlich für das Radieren begeisterte, besonders Overbeck und Vogeler in die Technik einführte. Die Graphik war die ursprüngliche Domäne am Endes, mit graphischen Blättern (vor allem acht großformatigen auf der Münchener Internationalen Kunstausstellung im Glaspalast 1895) wurde er bekannt, und während seine Drucke Eingang in die großen Kupferstichkabinette fanden, sind Gemälde in Museumsbesitz noch immer Raritäten.[3]
Dabei hatte am Ende keineswegs die Absicht, sich auf den Lorbeeren des Graphikers auszuruhen. Im Laufe seines Lebens nahm sein Interesse an der Malerei nicht ab. Die volle Entfaltung dieses Strebens blieb ihm allerdings versagt; der Patriot am Ende bezahlte seinen Einsatz im Ersten Weltkrieg – er hatte sich, eingezogen als Reserveoffizier, freiwillig an die Front gemeldet – mit dem Leben, der Tod ereilte ihn nach schwerer Verwundung im Lazarett zu Stettin am 9. Juli 1918.[4]
Geboren wurde der Künstler am 31. Dezember 1864 in Trier als Sohn eines Militärpfarrers. 1872 zog die Familie nach Thüringen in die Nähe Naumburgs, der Junge genoß die straffe Gymnasialerziehung von Schulpforta; der Vater eines

Hans am Ende, Kinderkopf, 1897
Radierung aus der Mappe „Aus Worpswede"

Mitschülers, der Ägyptologe und Schriftsteller Georg Ebersmeyer, brachte den Abiturienten auf den Weg zur Kunstakademie in München, die dieser von 1884–89 (mit Unterbrechung in Karlsruhe 1886/87) besuchte. Das graphische Studium absolvierte er hauptsächlich beim Kupferstecher Holzapfel, das malerische in der Dietz-Klasse, wo sein Mitschüler Max Slevogt war. In der Kaulbach-Klasse hatte sich kurzzeitig Fritz Mackensen eingeschrieben, der Freundschaft mit am Ende schloß und ihn bewog, zusammen mit Otto Modersohn 1889 nach Worpswede zu kommen. Damit waren die Weichen für die weitere Laufbahn gestellt. Der dritte im Bunde der Worpswede-Pioniere nahm an den Aktivitäten der Gruppe wesentlichen Anteil (so übte er etwa das Amt des Schriftführers und Kassenwarts der „Künstlervereinigung Worpswede" aus); im Erfolgsjahr 1895 baute er sein Wohnhaus mit Atelier neben Vogelers Barkenhoff, 1897 heiratete er Magda Willatzen, die Tochter eines Bremer Gymnasialprofessors.

Damals entstand der „Frühlingstag" (vgl. Abb.), das prominenteste seiner frühen Gemälde, das 1922 von der Bremer Kunsthalle erworben wurde. Seinen Ruhm erlangte es durch Rilkes Beschreibung von 1903: „Und dann gibt es ein Bild: Blütenbäume, nichts als eine Reihe blühender Bäume in weitem, ebenen Land; eine Frau, die die Arme hebt, ein Kind: Millet klingt an, aber es ist noch mehr wie Jacobsen es geschrieben hat: „Blütenweiß stehen, Bouquette von Schnee, Kränze von Schnee, Kuppeln, Bogen, Girlanden, eine Feenarchitektur von weißen Blüten mit einem Hintergrunde von blauestem Himmel" ...Solche Momente sind köstlich: wie wenn man am Abend bei einem einsamen Landhaus vorübergeht; man hört Musik, aber, wie man stehen bleibt, um zu lauschen, ist sie verklungen. Und nun steht man und wartet. Es sind Minuten voll Nachklang, Stille und Ungewißheit. Was wird nun kommen: etwas Frohes, etwas Mächtiges oder wird man hören wie das Klavier geschlossen wird? So sind diese Blätter, so ist dieses Bild: Pausen, Intervalle voll Nachklang, Stille und Ungewißheit. Sie sind selten bei am Ende, dessen Kunst eigentlich Musik ist. Musik, ja, das ist es, womit man sie am besten vergleichen kann. Musik von Hörnern und Harfen, Steigendes, Schwellendes, Verschwendung. Die Farben seiner Landschaften setzen ein, als hätten sie auf den Wink eines unsichtbaren Taktstockes gewartet..."[5]

Nicht von ungefähr hielt Rilke gerade dieses Werk für besonderer Beachtung wert, und nicht von ungefähr blieb die Charakterisierung der übrigen Gemäldeproduktion im eher Atmosphärisch-Vagen des Musik-Vergleichs. Der „Frühlingstag" war das prägnanteste der Bilder, die er kannte – und eingestandenermaßen hatte er nur wenige gesehen.[6] Einen Sonderstatus nimmt es zu Recht ein, es ist das reichste und heiterste auch unter denen, die wir heute kennen. Scharf umrissen setzen sich seine Schattenpartien von hell, ja strahlend belichteten Flächen ab, das Schäumen der weißen Blütenmassen über den dünnen, graphisch bildbelebenden Stämmchen besticht wie die Spritzer einer Courbet'schen Woge, kühne, wie aus van Gogh'scher Inspiration herrührende Farbstriche fahren, vor allem in der rechten unteren Bildecke, durch das Gras.

Die Landschaft sollte das Hauptthema der Gemälde bleiben, menschliche Gestalten ziehen sich aus ihnen zurück, die meisten Menschenbilder finden sich in Zeichnungen und Radierungen, einmal auch ist ein Kinderbild in eine feingefühlte plastische Form gebracht.[7]

Hans am Ende, Die Mühle, Radierung, 1894

Am Endes Landschaften – das sind vielfach große Ausblicke über weite, von wattig bewölktem Himmel dominierte Moorebenen oder Hügelzüge, Ausblicke über Wasserflächen, die in träger Dunkelheit nur dazu dienen, die ganze Aufmerksamkeit des Betrachter auf die Nuancen von Wolken- und Himmelsfarben zu lenken, Landschaften, in denen besonderer Wert gelegt ist auf die Wiedergabe von Stimmungen der Tages- und Jahreszeiten, darunter Winterbilder, die starke Kontraste von Blau und Weiß aufweisen oder andere, die eine weitgehende Angleichung der Farbwertigkeiten von Himmel und Erde bieten. So spielt im „Wintertag in Worpswede" (vgl. Abb.) den tonangebenden Part wie selbstverständlich der Himmel, doch antwortet die schneebedeckte Fläche des breit ausgedehnten Bodens mit abgestimmtem Nachhall (die hingestreckte dunkle Barriere des Baumwalles nimmt das Motiv der verschatteten Gartenmauer im „Frühlingstag" von 1897 wieder auf).

Ein bedächtiger Zug ist den Kompositionen der Werke eigen, Formgewichte sind gewissenhaft verteilt, die Bildmitten gern betont. Dabei befreit sich jedoch zunehmend der Duktus des Pinsels, der allmählich immer breiter und lockerer wird. Gerade wenn die Bildgegenstände immer bescheidener werden, wenn, was häufiger der Fall ist, ein ganzes Bild nur noch von einer Birkenreihe bestimmt

Hans am Ende, Immenhof, Radierung, 1894

wird, die sich z.B. von der Bildmitte aus längs einer schlichten Moorkate in die Tiefe staffelt (vgl. Abb.), gewinnt der Pinselstrich, gewinnen auch mehr und mehr die Farben ein Eigenleben.
Solche Bekenntnisse zum malerischen Akt – und zu ihnen zählt auch das Bild der „Einsamen Scheune im Herbst" (nach 1900), dessen Licht gefiltert, dessen Farbigkeit zwar gedämpft, aber dennoch reich ist, dessen Strukturbetonung schließlich so neuartig wirkt, daß man sich an Werke Christian Rohlfs erinnert fühlt – lassen aufmerken, in ihnen löst sich am Ende aus Verhaftungen in naturalistischen Traditionen des 19. Jahrhunderts. Tragen diese Bilder auch skizzenhaften Charakter, sind sie gleichwohl ein Versprechen dafür, daß unter den der Öffentlichkeit unbekannten Arbeiten des Malers Entdeckungen noch ausstehen.
Seit der Gedächtnisausstellung, die 1918 die Bremer Kunsthalle dem Künstler widmete, hat es keine größere Einzelausstellung seines Schaffens mehr gegeben. Sie bleibt ein Desiderat. Erst sie dürfte auch Aufklärung darüber verschaffen, wer von den Zeitgenossen, denen die Werke eng vertraut waren und aus deren Federn bemerkenswert heterogene Kritiken flossen, am ehesten Anrecht auf Anerkennung seines Urteils besitzt. Kein anderer als Otto Modersohn immerhin ging noch schärfer als Gustav Pauli mit Hans am Ende ins Gericht (1893: „Eines tiefen, ernsten Gefühls halte ich ihn nicht für fähig, er wird nie etwas bemerkenswertes leisten"[8] und 1894: „Als Künstler ganz unklar, ohne wahre Begeisterung und feste Anschauung; er weiß nur den Schein davon zu erwecken".[9]) Aber vielleicht besaß doch die Revolutionärin unter den Worpsweder Künstlern, die 1897 in ihren Kreis getretene Paula Becker, mehr Einfühlungsvermögen, als sie im folgenden Jahre dem Tagebuch diese Sätze anvertraute: „Ich war einen Abend bei am Endes, der wirkte wie warmer, lauer Frühlingsregen und Frühlingssonnenschein auf mein Gemüt. Die Zartheit der Liebe, mit der diese beiden Menschen verkehren, durchleuchtet ihr ganzes Häuslein mit rosenrotem Licht. Und jeder, der diese Atmosphäre atmen darf, muß auch zart und weich werden. Er ist eine weiche Künstlerseele mit strengem, keuschem Formensinn. Dürer und Donatello, Botticelli, die liebt er. Die hängen in schönen ernsten Rahmen an seinen Wänden. Und er lauscht den Schwingungen der andern Seele.
Er versteht das Unausgesprochene und antwortet unausgesprochen. Dieses Zwiegespräch bringt das ganze Sein in liebliche Schwingungen."[10]

Anmerkungen

1) Tübingen 1936, S. 167 f., vgl. Ausst. Kat. Worpswede, Aus der Frühzeit der Künstlerkolonie, Kunsthalle Bremen Aug.-Sept. 1970, S. 42–44.
2) Vgl. zuletzt W. Cohrs, Hans am Ende, Handzeichnungen. Mit einem Beitrag von H. Keller. Worpswede 1982, mit Literaturzusammenstellung S. 26.
3) Vgl. G. Pauli, Artikel Hans am Ende, in: Thieme-Becker Bd. X, 1914, S. 511 und H.F. Schweers, Gemälde in deutschen Museen. München u.a. 1981, Bd. I, S. 259.
4) Begraben ist er nicht in Worpswede, wie manchmal zu lesen steht. Er wurde zusammen mit seiner Mutter in Bremen beigesetzt, nur sein Grabstein gelangte nach dem Zweiten Weltkrieg auf das Worpsweder Grab seiner Frau. Vgl. B. Kaufmann, Die alten Worpsweder Meister. Worpswede, 3. Aufl. 1963, S. 32 und S. Weltge-Wortmann, Die ersten Maler in Worpswede. Worpswede 1979, S. 74.
5). R.M. Rilke, Worpswede. Bielefeld - Leipzig 1903, S. 98 f.
6) Rilke (Anm. 5), S. 93: „Ich kenne nur vier oder fünf von den Bildern dieses Malers und konnte mich nur mit seinem radierten Werke eingehender beschäftigen."
7) Bronzebüste im Albertinum zu Dresden. Abb. nach Gipsgüssen bei Rilke (Anm. 5), S. 92 und Cohrs (Anm. 2), S. 20.
8) Brief an Fritz Overbeck, Worpswede 10.5.1893, vgl. U. Hamm, Studien zur Künstlerkolonie Worpswede 1889–1908 unter besonderer Berücksichtigung von Fritz Mackensen. München 1978, S. 72.
9) Tagebuch vom 30.11. 1894, vgl. Hamm (Anm. 8) ebda.
10) Tagebuch vom 24.10.1898, vgl. G. Busch und L. von Reinken (Hrsg.), Paula Modersohn-Becker in Briefen und Tagebüchern, Frankfurt a.M. 1979, S. 139.

Hans am Ende, Frühlingstag, 1897 oder 1898

„Und dann gibt es ein Bild: Blütenbäume, nichts als eine Reihe blühender Bäume in weitem, ebenen Land; eine Frau, die die Arme hebt, ein Kind: Millet klingt an, aber es ist noch mehr wie Jacobsen es geschrieben hat: ‚Blütenweiß stehen, Bouquette von Schnee, Kränze von Schnee, Kuppeln, Bogen, Girlanden, eine Feenarchitektur von weißen Blüten mit einem Hintergrunde von blauestem Himmel.'"
Rainer Maria Rilke, Worpswede, S. 98

Hans am Ende, Wolke, 1895

Hans am Ende, Herbst, 1905

„Er malt mit Vorliebe einfache Baumreihen (Birken), die sich in einer ein wenig gewundenen Linie in den Hintergrund ziehen. Dieses perspektivisch reizvolle Thema hat er immer wieder aufgegriffen und unermüdlich variiert, bei Sonne, bei Sturm, unter Gewitterwolken, in den Farben des Frühlings und in den Farben des Herbstes."
Hans Bethge, Worpswede, S. 34

Hans am Ende, Torfkähne auf der Hamme, um 1900

Hans am Ende, Weites Land, um 1902

„Hans am Endes Wesen ist Schlichtheit. Er stilisiert so gut wie nicht, aber er ist auch nicht Kopist der Natur, sondern er erfüllt sie mit dem klaren Gehalt seines geordneten Fühlens. Ich glaube, er ist derjenige von den Worpswedern, an den innere Zweifel und Kämpfe am wenigsten herantreten."
Hans Bethge, Worpswede, S. 37

Hans am Ende, Weyerberg mit Sommerwolken, um 1899

Hans am Ende, Wintertag in Worpswede, um 1900

„Wenn man vor seine Bilder tritt, gibt es einen kleinen letzten Augenblick der Stille, einer lautlosen Stille wie im Theater, knapp ehe die Ouvertüre beginnt. Dann fallen sie ein, stark, vielstimmig mit brausender Breite. Ein ganzes Orchester sammelt sich im Raum des Rahmens, und es ist alles da bis zum braunen Glänzen der Geigen und dem hellen Blitzen erhobener Hörner. Hans am Ende malt Musik, und die Landschaft, in der er lebt, wirkt musikalisch auf ihn."

Rainer Maria Rilke, Worpswede, S. 99

Bernhard Kaufmann

Fritz Overbeck

Fritz Overbeck, mit dem Nazarener Friedrich Overbeck nicht verwandt, wurde am 15. September 1869 in Bremen geboren. Wie Mackensen verlor er früh seinen Vater, der jedoch als Erster technischer Direktor des Norddeutschen Lloyd seine Familie wohlversorgt zurückließ. Der Junge besuchte das Alte Gymnasium, dessen humanistischer Geist seine musische Veranlagung förderte, hatte offene Augen für die Natur, musizierte mit Leidenschaft, mit noch größerer zeichnete und malte er. Nach dem Schulabschluß ging er auf die Düsseldorfer Akademie. Für die damalige Weltabgeschiedenheit des Teufelsmoors ist es bezeichnend, daß Overbeck erst während seines Studiums Näheres über diese dicht an seine Heimatstadt grenzende wundersame Welt erfuhr. Mackensen und Modersohn hatten 1891 die Stätte ihrer gemeinsamen Studienjahre besucht und dort von ihrem verborgenen Malereldorado erzählt. Overbeck ließ es auf einen Versuch ankommen. Zwar rief ihn zunächst sein Ausbildungsplan nach Düsseldorf zurück, aber nach zwei Jahren richtete er sich endgültig auf dem Weyerberg ein Atelier ein. Zu welcher Bedeutung ihm Worpswede wurde, geht aus einem Brief hervor, den er später Otto Modersohn schrieb: „Bedenke, daß es gilt, ‚unser' Worpswede zu verteidigen, damit es nicht entweiht werde und herabsinkt zu einem Nest, wo das Künstlerproletariat sich sommerliche Rendezvous gibt, die edle Zeit vergeudet mit Künstlerstreichen, die nicht in unser Programm ehrlicher Arbeit und ernsten Strebens passen." Dieser Brief zeigt zugleich, auf welchem starken sittliche Fundament die Worpsweder ihr Werk errichteten.
Der äußerst ruhig erscheinende, immer an sich arbeitende und stets sich weiterentwickelnde Künstler, in seiner Wortkargheit wie auch in seinem Witz und Humor ein echter Bremer, wurde von einem Übermaß subjektiver Kräfte beherrscht. Er hat die Moorlandschaft in allen Stimmungen festgehalten, am stärksten jedoch im Aufruhr der Elemente. Seine Malerei wirkt wie Musik in Farben – vom Adagio der in wogender Stille ährenschweren Kornfelder bis zum Furioso wettergeladener Wolkenmassen, die wie drohendes Unheil den Himmel überziehen. Oft legt er den Horizont ganz tief ins Bild, um dem dramatischen Wolkenspiel weitmöglichst Raum zu geben. Die Atmosphäre wird zum Bildelement, und die Wolken erhalten eine ungewöhnliche Perspektive durch transparente, wie von innen her leuchtende Farben, so daß „Overbecksche Wolken" zu einem Begriff geworden sind. Aber er malt auch das Meer, das rhythmische Auf und Ab der Wellen bei stillem Wetter oder ihr Aufbäumen zu Gischtbergen, wenn sie vom Sturm gepeitscht gegen die Buhnen schlagen. Und er malt im Gebirge die vereisten Firne im Glanz der Abendsonne oder in ihrem Schatten die unter der Schneedecke erstarrten Gehölze und Hütte. In dem die Schaffenskraft des Künstlers zur Entfachung bringenden Spannungsfeld von übermächtigen Sinneseindrücken zu dem seelischen Erleben, in dem es um die schöpferische Auseinandersetzung mit den Naturgewalten und ihren Wirklichkeiten geht, schließen sich Nebensächlichkeiten und Beiwerk aus. Niemals ist der Mensch auf Overbeckschen Landschaftsbildern dargestellt. Das Allgemeingültige vom Wo und Wann des Objekts läßt die Frage nach örtlichem und zeitlichem Bezug nicht aufkommen. So kann von einer an die Heimatscholle gebundenen Kunst, im Sprachgebrauch als „Heimatkunst" abgewertet, überhaupt nicht die Rede sein. Der naheliegenden Gefahr, durch die expressiven Kräfte um ihn und in ihm eine ekstatische, ungezügelte Malweise zu geraten, entgeht Overbeck durch die Selbstdisziplin, mit der er sein Schaffen den für ihn gültigen Gesetzen von Ästhetik und Naturwahrhaftigkeit unterwirft.
In Overbeck ist neben dem erfolgreich Maler der Graphiker zu sehen, der im Zeichnen und Radieren manches Meisterwerk geschaffen hat. In der Handhabung von Nadel und Stichel unter Ausnutzung mannigfacher, oft origineller technischer Mittel und Möglichkeiten zeigte er, was eine Kupferplatte hergeben kann. Dabei wurde Wesentliches der Kunst an sich nicht verdrängt. Es gibt Radierungen von grandioser Ausdruckskraft, aber auch andere, die in ihrer lyrisch-verträumten Intimität einen ganz anderen Wesenszug des Künstlers offenbaren. Beide fanden auf Ausstellungen große Beachtung und wurden oftmals ausgezeichnet; für sein Blatt „An der Landstraße" erhielt er eine Goldmedaille. Abzüge von den Kupferplatten können heute nicht mehr hergestellt werden, da diese bei einem Luftangriff verlorengingen, so daß sich bei den auf den Markt kommenden Radierungen zu dem Kunstwert der Seltenheitswert gesellt.
Overbeck heiratete seine Schülerin Hermine Rohte, die schlichte, gehaltvolle Landschaften darstellte, und gründete als erster seiner Freunde einen Hausstand. Als zwei Kinder heranwuchsen, übersiedelte die Malerfamilie 1905 nach Bröcken bei Vegesack. Am 7. Juni 1909 im Alter von 39 Jahren, nahm ein jäher Tod dem Künstler die Palette aus der Hand. In der dem Maler eng zubemessenen Lebensspanne entstanden neben ungezählten Zeichnungen und Radierungen etwa zweihundert Ölgemälde. Es verblieb kein umfangreiches, jedoch ein innerlich reiches, die Zeit überdauerndes Werk.

Otto Modersohn, Fritz Overbeck beim Malen, um 1900

Fritz Overbeck, Die Sandkuhle, um 1896

Fritz Overbeck, Das rote Haus, um 1900

Fritz Overbeck, Überschwemmung im Moor, 1903

„Er sucht die Stimmung in der Luft einzufangen, über einem dunstigen Moor oder einer nassen Wiese zur Zeit des Vorfrühlings. Immer wieder hat er die mannigfachen Reize des Himmels zu bannen gesucht. Man kann auf seinen Bildern oft beobachten, daß die Landschaft nur das untere Drittel oder weniger der Leinewand ausmacht, während die oberen zwei Drittel vom Himmel beansprucht werden. Er läßt sanft gerötete Abendwölkchen mit goldenen Rändern wie eine friedliche Herde dahinziehen; er läßt breite, feuchte Regenwolken niedrig über der grauen Landschaft hangen; leichtes, flockiges Gewölk, wie Tupfen aus Watte, spielt durch die Luft, und kleine, weiße Schäfchenwolken schieben sich duftig ineinander."

Hans Bethge, Worpswede, S. 40

Fritz Overbeck, Stürmischer Tag, um 1900

„Bei Overbeck gärt es, er wirkt oft wie eine verhaltene Explosion. Der Name Beethoven drängt sich auf die Lippen, wenn man seine bedeutendsten Sachen, zumal seine besten Radierungen, betrachtet."
Hans Bethge, Worpswede, S. 41

Fritz Overbeck, Blick auf den Weyerberg, 1902

Fritz Overbeck, Blühendes Buchweizenfeld am Weyerberg, 1900

„Bei ihm ist Kraft, Aufruhr und Bewegung. Die feuchte Niederung, das Moor, mit krüppeligen, gespenstisch verwachsenen Birken, hingeduckten Hütten, schmalen Wasserläufen und trüben Tümpeln ist seine Landschaft. Die Birken sind bei ihm oft wie wüste, gespenstische Wesen. Dann liebt er die dünnen, unendlich langen, die sich wehend im Sturmwind beugen. Das moorige Getrief und Gestrüpp hat etwas Unheimliches. Der Himmel ist meist in Erregung, die Wolken ballen sich zu Knäueln zusammen oder stieben in Fetzen hintereinander her."

Hans Bethge, Worpswede, S. 38f.

Fritz Overbeck, Erste Frühlingssonne, 1896

Fritz Overbeck, Schlottschün, um 1900

Fritz Overbeck und Otto Modersohn

Briefwechsel 1893–1895

Modersohn an Overbeck, Düsseldorf, 16. März 1893

„…Dein Brief, den ich eben bekam, hat in mir einen Sturm von Gefühlen erregt; sie mit Namen zu bezeichnen fällt schwer, dazu sind sie zu unbestimmt; aber als ich den bekannten blauen Briefumschlag sah und seinen Inhalt las, da überkam es mich wie Worpsweder Luft, wie ein Zauber, von dem man nicht weiß, warum es ein Zauber ist.

Overbeck an Modersohn

Düsseldorf, 26. September 1893

„…Vogeler wird es noch einmal weit bringen, davon bin ich jetzt mehr wie je überzeugt, nachdem ich die Gelegenheit hatte (ich male auf seinem Atelier), seine Sachen zu sehen. Sie sind wirklich famos… Du bist geradezu glücklich zu nennen, daß Du solch ein herrliches Ziel vor Augen hast, und ein Ziel, das Dir sicher auch erreichbar ist… Das Streben, ich möchte sagen Kämpfen, wenn es nicht hoffnungslos, ist doch das Schönste; es kann allein Zufriedenheit und Genugtuung erzeugen…"

Modersohn an Overbeck

Worpswede, 9. Juni 1894

„…Du weißt, daß ich im Frühling innerlich ziemlich herunter gestimmt war. Daß ich mein Leben, meine Arbeit neu und anders anfassen wollte. Solange ich nicht zu einem gewissen Ergebnis gekommen, das mich in etwa befriedigte, hatte ich nicht die rechte Stimmung Dir zu schreiben. Du wirst das begreiflich finden. Nun bin ich einigermaßen drin in der Arbeit, ich fühle mich freier, froher… Du hast mir schon oft gefehlt… Vogeler ist ein reizender Kerl, den wir sehr gerne haben… Mackensen ist der Alte: Schießt (beinah Schützenkönig), fährt Veloziped etc. und malt außer seinem Predigtbild ein kleines Kirchenbild."

Modersohn an Overbeck

Worpswede, 26. August 1894

„…Wenn man die ganze Woche von früh bis spät eifrig gearbeitet, ist so ein Samstagabend von seltenem Genuß. Ja, es wird jetzt tüchtig gearbeitet – Du wirst Augen machen, wenn Du herkommst. Ich habe ca. 12 Bilder in Arbeit.
Ich lebe ganz still für mich, das ist das Schönste, kümmere mich um die anderen wenig, es interessiert mich keiner auch sonderlich.
Warum man solche Leute nach Worpswede holt ist mir unverständlich… Ich male und komponiere für mich."

Modersohn an Overbeck

Worpswede, 13. September 1894

„Die traulichen Zeiten sind dahin, da man sich von der Welt, von lästigen, unsympathischen Kollegen zurückziehen konnte, in die erhabene Stille der Natur, in das einzige Dörfchen. 10 Maler wandern jetzt hier herum, man möchte vor Wut selbst fortziehen… Du verstehst mich, zu Dir kann ich mich aussprechen, Dein letzter Brief hat mir eine wahre Freude bereitet. Ich freue mich auf Dein Kommen… Wie wollen wir zusammen um die Wette schaffen und streben, und es uns nebenbei gemütlich machen mit Pfeife und Grog."

Modersohn an Overbeck

Worpswede, 7. Februar 1895

„…Dein Brief bes. Fall Whistler hat mich sehr interessiert; ich danke Dir für die mitgeteilten Sätze, sie machen mich sehr neugierig auf das Ganze – die Sache ist nicht so einfach. Gewiß, durchaus muß man die Natur im Ganzen ansehen, makroskopisch, das ist die eine Seite, die anderen sind aber das Einzelne, aus denen sich der Gesamteindruck zusammen webt. Was ich früher schon ahnte, spreche ich jetzt ganz bestimmt aus: Man muß hinter das Urgesetz der Natur kommen, danach sich Farben und Formen bilden und ordnen. Nur der ist für mich Maler, der erfüllt von der Natur, frei sie neu schafft… nicht sklavisch, sondern frei muß sich der Maler fühlen. Freiheit ist aber nur gedeihlich bei gehöriger Kenntnis. Ich muß ganz frei schalten und walten können – ein Schöpfer im Kleinen – wenn es etwas werden soll, dahin bin ich gekommen… Zeichnen werde ich viel. Die Farbe wechselt, die Form besteht; man muß auch hinter das Gesetz der einzelnen Baumspezies, Pflanzenspezies kommen… Die harte Schale des Eies birgt das Geschöpf im Kern. Fühlst Du, was ich meine?…"

Overbeck an Modersohn

Flensburg, 21. April 1895

„…Dein Brief, das mir heute erfreulichste Ereignis beweist ja, daß bereits Männer von Adel und unleugbarem Kunstverdienst wetteifernd sich bemühen, uns in ihr stolzes Lager zu ziehen, in dem sie keinen Anstand nehmen, uns alle möglichen Erleichterungen zu gewähren, wie z.B. freie Fracht nach München, einen besonderen Saal usw. Damit können wir wohl zufrieden sein, kurz ich stimme zu. Ferner bin ich auch ganz dafür, daß dieses schmeichelhafte Anerbieten in den Bremer Nachrichten bekannt gemacht wird. Wir brechen dadurch besser als durch alle Broschüren der bremischen Philisterkritik die Spitze ab. Und zwar muß das sogleich geschehen…"

Fritz Overbeck, Aus Worpswede, um 1900

Fritz Overbeck, Die Windmühle, Radierung, 1898

Fritz Overbeck, Im Moor, um 1900

Fritz Overbeck, Buchweizenfeld am Weyerberg, um 1900

Fritz Overbeck, Moorwand im Frühlingsschmuck, 1909

Clara Rilke-Westhoff, Büste Heinrich Vogeler, 1901

Karl-Robert Schütze

Heinrich Vogeler
Das erste Jahrzehnt in Worpswede

Vor etwa einhundert Jahren stellten erstmals Künstler ihre Staffeleien in Worpswede auf. Neben die wohlhabenden Großbauern aus den breitgelagerten Gehöften der Bauernreihe und die in Existenznot lebenden Moorbauern aus den umliegenden Kolonistengemeinden trat nun eine Gruppe, deren Tun als exotisch – als Marotte übergeschnappter Städter – angesehen wurde. Den einen dienten die Fremden als abwechslungsreiche Belustigung, den anderen fehlte es an der Zeit, die Eindringlinge wahrzunehmen.
Neunzig Jahre ist es her, da hatten diese inzwischen seßhaft gewordenen Künstler einen Riesenerfolg – im fernen München. Mit einem Schlag wurde der Ort Worpswede berühmt, den früher kaum die benachbarten Bremer kannten. Rund acht Jahrzehnte sind vergangen, seit dem Erscheinen der Worpsweder-Monographie von Rainer Maria Rilke. Diese Arbeit, von dem jungen Dichter nur der Not gehorchend üernommen, charakterisiert die Zeit am besten in Beschreibung und Urteil. Ihr Text nimmt vorweg, was die Jubiläumsausstellung sichtbar machen will: den frühen Aufenthalt Heinrich Vogelers in Worpswede, die Wirkung des Ortes auf seine Kunst, sowie seinen Einfluß auf die Entwicklung Worpswedes.
In eine wohlhabende gutbürgerliche Familie hineingeboren, erlebte Heinrich Vogeler als ältester Sohn mit zwei Schwestern und zwei Brüdern eine normale Kindheit. Seine Vaterstadt Bremen zeichnete sich durch Weltoffenheit unter den in der Größe vergleichbaren Städten aus.
Ein selbstbewußtes gebildetes Bürgertum herrschte innerhalb einer klar strukturierten Gesellschaft, deren strenge Lebensregeln zu allen Zeiten nur in Ausnahmefällen von der heranwachsenden Jugend anerkannt wurden.
Wieviel schwerer mußte es in einer Zeit gewaltiger Veränderungen sein!
Auch Heinrich Vogeler erlitt die Schule. Nur in einem Punkt zeichnete er sich nachweislich aus – er zeichnete Karikaturen von seinen Lehrern.
Aber was wollte der junge Heinrich denn eigentlich?
Er wußte offenbar nur eines sicher, er wollte nicht Kaufmann werden. Schauder ergriffen ihn noch Jahrzehnte später während der Niederschrift der „Erinnerungen"[1] bei dem Gedanken an das Lagerhaus und insbesondere an das langweilige Büro, in dem endlose Zahlenkolonnen addiert wurden – für das Verständnis des Jungen eine unschöpferische Tätigkeit. Der Vater selbst wird wohl diesem Beruf auch innerlich ferngestanden haben, denn die beiden Brüder Heinrichs wollten ebenfalls nicht in das Geschäft eintreten. Fühlte er damals oder wußte er es durch seinen Vater, daß der engere Anschluß an das aufstrebende neue Reich und dessen stürmische industrielle Entwicklung die Geschäftswelt grundlegend verändern würde?
Trieb es ihn, künstlerisch zu arbeiten? Oder eröffnete sich ihm mit dem angestrebten Kunststudium nur die vielleicht einzig anerkannte freiere Alternative zu der für seine Herkunft „angemessenen" beruflichen und gesellschaftlichen Karriere? Auch diese liberalen und der Kunst zugeneigten Eltern waren – wie gewöhnlich – entsetzt über den Wunsch des ältesten Sohnes, Künstler zu werden. Sie gestatteten das Kunststudium schließlich doch, nachdem eine schwere Erkrankung die Aufnahme der Kaufmannslehre verhinderte.
Auch das lang erstrebte und heißumkämpfte vorläufige Ziel, die Kunstakademie in Düsseldorf, von der der feinsinnige, schulmüde Städter die Einlösung seiner Vorstellungen vom Künstlertum erwartet hatte, enttäuschte ihn. Die erhoffte Freiheit nahm er sich schließlich selbst, indem er mit einigen

Sonntagnachmittag auf dem „Barkenhoff". Von links nach rechts: Otto Modersohn, Tochter Elsbeth mit (?), Martha und Heinrich Vogeler und sein Bruder Franz.

Heinrich Vogeler, Die Lerche, 1899. Selbstbildnis, Radierung.

Freunden vor dem lähmenden Ausbildungsplan nach Holland, Belgien und Italien entwich, zu einer privaten und höchst erfolgreichen Studienreise, in deren Verlauf er nicht nur viel arbeitete, sondern auch die Kraft fand, das in seinen „Erinnerungen" etwas aufgesetzt lustig wirkende Studentenleben mit der Abschlußprüfung regelgerecht zu beenden.
Zurück in der bremisch-niedersächsischen Heimat, wandte er sich nach Worpswede, dem etwa 25 km von Bremen entfernten geheimnisvollen Ort, dessen Weyerberg sogar von der Dachluke des elterlichen Hauses zu sehen war. Einige Künstlerfreunde aus Düsseldorf hatten sich auf Anregung von Fritz Mackensen gerade dieses Dorf zum Sommeraufenthalt und schließlich zum Wohnsitz erkoren.
Der mit akademischen Weihen versehene Jüngling stieß dort auf etwas ältere Künstler, die seit einigen Jahren versuchten, das „geheimnisvolle Licht" dieser Gegend als Stimmungträger in ihren Bildern nutzbar zu machen.
Sie widmeten sich einer antiakademischen Landschaftsmalerei, die die Farb- und Formkraft ungebändigter Natur und die tägliche Mühsal ihrer Bewohner darstellen wollte.
In einer Zuschrift an die „Bremer Nachrichten" hat Leo Freiherr von König anläßlich ihrer ersten Ausstellung in der Bremer Kunsthalle die Worpsweder Kollegen von der dort üblichen Ablehnung mit den folgenden Worten in Schutz genommen: „Soll ich diesen Geist definieren, dies gewisse etwas, das sich mehr fühlen, als beschreiben läßt?
Ich werde versuchen, ihn wenigstens anzudeuten. Es ist die Kraft, die aus der Natur schöpft, sie liebevoll anschaut, sie ganz in sich aufnimmt und dann den empfangenen Eindruck nach irgend einer Richtung hin geistig verarbeitet."[2]
Die in der Stadt als Bedrohung empfundene Industrialisierung, die eigene Flucht vor den Gefahren der Entfremdung wird sublimiert in der Darstellung des Ausgeliefertseins an die Naturgewalten. Wie sehr sich gerade die Landschaftsmalerei eignet, derartige Gefühle zum Ausdruck zu bringen, kann ein Zitat aus Rainer Maria Rilkes Worpswede-Buch verdeutlichen. Noch auf der ersten Seite seiner Einleitung schreibt er: „Denn gestehen wir es nur: die Landschaft ist ein Fremdes für uns und man ist furchtbar allein unter Bäumen, die blühen, und unter Bächen, die vorübergehen. Allein mit einem toten Menschen, ist man lange nicht so preisgegeben wie allein mit Bäumen. Denn so geheimnisvoll der Tod sein mag, geheimnisvoller ist noch ein Leben, das nicht unser Leben ist, das nicht an uns teilnimmt und, gleichsam ohne uns zu sehen, seine Feste feiert, denen wir mit einer gewissen Verlegenheit, wie zufällig kommende Gäste, die eine andere Sprache sprechen, zusehen."[3]
Die damaligen Lebensumstände sind heute kaum noch vorstellbar, die Moorkolonistendörfer und selbst der Kirchort Worpswede waren zu dieser Zeit im Winter von jeglichem Verkehr abgeschlossen; selbstverständlich waren Elektrizität, Gas und Telefon auf dem Lande noch unbekannt. Die Kollegen zogen den jungen, unausgereiften Künstler mit der akademischen Ausbildung in ein ihm fremdes Leben, dem er sich – vielleicht weil er mit dem Bremer Platt aufgewachsen war – erstaunlich gut anpassen konnte. Zunächst schien es für ihn auch nur eins der jugendlichen Abenteuer zu sein, von denen er später in seinen „Erinnerungen" berichtet.
Vier Künstler – Fritz Mackensen, Fritz Overbeck, Otto Modersohn und Hans am Ende – waren bereits da. Otto Modersohn befand, offenbar völlig zu Recht, schon nach dem ersten Eindruck von dem „Neuen": „Der ist kein Worpsweder!"[4] Niemand fragte, ob er es werden könne, ob er es überhaupt werden wollte. Er selbst glaubte, einen künstlerischen Weg gefunden zu haben. Seine Utopie, der Wunsch nach einer glücklichen, wohlgeordneten Welt, ging weit zurück zu Märchen, die dem Schüchternen die Welt verklärten. Nur in sorgfältigen naturalistischen Studien verrät sich sein direkter Kontakt zur Natur, zu seiner Umgebung. Ansonsten bevölkerten Märchenfiguren seine Bilder von irrealen Landschaften. Er war kein „Worpsweder", auch nicht, wenn er sich als „Jann van Moor" verkleidete. Für das zarte Liniengespinst seiner Radierungen und Zeichnungen und die Gemälde aus einer nur in der Idee vorhandenen Welt benötigte er den tatsächlichen Ort mit den nachgesagten speziellen Lichteffekten nicht. Es könnte eher die Atmosphäre der Nebel über dem Moor mit ihren geheimnisvollen Schatten der wenigen Bäume und der Moorkähne sein, die seinen Träumen Nahrung gab. Er träumte so intensiv, daß er selbst zum Märchenprinzen wurde und aus den heranwachsenden Mädchen des Dorfes

eine für sich zur Prinzessin werden ließ. Über die von Vogeler erwählte „Prinzessin", die Lehrerstochter Martha Schröder, schreibt Paula Becker am 18.10.1898: „Ich habe neulich seine Martha besucht. Die ist auf allen seinen Bildern. Er zeichnete sie schon, als sie noch zur Schule ging. Als sie größer wurde, wollte Mackensen ihr lehren, Photographien zu vergrößern in Kreide, um damit Geld zu verdienen. Vogeler sagt aber, das wäre nichts für sie; Blumen sollte sie zeichnen. Jetzt stickt sie für ihn Wandschirme und Matten und lebt sich tief hinein in den Geist seiner Kunst. Sie sitzt lang in seinem Atelier und er zeichnet sie unaufhörlich, oder er sitzt still neben ihr in der Wohnstube ihrer Mutter und zeichnet sie. Jetzt geht sie nach Berlin auf die Kunstgewerbeschule, und was wird dann? Er hat sein Haus vergrößern lassen. Für mich ist das Verhältnis zu zart und zu träumerisch, als das es so einen Allerweltsschluß haben sollte."[5]

Dem vermeintlich in seinen Träumen befangenen gelang es erstaunlich schnell, einige davon Realität werden zu lassen. Mit dem materiellen Erbe des Vater kam – für Heinrich fast unmerklich – der bremische Kaufmannsgeist auf ihn. Er war nun in der Lage, ein Anwesen mit einem, dem Verfall preisgegebenen, kleinen Bauernhaus zu erwerben, das er im Laufe der Jahre zu einem stattlichen Besitz ausbauen konnte, denn die „Prinzessin" verlangte ein „Schloß": die Bauernkate wurde zum Barkenhoff. Für einige Zeit bildete der Hof den gesellschaftlichen Mittelpunkt des „Weltdorfes" Worpswede. Das Leben wurde fürstlich. „König Heinrich" fand in seiner Umwelt den Hofstaat, der ihm willig folgte.

Den überwältigenden, hauptsächlich von den Kollegen getragenen Ausstellungserfolg in München im Jahr 1895, der den Worpswedern mit einem Schlage zu nationaler Berühmtheit verhalf, nutzte er geschickt, indem er den Ortsnamen dem eigenen hinzufügte. Seitdem verwendete er als Zusatz zu seiner Signatur ein Wappenschild mit der stark stilisierten Ansicht des Weyerberges und seiner charakteristischen Baumkrone.

Seine Illustrationen verdrängen und verwandeln den Begriff „Worpsweder Kunst". – Nicht zufällig jubelt Paula Becker – deren Ruhm später den aller anderen überstrahlen wird – in einem Tagebuchblatt vom 24. Juli 1897: „Worpswede, Worpswede, Worpswede! Versunkene-Glocke-Stimmung![6] Für sie sind das Synonyme. So ist Vogeler etwas gelungen, was die Gründer nicht vorhersehen konnten, er hat dem Begriff seinen Ausdruck verliehen, zeitweise galt er als „der Worpsweder", später trifft die ehrenvolle Bezeichnung nur noch einmal für Paula Modersohn-Becker zu.

Vogeler hat nicht nur den Wandel, sondern vor allen Dingen den Handel bestimmt, darin tatkräftig unterstützt von seinem Bruder Franz und seiner Schwägerin Philine. Die Anfänge in diesem abgelegenen Dorf hätten Episode bleiben müssen, hätte nicht Vogeler die Initiative zur Vermarktung direkt vor Ort ergriffen. Was immer zu unterschiedlichen Zeiten mit dem Namen „Worpswede" belegt wurde, Vogeler hat den Inhalt mitbestimmt, nur auf dem ureigentlichen Feld der zunächst typischen schwerblütigen Landschaftsmalerei hat er sich nicht wie die anderen hervorgetan. Sein hoher Bekanntheitsgrad leitete sich her von den Erfolgen der Gruppe. Keine Kunstzeitschrift, die auf ihr Renommé hielt, unterließ es, über den Ort und seine Künstler zu berichten. Vogeler selbst war durch seine Beteiligungen an den gemeinsamen Mappenwerken und besonders durch seine frühen Buchillustrationen bekannt geworden, die

Heinrich Vogeler, um 1900

natürlich ein breiteres Publikum erreichen konnten als jede Graphik, sogar als jeder Druck in einer Kunstzeitschrift. Sein Talent für dekorative und ornamentale Arbeiten führte Vogeler nahezu zwangsweise auch zum Kunstgewerbe, zur Inneneinrichtung und zur Architektur. Und diese Mischung scheint bei aller – bisweilen sogar ätzenden – Kritik den zeitweise unvergleichlichen Ruhm des jungen, so plötzlich bekannt gewordenen und fast noch ohne „Werk" dastehenden Künstler bewirkt zu haben.

Vogeler war gemeinsam mit den Kollegen nicht nur aus der betulichen Genre- und Geschichtsmalerei ausgebrochen, die Arthur Fitger, der „Makart des Nordens" in Bremen in hoher Qualität sowohl als Künstler wie als Kritiker repräsentierte, er verließ auch die anderen Worpsweder, indem er das Spielerische und Literarische seiner Begabung mit neuen stilistischen Merkmalen darstellte, die von den Präraffaeliten abzuleiten sind. Er bezog sich sowohl auf die sobenannte Gruppe

Heinrich Vogeler, Storch überm Weiher, 1899. Radierung und Aquatinta.

englischer Künstler, als auch auf die italienische Malerei von Raffael.
Sein Aufenthalt in Florenz galt der Betrachtung dieser Bilder; daneben fand die Begegnung mit dem jungen Dichter Rainer Maria Rilke statt, die zu einer jahrelangen vertrauten Beziehung führen sollte. Eine Widmung Rilkes betont die Gleichartigkeit ihrer künstlerischen Ziele:
„Wir sind uns oft in einem Gotte nah. Ich denke dann: Wir Schaffenden sind da, um diesen Größten mächtig zu verkünden. Und oft wenn wir uns zueinander neigen geschieht mir wieder: daß wir uns verbünden um seine Wunder würdig zu verschweigen."[7]
Den häufig einer Gesellschaft nur mit Abstand schweigend beiwohnenden Vogeler – „Ich war wieder mal öde, stand manchmal stumm irgendwo im festlichen Garten und sah versunken und gehemmt auf das wunderbare Bild der jugendlich fröhlichen, kleinen festlichen Gemeinschaft."[8] – zeichnete dennoch ein starkes erzählerisches Talent aus, das er in seinen Zeichnungen und Radierungen entfaltete. Dieses begründete vielleicht auch seinen Erfolg gegenüber den anderen Worpswedern.

Die Buchgraphik und das Kunstgewerbe sind für einen Maler und Graphiker noch naheliegende Ausdrucksformen. Heimatschutz und Architektur, Arbeitsschule und Gemeinwirtschaft gehen darüber aber weit hinaus. Vermarktung und Sozialisierung, diese Extreme finden sich in dem Leben Vogelers vereint. Erst der Bauboom der letzten Jahre hat seine Bedeutung für das Aussehen des Dorfes im ersten Jahrzehnt unseres Jahrhunderts verdrängt. In der heutigen Masse der Häuser sind seine unspektakulären Bauten kaum noch zu finden. Er erkannte die Architektur als eine soziale Aufgabe, der er sich hingebungsvoll widmete, als er fühlte, daß er mit seiner Malerei und seinen Graphiken nur romantischen Träumen nachgejagt war. Das dauernde Übersehen der sozialen Wirklichkeit ließ sich nicht länger mit Träumen verdrängen. Zwar gingen die Überlegungen zur Wiederherstellung einer ständischen Wirtschaft, wie sie die Arts & Crafts-Bewegung für England vorsah, auch an den gesellschaftlichen Realitäten vorbei, sie führten ihn aber doch schließlich zu moderneren, der Zeit angepaßten Lösungen wie sie die Deutsche Gartengesellschaft und der Deutsche Werkbund entwickelten.
Vogeler hatte sich insbesondere bei seinen Entwürfen für die luxuriöse literarisch-künstlerische Zeitschrift „Die Insel", die Alfred Walter Heymel und Rudolf Alexander Schröder in München herausgaben, an Arbeiten von Aubrey Beardsley und William Morris orientiert. Den eleganten Linienstil fand er bei Beardsley, die historisierend-ornamentalen Anregungen bei Morris, der mit seiner Arts & Crafts-Bewegung für Vogeler nicht nur Vorbild in der Wiederbelebung alter Buchkunst und handwerklicher Techniken war, sondern auch dessen soziale Einstellung nachhaltig beeinflußte. Vogeler hat diese Impulse später hauptsächlich Maxim Gorki zugeschrieben; vieles in seiner Entwicklung und in seinem Engagement erinnnert aber so stark an den Lebensweg von William Morris, daß eine gründliche Auseinandersetzung mit dem Leben dieses Vorbildes angenommen werden kann.
Kunstgewerbliche Aufträge erfüllte Vogeler anfangs auf erprobte Weise. Er versah ältere Vorbilder – Klassizismus und Biedermeier hatten in Bremen bruchlos alle Stilimitate überlebt – mit modernen Appliken. Das herausragende Beispiel, die Güldenkammer des Bremer Rathauses, ist auf dieses Weise entstanden. Die Mischung von strenger Architekturform und intarsierten Blumenranken, von poliertem Holz und blankem Metall, von dunkelrotem Leder mit goldenen Punzierungen und grau schimmerndem Marmor gab dem Raum einen unvergleichlichen Charakter, dessen Gesamteindruck durch einige nachträgliche Veränderungen leider geschmälert wurde.
Wie es in allen Märchen zur Katastrophe kommt, wenn sie mit dem Leben konfrontiert werden, so konnte diese Entwicklung auch hier nicht ausbleiben. Nach dem ersten Jahrzehnt zwang die bereits angedeutete Ernüchterung, die durch den Wandel der „Mode" und den Zerfall seiner Ehe ausgelöst wurde, den Künstler zur ernsthaften Suche nach einem eigenen Stil. Auch bisher waren die Arbeiten unverwechselbar „Vogeler", selbst wenn sie sich an den genannten Vorbildern orientiert hatten. Sie waren allgemein beliebt, wie die Unzahl der Nachahmungen beweist; dennoch ließ der wirtschaftliche Erfolg nach. Vogeler besann sich der in der Akademie erlernten Gestaltungsmittel, um seinem Empfinden Ausdruck zu verleihen.
Das Malen von erdachten Inhalten ersetzte er durch scharfe Beobachtung,

durch „realistische" Wiedergabe.
Der „Sommerabend" ist dafür als Schlüsselbild anzusehen. Mit offensichtlicher Mühe zwang sich Vogeler zu dieser lange geplanten Situationsschilderung – einer Erinnerung an die schon Jahre zurückliegende, harmonische Zeit. Obwohl die Personen stimmungsvoll beieinander sitzen, steht er abseits – unabhängig davon, ob er in einer der Personen zu erkennen sein könnte – Martha, seine „Prinzessin" hat den Kreis verlassen, wendet ihm den Rücken.
Das Tor ist geschlossen.
Rilke hatte in seiner Monographie bereits die Begrenztheit der Themen bei Vogeler in sehr vorsichtigen Worten bemängelt, denn: „…künstlerische Ziele liegen immer im Unendlichen und es ist nicht möglich, etwas über ihre Erreichbarkeit zu sagen."[9] Endlich gelang es dem bislang verwöhnten Vogeler, sich auf eigene Aufgaben und neue Lebensinhalte zu besinnen. Er überwand nun die selbst errichteten Mauern, die ihn für einige Jahre abgeschirmt hatten. In der neuen aufopferungsvollen, gesellschaftlichen Arbeit blieben Rückschläge keinesfalls aus, aber es gab Erfolge. Zwar konnte die Siedlung für die Arbeiter der Möbelfabrik des Bruders wegen Kapitalmangel nicht entstehen, dafür war aber der Einsatz für eine neue, bessere Baukunst wenigstens kurze Zeit in einigen Beispielen erfolgreich. Dieser Einsatz ließ die Objekte der Märchenseligkeit für ihn zur Bedrückung werden. Todessehnsucht führte ihn als Freiwilligen in den Ersten Weltkrieg. Seine Vorgesetzten schätzten ihn und seine Arbeit sehr und hielten ihn von der Front fern. Trotz dieser guten Behandlung rebellierte er gegen den Krieg, der sich ihm nun nicht mehr als ein heroisches Abenteuer mit möglicherweise tödlichem Ausgang darstellte.
Er sah in dem Krieg den Versuch des Reiches und gewisser Kreise der Großindustrie, sich auf Kosten von Millionen Toten hemmungslos zu bereichern. Sein vielzitierter, mutiger Brief an den Kaiser, mit dem verzweifelten Anruf: „Sei Friedensfürst! …habe die Kraft des Dienens, Kaiser!"[10] brachte ihn in die Irrenanstalt. Aus der Anstalt und dem Militär entlassen, versuchte er, über Jahre hinweg – bis seine Mittel erschöpft waren –, mit Gleichgesinnten ein neues Leben zu beginnen. In vielen Vorträgen sprach der bislang so Schüchterne zu den Menschen, um sie im Chaos der Nachkriegszeit aufzumuntern zur „Liebe" und zur „Tat". Auch an den Freund aus der „Zeit der Worpsweder Glorie", an Rainer Maria Rilke sandte er einen dieser Vorträge in der Schrift: „Über den Expressionismus der Liebe". Aus der Entfernung ohne das neue Leben auf dem Barkenhoff zu kennen, urteilte Rilke über Vogelers Entwicklung in einem Brief: „Vogeler ist nichts weniger als konsequent, er ist leicht zu widerlegen, und ich bin sicher, die näheren Verhältnisse um ihn herum widerlegen ihn jeden Tag. Aber mich, der ich seit so vielen Jahren sein Freund sein durfte, rührt doch dieser Ausbruch seines stillen und eigentlich schüchternen Wesens: Was mußten in diesem, in seinen Verträumungen vielfältig und zierlich befangenen Menschen für Erschütterungen, für Stürze, für Erdbeben vorgehen, damit er so aus sich hinaus zu rufen und zu wirken sich genötigt sah? Immer wieder ergreift mich dieser Satz: ‚Ein nie gekannter menschlicher Zustand ist im Werden: Frieden.' In dieser Feststellung ist die Innigkeit des früheren Heinrich Vogeler, vermehrt um ein Unendliches: um ein wirkliches Gelittenhaben, um in In-der-Hölle-Gewesen-Sein und hernach Hoffen – ja, es ist eine immense Realität der Gefühls-Erfahrung, aus der diese Worte hervorgehen, wie

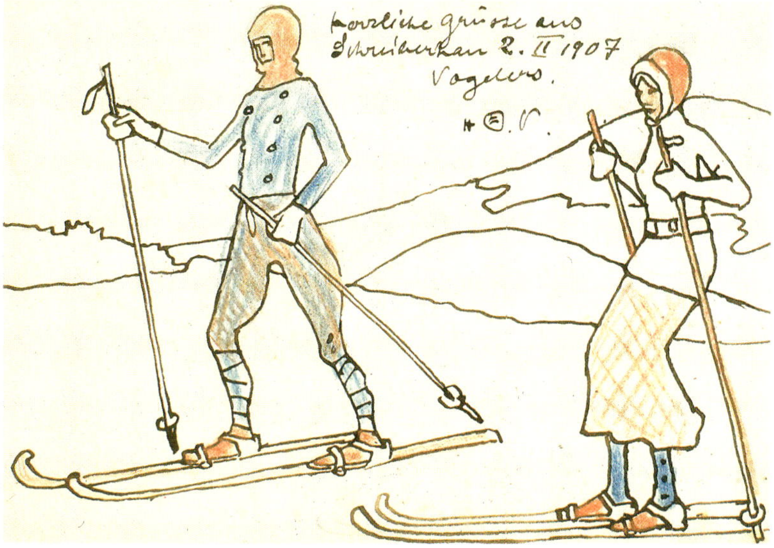

Heinrich Vogeler, Postkarte aus Schreiberhau, 1907, gesandt an den Bremer Bürgermeister Markus

Heinrich Vogeler, Der Barkenhoff, Radierung, 1910

von einem Auferstehenden gesprochen, der nicht mehr zu beirren ist, ob er gleich aus einem Moment des Grabes kommt und in ein Chaos hineintaumelnd aufersteht."[11] In ihrer Treffsicherheit legen diese Worte nach fast zwei Jahrzehnten der Freundschaft ein Zeugnis ab für die intensive, auf innerer Übereinstimmung beruhende Beziehung zwischen den beiden Künstlern.

Die Utopie des Märchens verwandelte sich bei Vogeler in die Vorstellung von einer sozialen gerechten Welt. Er redete nicht darüber, er opferte dafür seinen Besitz und seine Kunst und seine Arbeitskraft. Kommune, Arbeitsschule und Kinderheim sind die Stationen auf dem weiteren Weg, der hier nicht ausgeführt werden soll. Die politische Tätigkeit führte ihn zwangsläufig in die noch junge Union der sozialistischen Sowjetrepubliken, die damals vielen Intellektuellen als Hoffnungsschimmer an dem durch den Krieg verdunkelten Firmament erschien.

Die bisherige Anhängerschaft hielt nicht zu dem Künstler, der die Seite gewechselt hatte. In sehr beschränkten Verhältnissen verbrachte Vogeler die restlichen Jahre seines Lebens, in Berlin, in Moskau oder in den Weiten der Sowjetunion, die er ausgiebig bereiste. Mit Tatkraft und erstaunlichem Idealismus versuchte er weiterhin, seinen gesellschaftlichen Zielen Ausdruck zu verleihen. Daß er dabei mit den „parteilichen" Interessen häufiger aneinanderstieß, konnte ihn nicht abhalten. Wer sein Hab und Gut aufgegeben hat, ist nicht mehr so leicht einzuschüchtern. Vielfach durfte er für die Menschen tätig werden. Große, erhoffte Aufgaben, z.B. in der Wandmalerei, wurden Vogeler nicht zuteil. Politische Funktionäre verstanden die von ihm entwickelte komplexe Darstellungsweise seinen originären Beitrag zur deutschen Kunst des zwanzigsten Jahrhunderts – nicht. Innerparteiliche Auseinandersetzungen haben vermutlich bis zu seiner Evakuierung nach Kasachstan Auswirkungen gehabt. Der alte Mann, durch angestrengte Arbeit, durch viele Reisen und durch die Lebensbedingungen des Krieges geschwächt, war den Strapazen der Evakuierung nicht gewachsen. Er starb, ohne das befreite Deutschland, ohne seine geliebte niederdeutsche Heimat wiedergesehen zu haben.

Bei dem bald anstehenden einhundertjährigen Jubiläum des Künstlerdorfes Worpswede stellt sich erneut die Frage, die Otto Modersohn schon sehr früh beantwortet hat. War Vogeler ein „Worpsweder"? Die einfachste Antwort: ja, denn er war Mitglied jener Worpsweder Künstlervereinigung, die den Kreis der Gründer umfaßte. Daß seine Bilder nicht in den von den anderen bestimmten Kontext paßten, fiel zunächst nicht auf, weil er überwiegend mit Graphiken an den gemeinsamen Ausstellungen teilnahm. Selbst die Bilder, die durch ihre Thematik eindeutig in die Worpsweder Landschaft gehörten, unterschieden sich wesentlich von denen der Kollegen. Sie sind oft heller, frischer, aber auch kälter in der Farbe, distanzierter. Im Sinne der vier anderen Maler – am Ende, Mackensen, Modersohn und Overbeck – war Vogeler kein Worpsweder, ihrem Stil hatte er sich nicht anpassen können, und er wollte es auch nicht. Seine Vorbilder kamen aus England, waren der Malerei vor Raffael entlehnt und nicht an den Anfängen der neuen Landschaftsmalerei orientiert, wie sie unter dem Namen des französischen Ortes „Barbizon" bekannt geworden war. Die künstlerischen Vorstellungen waren nicht zur Deckung zu bringen. Vogeler ergänzte die Audrucksformen der anderen – Malerei, Zeichnung und Druckgraphik – durch seinen alles erfassenden Gestaltungswillen. Bücher und Räume, Gärten und Häuser sollten einheitlich entworfen und zu einem Gesamtkunstwerk vereint werden, in dem neben Musik und Dichtung auch die Kleidung eine wichtige

Die Insassen des Kinderheims der „Roten Hilfe" bei der Gartenarbeit vor dem „Barkenhoff". Der „Kleine" in der Mitte ist der etwa dreijährige Vogeler-Sohn Jan.

Rolle spielen sollte. Diese Idee könnte an manchen Abenden in dem von Rilke besungenen „Weißen Saal" des Barkenhoffs oder in von Vogeler eingerichteten Wohnungen Erfüllung gefunden haben. Sein soziales Engagement lenkte seine Aufmerksamkeit von den kostbaren Einzelstücken auf praktische, formschöne Serienmöbel, die geeignet sein sollten, den allgemeinen Geschmack zu verbessern.
Auf die Gründergeneration folgte in der hundertjährigen Geschichte Worpswedes nicht nur Paula Modersohn-Becker. Viele andere Künstler haben mit unterschiedlichen Mitteln den Namen des Dorfes hochgehalten und weitergetragen. War die „Kunst" nicht erfolgreich genug, trat das von Vogeler erstmals eingebrachte Kunstgewerbe in die Lücke, sicherte der von ihm mitbegründete Kunsthandel den Weiterbestand der „Kunstszene". Die Gefahr einer zu direkten Orientierung an den Publikumswünschen wurde weitgehend vermieden. Erst in den letzten Jahren haben Bodenspekulation und eine verfehlte Förderung des Tourismus den Ort ergriffen, dessen besonderer Geist einhundert lange Jahre das gedeihliche Zusammenleben von Künstlern und Bauern und anderen Bewohnern ermöglicht hatte. Der Protest der „Alten Worpsweder" gegen eine kommerzialisierte, gehaltlose Kunst, der sie eine echte, wahre, tiefe, ernste entgegenstellen wollten, wird nicht mehr gehört – es wäre heute wichtiger denn je in der langen Geschichte.
Heinrich Vogelers Einsatz für den Ort und die Landschaft hat Maßstäbe gesetzt. Gesellschaftliche Bedingungen hat er nicht verändern können. Seine Lebensleistung galt einem Ideal. Die weitere künstlerische Entwicklung des „Weltdorfes" Worpswede braucht einen solchen Einsatz, wenn die besonderen „Verhältnisse des Lichtes" nicht von den Verhältnissen des Marktes und des Massentourismus überschattet werden sollen.

Anmerkungen

1 Heinrich Vogeler, Erinnerungen, Berlin 1952.
2 Ausstellungskatalog „Worpswede. Aus der Frühzeit der Künstlerkolonie", Bremen 1970, S.10.
3 Rainer Maria Rilke, Worpswede, Bielefeld/Leipzig 1910[3]. S.3.
4 Heinrich Wiegand Petzet, Heinrich Vogeler, Köln 1972, S.28.
5 Paula Modersohn-Becker in Briefen und Tagebüchern, Frankfurt/Main 1979, S.139.
6 Paula Modersohn-Becker in Briefen und Tagebüchern, Frankfurt/Main 1979, S.100.
7 Richard Pettit, Rainer Maria Rilke. In und nach Worpswede, Worpswede 1983, S.11.
8 Heinrich Vogeler, Erinnerungen, Berlin 1952, S.94.
9 Rainer Maria Rilke, Worpswede, Bielefeld/Leipzig 1910[3], S.130.
10 Hans Hackmack, Leben und Wirken Heinrich Vogelers nach dem Ersten Weltkrieg, Berlin 1980, (Faksimile des hektographierten Briefes).
11 Rainer Maria Rilke, Gesammelte Briefe, 4.Bd., S.266.

Heinrich Vogeler, Illustration zu Hans Bethges Buch „Worpswede", 1904

Heinrich Vogeler, Frühlingswiese, um 1894

Heinrich Vogeler, Heukähne auf der Hamme, um 1895

Heinrich Vogeler, Abschied, 1896

Heinrich Vogeler, Frühling, 1898

Heinrich Vogeler, Die Heiligen 3 Könige, 1897

Heinrich Vogeler, Dämmerung, 1898

Heinrich Vogeler, Erster Sommer, 1902

Heinrich Vogeler, Mieke vor dem Barkenhoff, 1903

*„Im Frühling war ich wieder in Worpswede und malte nun den Sommer über an dem großen Bild ‚Konzert', auf dem sich Paula und Otto und auch Clara befinden. Am niederen Tor der Terrasse steht Martha, und auf der steinernen Treppenstufe liegt ein russischer Windhund, ein Geschenk Heymels. Heymel schickte mir damals auch ein Pferd, einen kleinen, gut eingefahrenen und gut gerittenen Fuchs. Mein leichter amerikanischer hochrädriger Wagen paßte gut dazu, und nun war ich unabhängig von der Eisenbahn, was mir bei der Zunahme der kunstgewerblichen Aufräge für Bremen sehr zustatten kam."
(Aus Heinrich Vogeler, Erinnerungen, S. 124)*

*Heinrich Vogeler,
Sommerabend auf dem Barkenhoff, 1905*

Die Dargestellten von links nach rechts: Paula Modersohn-Becker, Agnes Wulf, Otto Modersohn, Clara Rilke-Westhoff, Martha Vogeler, Martin Schröder, Franz Vogeler und (verdeckt) Heinrich Vogeler.

Heinrich Vogeler, Garten im Barkenhoff, 1913

Heinrich Vogeler, Mein Garten, um 1905

Heinrich Vogeler, Selbstportrait mit Schottenkappe, 1909

Heinrich Vogeler, Stilleben mit Teerose, 1909

Heinrich Vogeler, Barkenhoff im Schnee, 1911/12

Heinrich Vogeler, Träume, 1911

Heinrich Vogeler, Portrait Otto Modersohn, 1912

Siegfried Salzmann

Zum Werk Otto Modersohns

Es scheint eine banale Feststellung zu sein: Otto Modersohn gehörte einer Generation an, die in den 60er Jahren des vorigen Jahrhunderts geboren wurde; im gleichen Dezennium erblickten Bildhauer und Maler wie Bonnard und Ensor, Maillol und Matisse, Jawlensky und Kandinsky, Vuillard und Toulouse-Lautrec das Licht der Welt. Es ist nicht zu übersehen, daß u. a. gerade die zeithistorische Position eine prägende Kraft für diese Generation geworden ist; denn sie war zwischen dem großstädtischen Lebensentwurf der Impressionisten, die im 3. und 4. Jahrzehnt geboren wurden, und den Bahnbrechern der Moderne, angesiedelt, jener 80er Jahre Generation, die im neuen Jahrhundert grundlegend veränderten Ausdruckswelten zum Durchbruch verhelfen sollte.
Die historische Ausgangslage hat es mit sich gebracht, daß die Künstler, auch wenn sie neue Wege einschlugen, nicht primär zu den profilierten Revolutionären zählten, abgesehen von einer einzigen Ausnahme, nämlich der Kandinsky's, der erst verhältnismäßig spät, mit 30 Jahren, um 1890, zur Kunst kam. Daß sich Modersohn nicht den Bewegungen des Expressionismus oder dem Jugendstil anschloß, findet wenigstens teilweise hierin eine Erklärung. Ferner spielte die hochgradig geistige Unabhängigkeit des Menschen und Künstlers eine Rolle, der immer ein Einzelner geblieben war, selbst in der kurzen Periode der Worpsweder Kolonie mit ihren vertieften menschlichen Bindungen und Freundschaften. Seine Malerei war zunächst gänzlich im 19. Jahrhundert verankert, hatte darüber hinaus ihre expressive Phase schon zwischen 1890/95 hinter sich gebracht. Mit seiner Findung expressionistischer, ja tachistischer Bildelemente, auf die noch näher einzugehen ist, nahm er Tendenzen vorweg, die erst im 20. Jahrhundert virulent werden sollten. Wo und wann auch immer er solche Malmittel einsetzte, die die Zeit einholten und die Zukunft antizipierten, stets blieben sie eingebunden in eine auf harmonische Ganzheit abzielende Malerei.
Daß die Landschaft Modersohns zentrale Thematik bildete, basiert gleichfalls auf dem schon angesprochenen zeithistorischen Hintergrund. Seit der Romantik hatten die deutschen Maler im 19. Jahrhundert ein inniges Verhältnis und intimes Verständnis vor allem zur Landschaft entwickelt.
Diese hingebungsvolle, einfühlende Liebe zur Natur – auch zur Naturwissenschaft – hatte bekanntlich in der Gründung von nahezu 40 Künstlerkolonien ihren Niederschlag gefunden, von denen fast die Hälfte im deutschsprachigen Raum lag. Dieser einzigartigen, nie zuvor dagewesenen Blüte der Landschaftsmalerei verdankt Otto Modersohn seine Ausgangsposition. Einen Eckpfeiler dafür gab die Pleinair-Malerei der Franzosen ab, wie sie sich in der Schule von Barbizon manifestierte, die sich ihrerseits auf die holländische Kunst des 17. Jahrhunderts berief. Die Orientiertheit zur französischen Malkultur war von wesentlicher Bedeutung, sie hat zu Modersohns Lebzeiten nie aufgehört. Der Maler hat auf seine eigene, unverwechselbare Art stets der französischen Peinture seinen Tribut gezollt: Abstufungen, Differenzierungen und Sublimierungen der Valeurs und Tonalitäten der Farben. Deshalb ist es nicht verwunderlich, daß schon seine ganz frühen delikaten kleinen Ölbilder wie die „Korndieme bei Soest" und der „Neujahrsmorgen" (Kirchgänger bei Soest) von französisch impressionistischem Flair erfüllt sind. Daneben schenkte er dem kompositorisch Ordnenden, dem konstruktiv Gerüsthaften im Sinne Cézannescher Raison besondere Aufmerksamkeit. Diese intensive Auseinandersetzung mit der westeuropäischen Malerei und nicht zuletzt mit Arbeiten van Goghs haben ihn daran gehindert, den Protest deutscher Künstler mit zu unterzeichnen, den der Worpsweder Carl Vinnen aus Anlaß des Ankaufs des van Goghschen „Mohnfeldes" durch den Direktor der Bremer Kunsthalle, Gustav Pauli, im Jahre 1911 initiiert hatte. Im Gegenteil, er war es, der den Museumsleiter gegen die nationalistisch argumentierenden Künstler in Schutz nahm. Wenn man seine Tagebuchnotizen liest, dann wird deutlich, daß aus seiner Sicht ein Kunstwerk nicht politischen, nationalistischen oder anders gearteten Eingrenzungen zu unterwerfen war. Auch wenn er sich – wie mancher Hinweis belegt – durchaus als Deutscher empfand, hatte seine Malerei nichts mit falscher Heimat – und Deutschtümelei zu tun, mit jener Pseudoromantik aus „Blut und Boden", die von den Nationalsozialisten später aus politischen Gründen sanktioniert wurde, um mit dem schiefen und verschwommenen Maßstab vom „gesunden Volksempfinden" einen Vernichtungsfeldzug gegen Künstler und Kunst zu führen.
Modersohns tiefe Liebe zur Natur, seine Freude am bescheidenen und einfachen Dasein, kurz sein Aufenthalt in Worpswede und Fischerhude, Dörfern, die, wie man schrieb, „in der traurigsten Gegend der Welt lagen", ist nicht ohne weiteres mit Stadtfeindlichkeit und Weltabgeschiedenheit identisch. Wie das Dorf am Weyerberg befanden sich ja die meisten Künstlerkolonien nicht zufällig in unmittelbarer Nachbarschaft von Großstädten. Überdies hielt Modersohn durch ständige Reisen Kontakte mit Künstlern und Museen in Metropolen wie Berlin, München und Paris. Ja, man könnte sogar behaupten, daß es gerade die polare Spannung zwischen dem großstädtischen Zivilisatorischen, also der künstlichen

Otto Modersohn, zeichnend, um 1900

zweiten Natur auf der einen und der unberührten Natur auf der anderen Seite war, die in einer Wechselwirkung seine künstlerische Entwicklung befruchtete. Leben und Arbeit in Worpswede und Fischerhude meinten, bei aller Freude an der landschaftlichen Urtümlichkeit, sicher nicht anachronistische Flucht aus der Wirklichkeit. Rainer Maria Rilke hat in seiner berühmten Worpsweder Monographie einige tiefergreifende Aspekte erläutert: „Einem weitgehend materialistisch gestimmten Denken und Handeln, das sich in Deutschland besonders nach dem Krieg 1870/71 in den erst jetzt rasant wachsenden Städten zu erkennen gab, sollte das Leben und Schaffen in einer Umgebung entgegengesetzt werden, die zur Selbstbesinnung führte, der Intuition größtmöglichen Spielraum gewährte, deren tatsächliche oder vermeintliche Ursprünglichkeit als wesentliche Voraussetzung künstlerischer und allgemein menschlicher Freiheit empfunden worden ist".

Zwar wäre es wohl übertrieben, von Otto Modersohn das Gleiche zu sagen, wie man es von Paula Becker behauptet hat, daß sie nämlich die Großstadt brauche, um sich von Worpswede zu erholen. Es kann indes keinen Zweifel darüber geben, daß für die Entfaltung seiner Malerpersönlichkeit gerade die ständige und unmittelbare Auseinandersetzung und der Austausch mit anderen Kunstanschauungen und Künstlern ein entscheidendes Kriterium bildete. Seinen schriftlichen Aufzeichnungen entnehmen wir, daß er, wenn auch erfolglos, seine Worpsweder Malerfreunde animierte, ihm nach Paris zu folgen. Hingegen hat der Besuch der Kunstakademien in Düsseldorf und Karlsruhe kaum prägende Spuren in seinem Oeuvre hinterlassen. In seinen Tagebüchern gibt es viele, teilweise drastische Bemerkungen, die sich gegen die Dogmatik der Kunstprofessoren und die Leb- und Geistlosigkeit des erstarrten Akademiebetriebs in damaliger Zeit richteten. Es ist daher nur konsequent, daß er die offiziöse Historien- und Genremalerei und den weit verbreiteten platten Naturalismus ablehnte. Daß Otto Modersohn dem Andersartigen und Unbekannten, dem Fremden und Neuen gegenüber aufgeschlossen war, das allein unterscheidet ihn von vielen Akademikern seiner Epoche. Er brauchte einfach die lebendige Begegnung mit Kunstwerken und Künstlern. Wie sehr diese Kontakte für ihn eine innere Notwendigkeit waren, beweisen die mehr als 50 aufgeführten Namen von Künstlern, die er selbst für seine Arbeit als mehr oder minder wichtig ansah.
Er ließ sich inspirieren, nahm auf, und ging doch selbstsicher und souverän mit Anregungen und Einflüssen um; kurz, eine Künstlerpersönlichkeit, die stark genug war, in sich selbst zu ruhen.
Es wäre nun kunsthistorische Detailarbeit, diesen vielschichtigen Reflexen und Beziehungen nachzugehen. Ich will nur einige Maler, die von der bisherigen Forschung noch kaum berücksichtigt wurden, kurz ansprechen. Arnold Böcklins zupackende realistische Natursicht und rücksichtslos unkonventionelle Motivwahl mögen Modersohn beflügelt haben, zu seinem eigenen Potential vorzudringen. Allerdings, er verwandelte die mythologische Staffage eher ins Märchenhafte, ablesbar besonders bei den wichtigen Worpsweder „Kompositionen" („Abendblätter" wie Rilke sie nannte). Das Werk eines anderen, eines Wegbereiters der Moderne, Vincent van Gogh, ist zu nennen. Angesichts des Spätwerks, „Wümme im Winter", im Kriegsjahr 1942 geschaffen, erinnert man sich an das letzte Gemälde Vincents, an die schwermütige und düstere Todesvision seines „Feldes mit Raben". Ein besonderes Kapitel würde die Untersuchung des Verhältnisses Otto Modersohn zu Pau[l] Cézanne bilden, für den er sich begeistert hat. Schon in seinen frühen Stadtansichten aus Soest und Düsseldorf ist zu erkennen, daß er für eine konstruktive Formsyntax und die strenge Organisation von Flächen ein besonderes Sensorium besaß. Der „Blick aus dem Düsseldorfer Atelier" über die Hausdächer in winterlicher Mondnacht ist in dieser Hinsicht ein charakteristisches Meisterstück. In der schmutzig graugrünen Farbigkeit und der Verlassenheit des Häuserwinkels könnte man an Maurice Utrillo denken. Nicht zu vergessen wären in diesem Zusammenhang zwei flämische Meister, Pieter Breughel der Ältere und James Ensor mit seiner Vorliebe für das Phantastische. Ensors Stilleben und Maskenbilder, sein pastoser Farbauftrag aus schimmernden Gelbs und Rots finden einen Niederschlag in der leicht surrealen Atmosphäre der Schützenfestbilder, in „Elsbeths Puppen" und dem hinreißenden Stilleben „Durchblick in der Worpsweder Wohnung" aus dem Jahre 1903. Wenn Modersohn in seinen Aufzeichnungen mit immer wieder neuen

Otto Modersohn, Der Weyerberg mit der Worpsweder Kirche, um 1900. Kreidezeichnung.

Aspekten und Varianten generell die Natur als seine eigentliche Lehrmeisterin bezeichnet, so darf doch nicht darüber hinwegtäuschen, daß Kunstmachen immer auch von anderen Künstlern gelernt wird. Wenigstens in groben Zügen sei die Entwicklung, vor allem die des Frühwerks, skizziert, ohne dabei gewaltsam eine Evolution zu konstruieren und zu interpretieren. Dies sei vorab gesagt: immer wieder fällt auf, wie der Maler nebeneinander und gleichzeitig auf erstaunliche Weise über mehrere Methoden souverän verfügt, ohne in leeres Virtuosentum zu verfallen. Da stehen sich in der Maltechnik eine spontane, breite und lockere Pinselgestik und eine minutiös genaue lineare Pinselführung gegenüber. In Inhalt und Ausdruck wechseln Intimes, Freude am Kleinen und Kleinsten, „Innerlichkeit" würde Modersohn sagen, mit kraftvoller Herbheit, „durchaus Makroskopisch, alles groß gesehen", um wiederum seine Worte zu benutzen.

Den Auftakt bildeten in den 80er Jahren reale, topographisch genaue, liebevoll gemalte Landschafts- und Städtebilder aus dem Harz, aus Soest, Düsseldorf oder dem Münsterland, meist im bescheidenen Kleinformat gehalten. Achsiale oder diagonale Wege, Straßen und Flüsse führen den Blick in große Weiten. Das Flimmern des Lichts und das Flirren der Luft – sublim farbig abgestimmt – erfüllen die simplen alltäglichen Landschaftsmotive, die Mensch und Tier einbeziehen. Neben tiefenräumlichen Landschaftskompositionen stehen Serien von „Bildpoesien", um einen Begriff des Künstlers zu verwenden. Noch bleibt die topographische Erkennbarkeit erhalten. Silhouetten von Dörfern und Städten heben sich am Horizont als point de vue ab. Alle gemalte Wirklichkeit ist von lichter und luftiger Atmosphäre bestimmt und durchflutet. Es sind frische, nah- und neugesehene Ausschnitte, in einem sublimen und delikaten Kolorismus von hohem Reiz, dessen silbriggraue und grüne Valeurs ihre französische Herkunft nicht verleugnen können und in deren lyrischer Wirkung die wohltemperierte sanfte Gestimmtheit eines Corots anklingt. Häufig löst sich bereits die Farbe vom Gegenstand, besonders in den grünen Wiesengründen sichtbar, wo Blumen zu frei hingestreuten kostbaren Farbpunkten und -partikeln werden. Diese impressionistischen Gemälde finden in jener Zeit in Deutschland keine Parallele.

Um 1889/90 stößt Modersohn zu einer expressiven Farbsteigerung vor, neben stille Intimität tritt vornehmlich in den Farbskizzen bewegte Dramatik. Im ersten Worpsweder Sommeraufenthalt werden die Bilder erkennbar dynamisiert. Die Farben verdichten sich zu Massen, sind breit, kraftvoll und großzügig aufgetragen. Die landschaftliche Tiefe ist verstellt – meist durch die Andeutung des Weyerberges oder eines Waldessaums. Farbe und Form sind noch konsequenter als zuvor miteinander verwoben, das eigene schöpferische Potential bricht sich machtvoll Bahn. Am Neujahrstage 1890 notiert er über seine Ziele: „Eine Kunst, die über das optische Sehen fast hinausgreift und den Gehalt, die Eigenschaft der Dinge erreichen will, ist mein Ideal. Elementar muß sie wirken, die Gegenstände mit Vehemenz erfassen, Dokumente der Natur errichten". Eine programmatische Auffassung, die man 1½ Jahrzehnte später in ähnlicher Weise im Manifest der „Brücke" nachlesen könnte. In gesteigerter subjektiver Gestik, die den Malakt selbst für den Betrachter ablesbar macht, schafft er dramatisch verkürzte

Otto Modersohn, Häuser hinter Bäumen, 1904. Kohle, Vorstudie zu dem Bild „Moordamm mit Birken und alter Frau", 1904.

und nah gesehene „herausgerissene" Naturausschnitte. Darunter, in der Tradition der romantischen englischen und deutschen Landschaftsmalerei, eine Reihe einzigartiger Wolkenbilder! Über den niedrigen gekrümmten Horizonten entfaltet sich eine unruhige Zwiesprache zwischen Erde und Himmel. Die Frage nach der Bestimmbarkeit des Ortes solchen gewaltigen Naturgeschehens wird nun gleichgültig, Beispiel: „Ruine Tecklenburg". Man kann, ja man soll den Kampf der Elemente empfinden. Hatte nicht schon Rilke beobachtet, daß dieses Land aus Wasser und Moor keine menschliche Historie hat und es im Grunde die Geschichte des Wassers und der Erde ist, die es beherrschen? Die Erde, die wie eine schwankende zerbrechliche Kruste existiert, wie für einen Augenblick dem Meere entrissen, und immer wieder gefährdet, um erneut darin zu versinken, das ist nun sein großes Thema. Das Gemälde „Im Teufelsmoor" türmt Torfmassen zu einer aus der Erde emporsteigenden Festung auf, die Urzeiten zu entstammen scheint, eine Art „Moorhenge" möchte man sagen. Das schöne Wort van Goghs von seinem Wunsch, mit Erde malen zu können, hier scheint es Bild geworden zu sein.
Spontan, voller Ungestüm und mit Energie schlägt der Maler die Farben auf seine Malgründe. Oft bleibt bei den Ölskizzen sogar der Untergrund, meist ist er aus Pappe, stehen – und wird damit als Ausdrucksträger aktiviert. Eine Methode, die in der gleichzeitigen deutschen Malerei sonst nicht aufzuweisen ist. Manchmal dreht er sogar den Pinsel um, zeichnet mit dem Holzgriff lineare Markierungen in die Farbmasse! Solche, erst mit dem Kubismus und später dem Tachismus gebräuchliche Malart ist für jene Tage kühn. Es wäre ein reizvolles Kapitel, diese neuen Techniken und die Tonigkeit seiner Bildträger näher zu untersuchen, zumal er auch für seine Zeichnungen gern farbig getönte Pappen und Papiere benutzte.
Doch um zu seinen Elementarlandschaften zurückkehren: Die Erde wird aufgeschichtet und angehäuft, in Gestalt von Dünen und Hügeln oder aber aufgebrochen und angehäuft, etwa in Form eines Hohlwegs oder einer Sandgrube. Land, Wasser und Himmel beschwören Urzustände der Vergänglichkeit, des Werdens und Vergehens, des Wachsens und Absterbens. „Ein großer Zug", wie der Maler es nannte, der auf das Wesen der Natur zielt und zugleich „auf das Kolorit losgeht", ohne die „Vornehmheit" der Farben, „das malerische Behagen" zu verletzen. Naturereignisse, wie die Gewalt von Stürmen und Gewitter werden nun darstellungswürdig.
Daneben aber existiert gleichzeitig eine ruhige Formensprache, die eher auf das Zuständliche abzielt und mit linear ordnenden Elementen wie Birkenalleen oder Moorkanälen den landschaftlichen Raum absteckt; jenen Birken, die zum Symbol für die Kunst um die Jahrhundertwende wurden. Sagenhafte Erinnerungen an uralte Wesen, die einst Erde und Wasser bevölkerten; an Märchen- und Fabelgestalten tauchen auf: Themen des Jugendstils und damit die seines Freundes Heinrich Vogeler.
Und dann, nach der Jahrhundertwende, die gemeinsamen fruchtbaren Jahre mit Paula Becker. Ein glückhafter Aufbruch zu gemeinsamen Zielen; über 6 Jahre liefen die beiden Lebenskurven, die menschlichen und künstlerischen, parallel, wie Günter Busch notiert hat. Es war ein intensives „Geben und Nehmen", das bis zum Verwechseln ähnliche Werke entstehen ließ, die der Forschung noch manches Rätsel aufgeben werden.
Otto Modersohn aber scheint sich seine Freude von der Seele gemalt zu haben in Serien von Bildern, die voll sind mit Blüten von Heckenrosen, Weißdorn, Wiesen, Gräsern und Wiesenblumen. Hier war der gleiche Enthusiasmus am Werke, der einst Vincent van Gogh zum Malen der rauschhaften Frühlingsblüte der Provence beflügelte. Locker und spielerisch, ja mit zärtlicher Hand, streut Modersohn die Farbpunkte und -striche, eben seine „Blumen" in die grünen Matten der Frühlings- und Sommerlandschaften. In den für *beide* so reichen Jahren entwickelt sich eine neue Ikonographie, die bis dahin nicht gemalte Erscheinungen der Natur enthüllte: Orte, die damals wegen ihrer Häßlichkeit eher als „Unorte" apostrophiert wurden. Eine Darstellung von „Nichtigkeiten" ist nun bildwürdig. Als da sind: Moor- und Sumpflöcher und die dazugehörige Pflanzenwelt, wie etwa ein Sauerampfer am brakigen Wasser, Spiegelungen auf dem Wasser, Baumstämme und Baumwurzeln oder der Bretterzaun gegen die graue Luft. Und immer wieder das Zeitsymbol: die Birke, mächtig und nah, die Fläche beherrschend; oder mit Menschen belebt, die sich an ihren Stamm anlehnen. Und es wäre ein interessanter Aspekt, dieses uralte Bezugs- und Identitätsverhältnis Mensch und Baum näher zu betrachten. Die Aussschnitte sind noch knapper und enger geworden, extrem nah zum Betrachter, die Flächen dicht verschränkt, oft durch Horizonte

Otto Modersohn, Birkenstamm, undatiert, um 1894

wandartig nach oben gekippt, alle illusionistische Tiefe versperrend. Ein Sauerampfer oder ein Bretterzaun gewinnen eine geradezu greifbare Dinglichkeit, erhalten eine nur ihnen eigene feierliche Würde, ohne die Intimität zu verlieren. Der Maler folgt im Grunde alter deutscher Maltradition, jener mächtigen und ursprünglichen Erfassung von Wirklichkeit, die einst Albrecht Dürer in seinen Pflanzen und Tieren beflügelte. Modersohn dringt nun zu der Erkenntnis vor, „daß es gar nicht der Zweck der Malerei ist, die Natur, die Wahrheit oder gar die Illusion zu geben im Bilde, noch irgendwelche nicht malerischen Gefühle oder Vorstellungen zu erzeugen, der Stoff ist überhaupt ganz unwichtig, der simpelste kann zum wunderbarsten Kunstwerk werden". Und um es mit Paula Modersohns Worten zu sagen, um was es nun ging „In der Natur an das Bild und beim Bild an die Natur denken". Die auf den Tod von Paula folgenden Jahrzehnte seines Schaffens in Fischerhude und später im Allgäu sind von einer gleichhohen Meisterschaft der Malkultur gekennzeichnet. Otto Modersohn blieb sich selbst treu; sich den fundamentalen und dramatischen Wandlungen der neueren Kunst anzuschließen, war für ihn inkommensurabel. Er ging vielmehr konsequent seinen eigenen Weg eines einfühlenden Naturverständnisses weiter. Schon Rilke hatte ihn einen „Adept des Abends" genannt, hatte in manchen frühen Bildern Stille und Tiefen gesehen, seine ersten „Dämmerungen", zu denen auch seine Schützenfestbilder gehören, interpretiert. In den 20er und 30er Jahren entstehen zahlreiche neue „Dämmerungen". Nun verschwimmt und versinkt alles in neblig dunstiger Atmosphäre. Nächtliche Szenerien werden von Sonnenuntergängen abgelöst, in denen das Licht sanft aus der Tiefe strahlt, während Vordergründe mit Bäumen und Sträuchern vergittert sind; häufig beherrschen große Formen von Häusern die Bildfelder und gelegentlich leuchtet ein Schimmer warm strahlenden Lichtes auf. In den Winter- und Alpenlandschaften scheint darüberhinaus etwas von der Bedrohung der Zeitläufe eingegangen zu sein.

Man müßte noch viele Fragen aufwerfen, etwa für das Spätwerk, das in großen Teilen noch weitgehend unbekannt ist, von seinen Blumenstilleben sprechen, die eine Auseinandersetzung mit Odilon Redon und Paul Gauguin vermuten lassen. Oder die bedeutsame Rolle seiner Zeichnungen für die Malerei untersuchen. Es bleibt noch vieles zu tun. Überschauen wir zum Schluß noch einmal die vielschichtigen Etappen seines Weges und stellen die Frage nach dem Wurzelgrund, nach dem Substrat, das Otto Modersohns künstlerischem und

Otto Modersohn, Garten mit Glaskugel, um 1903. Schwarze und rote Kreide auf Papier.

geistigem Lebensentwurf zugrunde gelegen haben könnte: Seine kreative Kraft schöpfte er aus seinem ebenso einfühlsamen wie nüchtern beobachtenden Naturverständnis, das gekoppelt war an die Sehnsucht nach einer ursprünglichen kosmischen Einheit von Mensch und Natur. Und wenn Otto Modersohn – lange vor vielen anderen Künstlern in unserem Jahrhundert – mit prophetischer Hellsichtigkeit formulierte: „Das Bild muß ähnlich entstehen wie die Natur selbst… So kann etwas entstehen, das der Natur in etwa ebenbürtig, verwandt ist", so strebte er letzten Endes wie Paul Cézanne, eine künstlerische Harmonie parallel zur Natur an. Ich denke, daß in Otto Modersohns Leben und Werk beide Pole einzigartig miteinander verbunden, ja glücklich versöhnt werden konnten in jenem Sinne, wie es Johann Wolfgang von Goethe einst beschrieb: „Natur und Kunst, sie scheinen sich zu fliehen, und haben sich, eh' man es gedacht, gefunden."

Otto Modersohn, Die Wolke, um 1890

2./7. Februar 1895
„Die Natur zeigt überall ein Wesen, eine Erscheinung, die mit Menschenwerk nichts zu tun hat. Dem muß der Maler Ausdruck geben. Das Bild muß ähnlich entstehen, wie die Natur selbst, möchte ich sagen. So kann etwas entstehen, was der Natur in etwa ebenbürtig, verwandt ist… man muß die Gesetze studieren, kennenzulernen suchen, nach denen in der Natur sich Farbe und Form gestaltet. Die Natur im ganzen erfassen… in der Natur liegt das große Urgesetz, aus dem der Künstler schöpft."

Otto Modersohn, Flußlandschaft mit Mondsichel (Strand), um 1890

Otto Modersohn, Herbstdämmerung, um 1893

„Es gibt eine Studie aus dem Jahre 1893, ein gewissenhaftes Diktat nach der Natur, das doch (man kann nicht sagen weshalb) wie ein Gedicht anmutet. Da sieht man eine kleine Wiesenschlucht, in der ein Rest Wasser steht, glanzlos hell. Weiden rings herum. von der Höhe des Hanges aus dem grauen, zerstreuten Licht, ist ein Mädchen heruntergekommen und steht nun vorngebeugt, nahe am Wasser. Ihre rote Jacke leuchtet, von der Dämmerung vertieft, aus dem gedämpften Silbergrün dieses stillen Bildes."
Rainer Maria Rilke, Worpswede-Monographie

Otto Modersohn, Moortümpel, um 1895

Otto Modersohn -

Fritz von Ostiny, Münchener Neueste Zeitung, 11. 8. 1895:
„Der ‚Persönlichste' dagegen ist sicher Modersohn und er ist auch das stärkste Talent unter den Worpswedern, wenn auch das Können Anderer, wie Fritz Mackensen's, schon ausgebreiteter und reifer ist. Beim Schaffen dieses jungen Westfalen macht das in der Natur Erschaute den rechten Weg vom Auge durch das Herz zur Hand. So hat Modersohn eine über Alles künstlerische Art zu schaffen, Wahrheit und Dichtung im Werke zu verschmelzen und kein gleichgültiges Fleckchen auf seiner Leinwand zu lassen …"

R. M. Rilke
in der Monografie „Worpswede", erschienen 1903
„Diese unwahrscheinliche Wahrheit war vor allem Otto Modersohn. Er war mit nicht weniger als acht Bildern vertreten, acht rasch hintereinander gemalten Bildern, in denen alles Glanz, Klang und atemberaubende Bewegung war. Sein ‚Sturm im Teufelsmoor' wirkte wie eine Ballade. Und derselbe, der einen Sturm so erleben konnte wie man ein Drama erlebt, derselbe hatte auch dieses helle, stille, gleichsam erwachende Bild gemalt, diesen „Herbstmorgen am Moorkanal".

Otto Modersohn,
Herbstmorgen am Moorkanal, 1895

Otto Modersohn, Stürmischer Sommertag mit Worpsweder Kirche, 1891

Otto Modersohn, Tagebuch, 20. Mai 1902
„Meine Kunst ist eine andere, als die der meisten. Das Moor in seiner ganzen Macht und Öde, Schwermut und Schönheit, draußen und frei das Bild ... ganz aus der Natur, und ganz zum Bilde geworden. Das leitet hinüber zu meinen Phantasiebildern ... Frei in der Fassung, und doch muß überall die positive, konkrete Naturauffassung hindurch schimmern."

Otto Modersohn, Im Teufelsmoor (Torfhaufen), um 1896

Otto Modersohn, Mädchen unter einem Weidenbaum, 1895

Otto Modersohn, Sommertag (Malven), 1896

Otto Modersohn, Wiesengräser und Blumen, 1902

Otto Modersohn, Das Gewitter, 1905

Otto Modersohn, Tagebuch, 19. Februar 1895
„Die in der Seele zusammengefaßte Summe des Lebendigen entscheidet. Die Studien müssen durch Bereicherung des Gedächtnisses zur geistigen Freiheit führen."

Otto Modersohn, Mädchen am Birkenstamm, um 1900

Otto Modersohn, Herbstabend im Moor, um 1904

Paula Modersohn-Becker an die Mutter
Worpswede, 27. Juni 1902
„... Sogar nach dem Abendbrot stürzen wir uns noch selbander hinüber ins Armenhaus und malen Farbstudien von der Kuh, der Ziege, der dreibeinigen Alten und all den Armenkindern ..."

Otto Modersohn, Paula im nächtlichen Garten, um 1901

Günter Heiderich

Paula Modersohn-Becker

In Büchern und Aufsätzen über Paula Modersohn-Becker wird zuweilen der Eindruck erweckt: Wäre sie doch nicht nach Worpswede gegangen. – Dann würde sie nicht immer wieder mit der norddeutschen Künstlerkolonie in Verbindung gebracht und könnte in der Kunstgeschichte den Platz einnehmen, der ihr von Anfang gebührt, – als die bedeutendste Malerin zu Beginn der Moderne, deren Werk im Zusammenhang mit den wesentlichen künstlerischen Bestrebungen ihrer Zeit gesehen werden muß.
Als ob die Lebensumstände, unter denen ein Mensch sich entwickelt, bei der Würdigung einer großen Künstlerpersönlichkeit außer acht gelassen werden könnten. Auch eine Begabung, wie sie Paula Becker besaß, bedurfte der Anleitung, Förderung und Ausbildung wie der persönlichen Aneignung und der Selbstfindung. Was Paula Modersohn-Becker über den Kreis der Worpsweder heraushebt, waren ihre Zielstrebigkeit und Unabhängigkeit als Frau wie als Künstlerin. Sie war eine geniale Malerin, was freilich nicht heißen kann, daß sie Worpswede, der Worpsweder Künstlergemeinschaft und insbesondere Otto Modersohn, den sie 1901 geheiratet hat, nicht entscheidende Anregungen für ihr Schaffen verdankt. Die weite norddeutsche Landschaft mit den Moorgräben, Birkenreihen und strohgedeckten Häusern, die bäuerlichen Menschen mit ihren von der Arbeit gezeichneten Gesichtern, die Kinder im Dorf, das Miteinander der Freunde, die lebhaften Auseinandersetzungen über Fragen der Kunst, Literatur und Musik und das gemeinsame Malen unter freiem Himmel, das alles gehört zu den Eindrücken, die Paula Modersohn-Becker in Worpswede aufnehmen konnte und die sie geprägt haben.
Der andere Pol in ihrem Leben war Paris. Als Paula Becker in der Neujahrsnacht 1900 von Bremen aus zum erstenmal in die französische Hauptstadt aufbrach, hatte sie bereits ein Frühwerk geschaffen, das den Ansatz für ihr späteres, eigentliches Lebenswerk einschließt[1]).
Die Begegnung mit Paris und der französischen Kunst aber wurde für sie zur entscheidenden künstlerischen Erfahrung, die sie über Worpswede hinausführte: Hier das Dorf in seiner Abgeschiedenheit von der Welt und der enge Kreis von Malern, die in der unmittelbaren Hinwendung zur Natur die Grundlage ihres künstlerischen Schaffens erkannten. Dort Paris mit seinem hektischen Treiben und einem kaum zu bewältigenden Angebot an neuen geistigen Anregungen. „Mir ist, als gehöre mehr als meine Kraft dazu, hier zu leben", notierte die junge Malerin in ihr Tagebuch[2]). Gleichzeitig war sie sich aber ihrer eigenen Stärke bewußt: „Das ist mir aber nur manchmal so. Zu anderen Zeiten wird es wonnig klar und mild in mir. Ich fühle eine neue Welt in mir entstehen."
Als Künstlerin, die sich in der kurzen Zeit ihres Schaffens immer als Lernende und Suchende sah – noch bei ihrem vierten und letzten Paris-Aufenthalt 1906/07 nahm sie an der Ecole des Beaux-Arts an Anatomie- und Aktkursen teil –, griff Paula Modersohn-Becker viele Eindrücke auf, die sich ihr in der großen Kunstmetropole boten. Sie mußte den Impressionismus überwinden. Manche ihrer Arbeiten lassen eine intensive Beschäftigung mit den „Nabis", vor allem Bonnard und Denis, erkennen[3]).
Sie verehrte van Gogh, Cézanne und Gauguin, dessen linear eingeschlossene, großflächige Malerei ihrer persönlichen Auffassung nahe kam. Oft jedoch war sie es selbst, die in der Bewältigung gestalterischer Probleme ihrer Zeit um Schritte voraus war. In ihren Bildern scheint

Paula Modersohn-Becker

manches von der Malerei der Expressionisten vorweggenommen. In einzelnen Werken berührt sie sich unbewußt mit gleichzeitigen Arbeiten von Pablo Picasso, dessen Werke sie bei dem Kunsthändler Ambroise Vollard gesehen haben konnte, der aber in ihren Briefen und Tagebuchaufzeichnungen nicht erwähnt wird. Wo immer man Vorbilder entdecken zu können glaubt, entziehen sich ihre Werke dem allzu direkten Vergleich. Paula Modersohn-Becker ist nie der oberflächlichen Nachahmung verfallen. Alles, was ihrem Wesen und ihrer künstlerischen Auffassung nahe stand, erfuhr durch sie eine eigenständige Um- und Ausformung.
Als Paula Modersohn-Becker 1907 im Alter von 31 Jahren starb, hinterließ sie ein umfangreiches Lebenswerk von mehr als 400 Gemälden, einem Mehrfachen an Handzeichnungen und eine kleinere Zahl von druckgrafischen Arbeiten. Ihr Œuvre umfaßt eine große thematische Vielfalt, von den frühen Studien aus der Berliner Zeit über die Worpsweder Landschaften

Paula Modersohn-Becker, Apfelgarten in Worpswede, 1889/99. Bleistiftzeichnung.

und Stilleben bis hin zu den zahlreichen Selbstbildnissen und den großen Figurenbildern, die in ihrer vereinfachten, ins Monumentale strebenden Bildsprache über die bloße Wiedergabe der individuellen Erscheinung hinausgehen. Paula Modersohn-Becker war bei ihrem Tod keine Anfängerin mehr, wie aus ihrer eigenen Einschätzung, daß sie ihr Werk erst begonnen habe, zuweilen fälschlich gefolgert wurde, noch zählt sie zu den Frühgestorbenen, die man gern als „Frühvollendete" bezeichnet. In der Erinnerung ihrer Freunde erschien sie lange zu Unrecht als die tüchtige junge Frau mit der großen, letztlich aber nie ganz verwirklichten künstlerischen Begabung[4]). Eine solche Interpretation wird aber weder ihr noch ihrem Wesen gerecht. Wenn man ihr Œuvre im ganzen überblickt, wird man die vielfältigen, oft in sich widerstreitenden Ansätze zu einem ganz neuen Bildverständnis erkennen. Das, wie sie glaubte, vielleicht nie zu erreichende „Ziel", das ihrer Vorstellung in der Malerei vor Augen stand, erscheint in der Tat als eine nicht einlösbare Fiktion, weil es in der Kunst keinen Endstand und somit auch keine allgemein gültige Ausdrucksform geben kann. Das heißt aber nicht, daß ihre Werke, einzeln für sich genommen, nicht in sich abgeschlossen und vollkommen wären. In wenigen Jahren hat Paula Modersohn-Becker eine Vielzahl von Werken geschaffen, deren Ursprünglichkeit, Eigenart, Ausdruckskraft und formale Geschlossenheit zu den wesentlichen Kunstäußerungen ihrer Zeit gehören. In der kühnen Vereinfachung der Formen, in der Erscheinungsvielfalt lebendiger Farbflächen, in der Hinwendung an den Menschen und an die Dinge liegt das Ereignishafte ihrer Kunst.

Die gründliche Kenntnis ihrer künstlerischen Entwicklung ist für das Verständnis von Paula Modersohn-Beckers Werken wichtiger als das Wissen um ihren persönlichen Lebensweg, der unter dem Eindruck der früh veröffentlichten Tagebücher und Briefe[5]) immer wieder zur Deutung ihres Schaffens herangezogen wurde. Daß Paula Modersohn-Becker einen Platz in der Kunstgeschichte des beginnenden 20. Jahrhunderts gefunden hat, beruht ja gerade darauf, daß ihr Werk, wie das eines jeden bedeutenden Künstlers, über alles Persönliche und Zufällige herausgehoben erscheint. Nicht der Gegenstand entscheidet über den Inhalt der Kunst, sondern dessen durch das Formverständnis gefilterte bildhafte Wirklichkeit. Daß Paula Modersohn-Becker häufig

Paula Modersohn-Becker, Garten, um 1900/1902. Kohlezeichnung.

Worpsweder Bauernkinder gemalt und immer wieder das Thema Mutter und Kind behandelt hat, wurde oft als Ausdruck ihrer Weiblichkeit und des Kinderwunsches verstanden. Das aus der Tradition des Madonnenbildes abgeleitete Motiv der stillenden Mutter oder der Frau mit Kind auf dem Schoß ist bei ihr aller religiösen und emotionalen Sinnbildlichkeit entkleidet. Die enge Beziehung zwischen Mutter und Kind wird als natürlicher Zustand im Leben der Frau dargestellt, der keiner idealisierenden Überhöhung bedarf. Jede sentimentale Sicht lag Paula Modersohn-Becker fern, wie gerade die Kinderdarstellungen offenbaren, die in ihrer unbeschönigten Wirklichkeitsnähe dem damals herrschenden bürgerlichen Kunstgeschmack wie später dem von den Nationalsozialisten geforderten, verlogenen Menschenbild widersprachen. Das „Worpsweder Bauernkind auf einem Stuhl sitzend" wurde 1937 als „entartet" beschlagnahmt. Rolf Hetsch, der Herausgeber des „Buches der Freundschaft" von 1932, hat es gerettet[6]). Heute gehört es zu jenen Werken der Künstlerin, die durch die einfühlsame Hinwendung an das Modell ein breites Publikum in besonderer Weise ansprechen.

Paula Modersohn-Becker aber wollte noch etwas anderes – mehr. Ihre Kinderdarstellungen sind nicht allein als Kinderporträts zu begreifen, sondern als Seinsbilder einer bestimmten kindlichen Situation. Das auf ein rotgewürfeltes Kissen gesetzte Kleinkind wirkt bei aller liebevollen Drapierung wie ausgesetzt in der Welt der Erwachsenen, von der es noch keine Kenntnis besitzt und die deshalb nicht ins Bild einbezogen wird. Die kleine Blume, in unbeholfenen Händchen gehalten, ist seine erste Begegnung mit der Natur. Dem „blinden Schwesterchen" bleibt diese Erfahrung versagt. Wohl nie ist das unverschuldete Schicksal des

Blind-Geborenseins eindringlicher und anrührender bildhaft gemacht worden. „Die Stärke, mit der ein Gegenstand erfaßt wird (Stilleben, Porträt oder Phantasiegebilde) das ist die Schönheit in der Kunst"[7]). In dieser Überzeugung hat Paula Modersohn-Becker frühzeitig und mit zunehmender Konsequenz auf eine Vereinfachung der Formen hingearbeitet. Erst wo sich die Malerei von allem Nebensächlichen frei macht, erreicht sie einen über das Zufällige, Äußerliche hinausreichenden Wahrheitsgehalt. In dem 1906 entstandenen Bild „Liegende Mutter mit Kind" aus der Sammlung Roselius erscheinen die beiden Körper unter Verzicht auf alle realistischen Details wie in eine große, plastische Form gegossen. Zwar hat Paula Modersohn-Becker diese Werkgruppe wenig später als „zu kühl und zu einsam und leer" abgetan, doch die wahre Größe, mit der sie hier das Urthema menschlicher Existenz, Geburt und Tod zum wappenhaften Zeichen des nackten Ausgesetzt Seins zusammenfaßt, wäre durch die formale und farbige Mehrstimmigkeit ihrer letzten Stilstufe nicht zu realisieren gewesen" (Günter Busch)[8]).

Paula Modersohn-Becker, Otto Modersohn im Strandkorb, 1904. Kohlezeichnung.

Die „endgültige" Form in der Kunst bleibt immer auf das einzelne Kunstwerk beschränkt. Paula Modersohn-Becker hat im letzten Jahr ihres Schaffens noch einmal einen aus der gegenwärtigen Sicht wie damals überraschenden neuen Ansatz gewagt. „Das Rauschende, Volle, Erregende die Farbe zu geben, das Mächtige"[9]) gelingt ihr in den zuletzt vollendeten Bildern wie „Kinderakt mit Goldfischglas" und „Mädchenakt mit Blumenvasen". Mögen im einzelnen gewisse Anregungen aus der französischen Malerei bei Puvis de Chavannes („Die Hoffnung")[10]) und Gauguin nachweisbar sein, bleibt doch der Eindruck einer eigen und eigenwillig entwickelten, farbintensiven Bildkomposition, die so von anderen Malern später nicht aufgenommen wurde. Daß die Künstlerin das sitzende Mädchen nicht, wie in früheren Arbeiten, mit einer blühenden Wiese oder einem Gartenausblick, sondern mit einem künstlichen Arrangement aus Blumenvasen umgibt, verleiht dem Motiv einen befremdenden Sinngehalt. Der aus dem Naturstudium gewonnene Bildgegenstand nimmt durch die Malerei eine neue Wirklichkeit an.

Paula Modersohn-Becker hat durch alle Phasen ihres Schaffens hindurch ihre jeweilige künstlerische Position häufig im Selbstbildnis abgefragt. Vor dem Spiegel posiert sie nicht, wie viele ihrer männlichen Malerkollegen, für einen fremden Beschauer. Ihre Selbstporträts dokumentieren den Dialog der Künstlerin mit sich selbst. Das bis dahin Erreichte wird am eigenen Bild überprüft und das noch zu Erprobende kühn gewagt. Aus dem 1906/07 entstandenen „Selbstbildnis mit Kamelienzweig" spricht der berechtigte Stolz, über das Studium der spätantiken Mumienporträts von Fayum[11]) auf dem Weg zu einer Vereinheitlichung und gesteigerten Intensität einen entscheidenden Schritt vorwärtsgekommen zu sein. Das kleine, etwa gleichzeitige „Selbstbildnis mit vorgehaltener Hand" drückt, neben dem gestärkten Selbstbewußtsein, gleichsam einen Augenblick des Erschrockenseins über das Noch-zu-Leistende aus. Paula Modersohn-Becker war, wie gesagt, in ihrem 32. Lebensjahr nicht am Endpunkt ihrer Malerei angelangt, sondern setzte mit Werken wie diesem zu Neuem an. Der konstruktive Aufbau des Kopfes aus klar voneinander abgesetzten Farbflecken unter Verzicht auf physiognomische Einzelheiten läßt nicht nur an eine „Anregung durch die frühen ‚Fauves' denken"[12]), die Nasen-, Wangen- und linke Augenpartie greift auch formale Elemente aus der Frühphase des Kubismus auf. Schon oft ist in diesem Zusammenhang auf den Vergleich zwischen dem „Bildnis Werner Sombart" und Picassos „Bildnis der Gertrude Stein" verwiesen worden, an dem sich ähnliches feststellen läßt[13]).

Paula Modersohn-Becker
Clara Rilke-Westhoff, Entwurf
1905, Kohle

Paula Modersohn-Becker hat – von ihren zahlreichen Selbstdarstellungen abgesehen – vergleichsweise wenige Porträts

(Rainer Maria Rilke, Sombart, Lee Hoetger, Clara Rilke-Westhoff) hinterlassen, wohl deshalb, weil nur wenige Freunde ihre Malerei gekannt und geschätzt haben. Was sie auszeichnet, ist ein hohes Verantwortungsbewußtsein gegenüber der Kunst wie dem Menschen, das die Künstlerin in ihren Stilleben und Landschaften auch auf die dinglichen Gegenstände übertrug. Eine solche Malerei wird nicht durch irgendwelche Ismen eingeholt. Ihre Aktualität bis in die Kunst unserer Tage hinein beruht auf grundsätzlichen Überlegungen über das Verhältnis von Realität und Abstraktion. Bei der Gattung des Stillebens kommt ein anderer Aspekt hinzu. Schon immer war das Stilleben in besonderer Weise dazu geeignet, formale Fragen der Malerei zu klären. Das Stilleben hatte deshalb für Cézanne, van Gogh und die „Nabis", wie später erneut im Kubismus von Braque, Picasso und Gris, eine wesentliche Erkundungsfunktion. Paula Modersohn-Becker hat diese Gedanken in ihrem Schaffen nachvollzogen. An ihren Stilleben läßt sich am deutlichsten nachweisen, wie eingehend sie sich mit van Gogh, Cézanne und anderen auseinandergesetzt und immer zugleich ihr Eigenes hinzugetan hat.

Wäre Paula Becker nicht nach Worpswede gegangen, dann wäre sie vielleicht nie bei der Landschaftsmalerei angelangt. Bevor sie 1897 erstmals in das Künstlerdorf kam, hatte sie an der Londoner „School of art", bei Bernhard Wiegandt in Bremen und während des Studiums an der Zeichen- und Malschule des „Vereins der Berliner Künstlerinnen" fast ausschließlich figürliches Zeichnen, Akt und Porträt eingeübt. Bezeichnenderweise sollte, auf Vermittlung des Vaters, Fritz Mackensen, der „Millet vom Teufelsmoor", sich ihrer als Lehrer annehmen. Die Polarisierung unter den Worpsweder Künstlern hatte damals bereits zu einer gegenseitigen Entfremdung geführt. In dieser Situation entwickelte sich die Freundschaft der jungen Malerin mit Otto Modersohn, dessen Bilder ihr in Worpswede den stärksten Eindruck gemacht haben.

Otto Modersohn war nicht nur ein bereits weithin anerkannter und, was wichtiger ist, der wohl empfindungsstärkste Landschaftsmaler in seiner Zeit, er vertrat auch gänzlich unkonventionelle künstlerische Ansichten, die sie sich zu eigen machen konnte. Von der ersten Begegnung an ergab sich eine enge Verbundenheit. Oft haben sie gemeinsam vor dem gleichen Motiv gemalt und ihre Gedanken über die Kunst ausgetauscht. Sie trafen sich in der gemeinsamen Vorliebe für die französische Malerei und in der Ablehnung des oberflächlichen Naturalismus. In ihren Tagebüchern und Briefen tauchen oft die gleichen Gedanken und Formulierungen auf, die wechselseitig gewirkt haben: „Die Form ist der Inhalt des Kunstwerkes", heißt es bei Otto Modersohn[14]).

Die Stimmung der Tagebücher widerspricht oft der Vorstellung, die man sich allgemein von der Auffassung beider Künstler macht: „Worpswede, Worpswede, Worpswede! Versunkene-Glocke-Stimmung!" ruft Paula Becker im ersten gefühlsstarken Überschwang aus[15]).

Einfach und bündig notiert Otto Modersohn in dem Augenblick, in dem er zu bleiben beschließt: „Herrlicher grauer Tag: Weib auf dem Acker, gegen die Luft – Millet"[16]).

Paula Modersohn-Beckers Landschaftsdarstellungen zielen von Anfang an auf eine Vereinfachung der Motive, bis hin zur zeichenhaften Verkürzung des Gegenständlichen. Meist wählte sie einen engen Bildausschnitt, der in der Begrenzung die beherrschenden Elemente der norddeutschen Landschaft in einem erfaßt: „Moorkanal", „Zwei Birkenstämme", „Torfstecher" – Wasser, Erde, Himmel, Wolken, Bäume, Nähe, Weite. Die radikale Vereinheitlichung der Farbe-Form („Dämmerlandschaft mit Astgabel") geht über alles bis dahin Gemalte hinaus. Das Abstrakte bleibt dabei immer in Bezug zur Realität. Otto Modersohn: „Paulas Malen auf gutem Wege. Gehalt auch in kleinen Dimensionen. Ein Bild muß Natur sein, aber weniger als Natur und dadurch mehr als Natur"[17]).

Anmerkungen

1 Paula Modersohn-Becker, Das Frühwerk, hg. von der-Paula Modersohn-Becker-Stiftung, Kunsthalle Bremen, 1985.
2 Paula Modersohn-Becker in Briefen und Tagebüchern, hg. von Günter Busch und Liselotte von Reinken, Frankfurt/M., 1979, S. 184 (Januar 1900).
3 Gisela Götte, Paula Modersohn-Becker, Worpswede – Paris, Ausst.-Kat. Clemens-Sels-Museum Neuss, 1985.
4 So Rudolf Alexander Schröder in Paula Modersohn-Becker – Ein Buch der Freundschaft, hg. von Rolf Hetsch, Berlin, 1932. Erweiterte Neuausgabe, hg. von Wolf-Dietmar Stock, Fischerhude, 1982, S. 73 f
5 Briefe und Tagebuchblätter von Paula Modersohn-Becker, hg. von S. D. Gallwitz, Hannover, 1917.
6 Katalog der Gemälde des 19. und 20. Jahrhunderts in der Kunsthalle Bremen, bearbeitet von Gerhard Gerkens und Ursula Heiderich, Bremen, 1973, S. 231.
7 Briefe und Tagebücher, o. Anm. 2, S. 404 (März 1905).
8 Günter Busch, Paula Modersohn-Becker, Malerin – Zeichnerin, Frankfurt/M., 1981, S. 128
9 Briefe und Tagebücher, o. Anm. 2, S. 473 (Sommer 1907).
10 G. Busch, o. Anm. 8, S. 180.
11 ebd. S. 177.
12 ebd. S. 78.
13 Christa Murken-Altrogge, Paula Modersohn-Becker, Leben und Werk, Köln, 1980, S. 62 ff.
14 Auszüge aus noch nicht veröffentlichten Tagebüchern Otto Modersohns (7. Juli 1902).
15 Briefe und Tagebücher, o. Anm. 2, S. 100 (24. Juli 1897).
16 Otto Modersohn, Monographie einer Landschaft. Ausst.-Kat. Kunstverein Hannover, Landesmuseum Münster, Hamburg, 1978, S. 66 (Sommer 1889).
17 O. Anm. 14 (31. August 1907).

Paula Modersohn-Becker, Hand mit Blumenstrauß, 1902

Paula Modersohn-Becker, Bäuerinnen beim Torfstechen, 1900

Landschaft mit Scheune, um 1900

Otto Modersohn, Tagebuch, 4. Dezember 1900
„Paula sucht mit eigenen Augen die Welt zu sehen und aufzufassen –
das läßt sie mir immer von neuem in reinstem Licht erscheinen,
darum verehre ich sie, darum gehören wir zusammen,
passen wir zusammen …
Es ist nicht das Raffinierte nötig, das Wichtigste ist die Gesinnung.
Paula ist alles. Je inniger, tiefer man seine Seele enthüllt im Kunstwerk,
desto besser – das ist der Sinn und Zweck (der Malerei)."

Kinder mit Papierlaternen, um 1901

Paula Modersohn-Becker, Knabe mit grasender Ziege, 1902

Otto Modersohn, Tagebuch, 18. Juni 1902
„Paula malt groß und voll, sie ist auf feinem Wege. Wenn sich eine organische Zeichnung und Innerlichkeit des Vortrags mit ihrer Farbe verbindet – ist sie eine sehr feine Künstlerin …
Das höchste und letzte in der Kunst ist: Das Leben wieder zu geben, das Wesen der Dinge … Die groſse Form, die groſse Erscheinung soll wirken, und innerhalb derselben flutendes, bebendes, vibrierendes Leben …"

Paula Modersohn-Becker, Bäuerin mit Kind, 1903

Paula, Tagebuch, 25. 2. 1903
„... Die große Einfachheit der Form, das ist etwas Wunderbares.
Von jeher habe ich mich bemüht, den Köpfen, die ich malte oder zeichnete,
die Einfachheit der Natur zu verleihen ..."

Kinderwagen mit Ziege und Kindern, 1905

Otto Modersohn, Tagebuch, Dezember 1902
„So empfindet Paula Kunst. Nicht irgendeine Idee, irgendein Stoff, irgendein Ismus, die künstlerische Form ist alles, Inhalt, die Sache selbst. Wie bei der Reinheit. Die künstlerische Form ist etwas anderes als »richtig zeichnen«."

Paula Modersohn-Becker, Mädchen mit blauem Schleier („Die Moorbraut"), 1903

Paula Modersohn-Becker, Stilleben mit Zuckerdose und Hyazinthenglas, um 1904

Otto Modersohn, Tagebuch, 31. August 1902
„Paulas malen auf gutem Wege – Gehalt auch in kleinen Dimensionen. Ein Bild muß Natur sein – aber weniger als Natur und dadurch mehr als Natur … Zunächst durch die Form, ein Konzentriertes, also mehr wie die Natur. Z. B. Rodin. Aus 20 Balzacs schafft er schließlich einen."

Paula Modersohn-Becker, Mädchen mit Kinderwagen, 1904

Otto Modersohn, Tagebuch, 6./7. September 1903
„Und die Worpsweder Kunst? Das, woran der Maler
nach Manet zuerst denken sollte, 'das Malen ansich',
daran denkt in echt deutschem Sinn keiner…
Wenn ich an meine Paula denke!
Wie steht sie über alledem, wie turmhoch."

Paula Modersohn-Becker, Kind auf rotgewürfeltem Kissen, um 1904

Paula Modersohn-Becker, Mädchen mit verschränkten Armen, um 1903

Paula Modersohn-Becker, Worpsweder Bauernkind, auf einem Stuhl sitzend, 1904/05

Paula Modersohn-Becker, Stilleben mit Blumen, 1907

Paula Modersohn-Becker, Stilleben mit Früchten, 1905/06

Otto Modersohn, Tagebuch,
20. Dezember 1905
„Ich bin überglücklich … an der Seite
Paula mit ihren meisterlichen Skizzen und
Stilleben, das Kühnste und Beste, das hier
in Worpswede je gemalt …"

Paula Modersohn-Becker, Bildnis Clara Rilke-Westhoff, 1905

Paula Modersohn-Becker, Selbstportrait mit der Hand am Kinn, 1906

Paula Modersohn-Becker, Zwei Mädchen, 1906

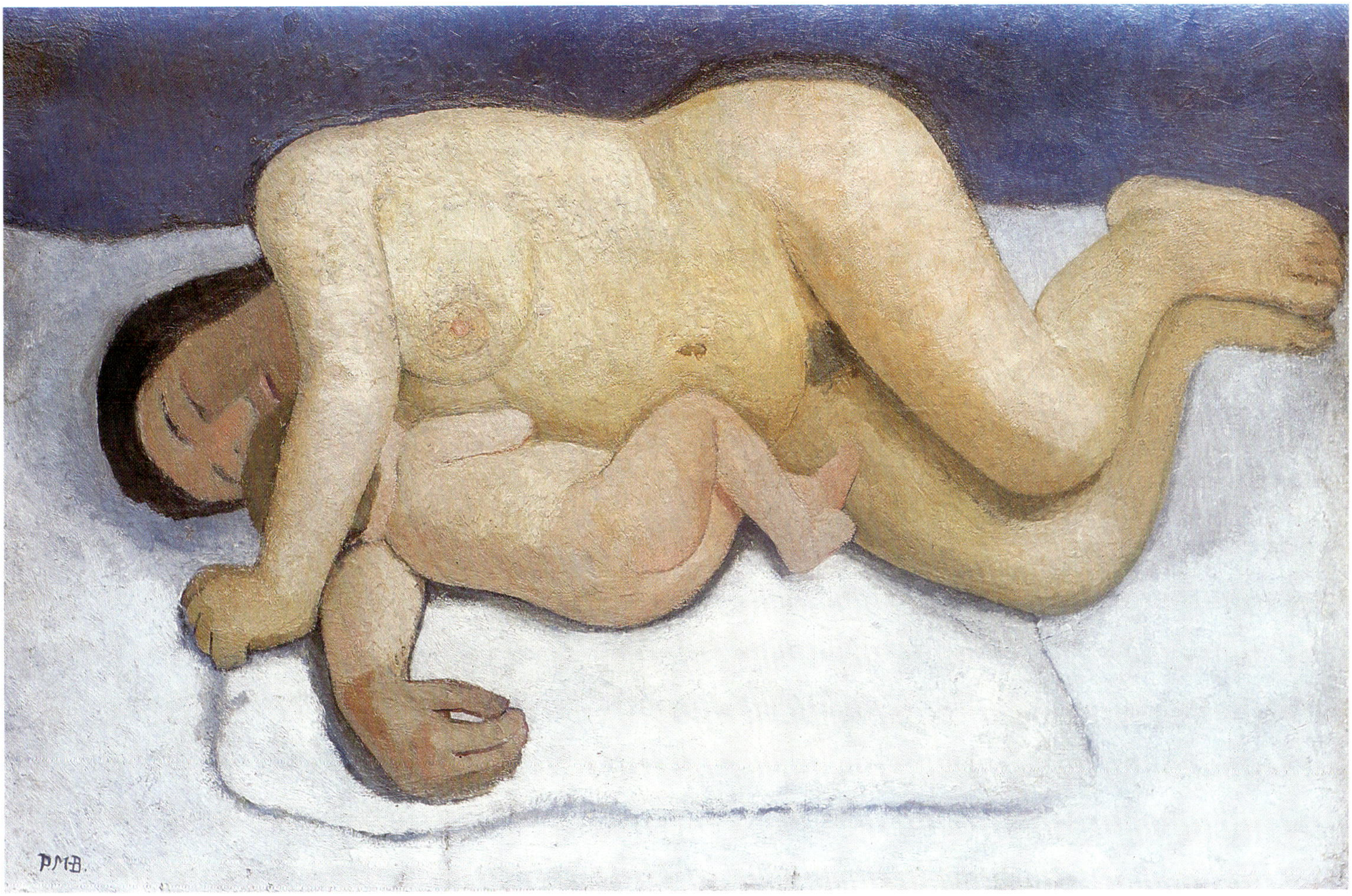

Paula Modersohn-Becker, Liegende Mutter mit Kind, 1906

Otto Modersohn, Tagebuch, 23. April 1906
„Paulas herrliche Stilleben haben mich ganz gefangen genommen,
mit ihnen verglichen, besteht nichts.
Das wußte ich eigentlich lange . . . sie hat einen fabelhaften Instinkt . . .
Jetzt verstehe ich, daß sie immer von pastos redete . . .
ich bin überglücklich."

Paula Modersohn-Becker, Alte Armenhäuslerin mit der Glasflasche, 1906/07

Paula, Tagebuch, Paris 20. 2. 1903
„Überhaupt bei intimster Beobachtung der Natur die größte Einfachheit anstreben. Das gibt Größe. ... Ich fühlte, wie es mir im Blute lag, zuviel machen zu wollen."

Paula an Otto Modersohn, Paris, 23. 2. 1903
„... ich fühle und empfinde mit immer größerer Lebhaftigkeit, wie das Intime die Seele aller großen Kunst ist. ... glücklich über meinen Aufenthalt hier, daß er mir diese Erkenntnis in so hohem Maße bringt."

Paris, 26. 2. 1903
„... daß ich Dich im Hintergrund weiß, daß macht mir meinen Aufenthalt so voller Ruhe.
Und Worpswede! Neulich sah ich im Louvre unsere Rousseausche Landschaft mit den Kühen. Da waren mir unbewußt die Tränen in die Augen gekommen vor stillem Glück, daß ich solch eine Heimat habe."

Otto Modersohn, Tagebuch, 26. 2. 1903
„... Groß, einfach, stark in Form und Farbe, und dabei intim ... Alle großen Meister haben diese Vereinfachung ... Nur groß, einfach, stark kann sehr wirkungsvolle Bilder geben, aber das Beste, die Seele, die Intimität fehlt. ... Paula schreibt gestern noch aus Paris, daß alle große Kunst intim sein ... Das ist gerade das schwierige – die Verbindung. Die groß, einfach, stark nur anstreben, halten den Unterbau, das Fundament fürs ganze. Eine Welt soll sich darauf erheben."

Paula, Tagebuch, Worpswede, April 1903
„Ich komme unsern Leuten hier wieder nahe, empfinde ihre große biblische Einfachheit ...
Ich habe einen großen Drang nach Natur von Rodin, Cottet und Paris mitgebracht. Und das ist wohl das Gesunde meiner Pariser Reise. Es brennt in mir ein Verlangen, in Einfachheit groß zu werden."

Otto Modersohn, Tagebuch, 28. August 1903
„Das ist Malerei: Gefühl (und Verstand) – die beiden machen einen großen Künstler ...
Bei Paula (heißt) mit Gefühl malen – groß malen, den großen Eindruck, die große Wirkung der Natur ins Bild bekommen. Das heißt für mich überhaupt malen. Es ist das Schwerste und Seltenste besonders in Deutschland ... Nun malen manche groß und breit, und was herauskommt dabei ist doch nichts feines, da macht's allein auch nicht. Sie haben kein wirkliches Gefühl dabei. Bei Ihnen ist es ein äußerlicher, nicht innerlicher Vorgang. Das Charakteristische ist eben, daß das Gefühl alles schafft, also das Innerlichste was es gibt. Keinerlei andere Erwägungen sind maßgebend, haben Raum, das Gefühl füllt alles aus.
Hier strebt kein Mensch so außer meiner Paula ... Herrliche Dinge stehen mir vor Augen ..."

31. August 1903
„Kunst ist neben dem ‚malen können' auch Ausdruck des persönlichen Weltgeistes ..."

1. Oktober 1903
„Das höchste und letzte ist Einfachheit, Natürlichkeit, Gefühl ...
Alle bestricht Äußerliches, das ist die wahre Größe, vor der ich mich allein beugen würde, wo das nicht der Fall.
Paula ist selten darin – sie schätzt das wahre, sie würde nie durch Äußerlichkeiten geblendet. 11. 10. ... der einfachste und künstlerischste Weg ist ihr am liebsten ... das äußerliche wird von selbst durch das Streben nach dem innerlichen bestimmt."

8. November 1903
„... Von der allergrößten Wichtigkeit ist sich durchaus die innerliche Freiheit zu bewahren."

Quellennachweis

Die Texte Fritz Mackensens über sein Leben, die hier in Auszügen und leicht verändert zitiert werden, befinden sich als Originalmanuskripte im „Worpswede-Archiv" des Fischerhuder Verlages Atelier im Bauernhaus. Der Brief Fritz Mackensens an Otto Modersohn vom 17.8.1887 liegt im Archiv des Otto-Modersohn-Museums, Fischerhude, ebenso der vom 27.12.1889, der in Auszügen zitiert wurde.
Der Rilke-Brief von Sylvester 1902 wurde zitiert nach Wohltmann, Hans, Otto Modersohn, Stade, 1941, Ss.45f.
Die Zitate Heinrich Vogelers wurden entnommen dem Band „Erinnerungen", Berlin, 1952, herausgegeben von Erich Weinert.
Briefe und Tagebuchauszüge von Paula Modersohn-Becker wurden zitiert nach dem Buch Paula Modersohn-Becker in Briefen und Tagebüchern, Frankfurt 1979, herausgegeben von Günter Busch und Liselotte von Reinken.
Die Tagebuchauszüge von Otto Modersohn wurden entnommen den noch unveröffentlichten Tagebüchern Otto Modersohns im Otto-Modersohn-Museum, Fischerhude.
Richard Muthers Skizze über seinen Worpswede-Besuch im Jahre 1901 stammt aus seinem Band „Studien", Berlin, 1925.
Aus dem „Buch der Freundschaft – Paula Modersohn-Becker", Fischerhude, 1932, 1982 und 1985 wurde nach der letzten Auflage 1985 zitiert. Die Tagebuchstelle vom 16.9.1900 wurde nach Rilkes „Tagebücher aus der Frühzeit", Frankfurt, 1973 zitiert.

Fotonachweis

Atelier im Bauernhaus-Archiv 10, 11, 21, 22, 23, 28, 29, 38 r, 39 r, 45, 46 , 50, 51, 52, 58, 60, 61, 62, 73, 78, 99, 103, 133
Rudolf Dodenhoff 8, 9, 14
Otto-Modersohn-Museum 12, 32, 39 m, 44 l u. m, 45 l, 46 l, 47, 53 m u. r, 57, 98, 114
H.R.Wacker 104

Reproduktionsnachweis

Kunsthalle Bremen, 18 r, 19 l, 24 r, 25 o u. l, 26 l, 27 m u. r, 33, 48 r, 50 m, 54 l, 55 r, 56 l, 64 l, 71, 78, 80, 81, 90, 93, 100, 118, 131, 132, 133 r, 135, 142, 148, 150, 151, 161, 165, 166, 167
Sammlung Hermann Bahlsen, Hannover, 169
Bayerische Staatsgemäldesammlung, München, 101
Nationalgalerie, Berlin-West, 86, 171
Böttcherstraße GmbH, Bremen, 52, 54, 70, 153, 163, 164, 170, 172
Hessisches Landesmuseum Darmstadt, 103
Staatl. Gemäldegalerie, Dresden, 129
Folkwang Museum, Essen, 147
Hamburger Kunsthalle, 158, 168
Historisches Museum am Hohen Ufer, Hannover, 68/69
Niedersächsisches Landesmuseum Hannover, 137, 143, 144, 150, 151
Von-der-Heydt-Museum, Wuppertal, 157, 159
Otto-Modersohn-Museum, Fischerhude, 15 m, 16, 17 l, 57 r, 89, 133 l, 134, 137, 141, 143, 144, 145, 146
Fritz-Overbeck-Nachlaß-Museum, Bremen-Vegesack, 96
Haus im Schluh, Worpswede, 115, 119
Sammlung Bernhard Kaufmann, Worpswede, 65, 66, 67, 72, 92, 95, 113, 117, 124, 138/139, 154, 162
Sammlung Friedrich Netzel, Worpswede, 83, 87, 94, 95, 122, 136, 155
Westfälisches Landesmuseum, Münster, 128
Sammlung Axel Springer jun., 82, 112, 126
Landesmuseum Oldenburg, 104

Literaturverzeichnis

Albrecht, Herbert: Worpswede. Kunst und Landschaft, Fischerhude 1981
Alpers, Else: Clara Rilke-Westhoff – Leben und Werk, in Niedersächsische Lebensbilder Bd. IV, S.184 ff, Hildesheim 1960
Arnd, Gisela u. Saebens, Hans: Worpsweder Bilderbuch, Essen 1966
Bäte, Ludwig: Worpswede; Warendorf 1934
Bäumer, Ludwig: Worpswede, Worpswede o.J.
Bethge, Hans: Worpswede, in: Die Kunst. Sammlung illustrierter Monographien XXXIII, Berlin o.J.
Bloch, Ernst: Herbst, Sumpf, Heide und Sezession (1932), in: Verfremdungen Bd.II; Frankfurt 1965
Busch, Günter: Worpswede gestern und heute, in Ernst von der Heide: Worpsweder Biographie, Bad Oeynhausen o.J.
Busch, Günter: Die Worpsweder, in Westermanns Monatshefte Jg.1951/52, H.1
Busch, Günter: Paula Modersohn-Becker, Malerin, Zeichnerin, Frankfurt/M 1981
Busch, Günter: Paula Modersohn-Becker in Briefen und Tagebüchern, Frankfurt/M 1981
Dede, Klaus: Fritz Mackensen. Der Entdecker Worpswedes, in Worpsweder Reihe 2. Fischerhude 1981
Diedrich, Franz: Worpsweder Stimmungen, München und Leipzig 1901
Düring, Klaus von: Künstler im Landkreis Osterholz, Worpswede 1981
Erlay, David: Heinrich Vogeler – Ein Maler und seine Zeit, Fischerhude 1981
Faltus, Hermann: Worpswede. Urteil und Vorurteil, Bremen 1972
Frank, Hans: Worpswede – gestern, heute und morgen, in Niederdeutsche Heimatblätter (Die Tide) IV (1927), S.284 – 255
Gallwitz, Sophie-Dorothea: Dreißig Jahre Worpswede. Künstler, Geist, Werden, Bremen 1922
Hagens, Johann Gottfried: Worpswede, in Mode und Haus 29.Jg., Nr.23 (1913), S.145 – 148
Hamm, Ulrike: Studien zur Künstlerkolonie Worpswede 1889 – 1908 – Unter der besonderen Berücksichtigung von Fritz Mackensen; Diss., München 1978
Harke, Peter J.: Stilleben von Paula Modersohn-Becker; Worpswede 1985
Hubert, Hans: Worpswede – Wege ins Moor Hrsg. von Freunde Worpswede, Worpswede o.J.
Kaufmann, Bernhard: Die alten Worpsweder Meister, Worpswede 1961
Kaufmann, Gerhard: Maler zwischen Elbe und Weser, in Jahrbuch der Männer vom Morgenstern LVI (1977), S.103 – 324
Kaufmann, Wolfgang: Ansprache zur Eröffnung der Fritz-Mackensen-Ausstellung in der Galerie Cohrs – Worpswede 1984 (Typoskript. 15 S. Bes. d.Vf.)
Keller, Horst: Worpswede; Fischerhude 1984
Krummacher, Karl: Die Malerkolonie Worpswede, in Westermanns Monatshefte 1899, S.17 ff
Krummacher, Karl: Worpswede und das Teufelsmoor, in Wanderer. Sonntagsbeilag der Weser-Zeitung Nr.18/20/21
Krummacher, Karl: Das Stimmungsbild der Worpsweder Stammgruppe, in Niederdeutsche Heimatblätter (Die Tide) IV (1927), S.242 – 246
Leippe, Heinrich (Hrsg.): Merian – Heft Worpswede, Hamburg 1949
Mackensen, Fritz: Gedanken über die Nordische Hochschule in Bremen, in Niedersächsische Hochschul-Zeitung Sommersemester 1934, S.17
Mackensen, Fritz: Worpswede und seine Maler, in Stader Archiv N.F. H.40 (1940), S.5 – 14
Mackensen, Fritz: Gerd Klindworth – Betas Sohn, Bleckede a.d. Elbe 1947
Minder, Robert: Dichter in der Gesellschaft. Erfahrungen mit deutscher und französischer Literatur, Frankfurt a.M. 1966
Modersohn, -Becker, Paula: Briefe und Tagebücher, Hrsg. von Günter Busch/Liselotte von Reinken; Frankfurt/M. 1979

Iodersohn, Otto: Ausstellungskatalog Kunstverein Hannover/Landesmuseum Münster Hrsg.: Otto-Modersohn-Nachlaß-museum, Fischerhude/Hamburg 1979
Iüller-Brauel, Hans: Der Heidjer – Ein Kalenderbuch auf das Jahr 1906 Sonderheft Worpswede, Hannover 1906
Iurken-Altrogge: Paula Modersohn-Becker – Leben und Werk, Köln 1980
Iuther, Richard: Studien und Kritiken, 2 Bde, Wien 1901/02
)verbeck, Fritz: Worpswede, wie es „damals" war. Ein Brief aus Worpswede, Niederdeutsche Heimatblätter IV (1927), S. 247/248
auli, Gustav: Erinnerungen aus sieben Jahrzehnten, Tübingen 1936
ettit, Richard: Rainer Maria Rilke in und nach Worpswede, Worpswede 1983
lettke, Friedrich: Heimatkunde des Regierungsbezirks Stade, Bremen 1909 Bd. 1, S. 559–583
einken, Liselotte von: Paula Modersohn-Becker, rororo-monografien, Reinbeck 1983
iedel, Karl Veit: Worpswede im Teufelsmoor bei Bremen, in Gerhard Wietek (hg.): Deutsche Künstlerkolonie und Künstlerorte, München 1976, S. 100–113
iedel, Karl Veit: Worpsweder Postkarten. Die Sammlung Koenemann im Altonaer Museum, in Altonaer Museum in Hamburg. Jahrbuch XIV–XV (1976/77), S. 99–122
ief, Hans Hermann: Heinrich Vogeler – Das Graphische Werk, Worpswede 1983
ilke, Rainer Maria: Worpswede, in Künstler-Monographien LXIV, Bielefeld u. Leipzig 1903[1], 1905[2], 1910[3]
ohde, Hedwig: Worpswede und seine Frauen, in Ilse Teuber-Kwasnik (Hrsg.), Von Frauen für Frauen, Kevelaer 1950, S. 49–53
alander, Gundolf: Moderne Kunst im gegenwärtigen Worpswede, in Niederdeutsche Heimatblätter (Die Tide) IV (1927), S. 260–266
charrelmann, Wilhelm: Unbekanntes Worpswede. Beiträge Worpsweder Autoren, Bremen-Horn 1938
charrelmann, Wilhelm: (Hg.): Worpswede in Dichtung und Erzählung, in Bremer Schlüssel – Bibliothek IV/V, Bremen 1946
chenk, Gustav: Gesichter aus Worpswede, Bremen 1913
chüßler, Luise: Die Worpsweder Malerei um 1900 und ihre entwicklungsgeschichtliche Stellung, Dissertation Marburg 1951
chütze, Karl-Robert: Heinrich Vogeler – Worpswede. Leben und architektonisches Werk, Berlin 1980
Schultze, Jürgen: Worpswede, Ramerding 1981
Stock, Wolf-Dietmar: Worpsweder Maler, Mappe; Fischerhude 1981
Stock, Wolf-Dietmar/Westphal, Fritz: Worpswede, Kleiner Worpswede Führer, Fischerhude 1980/81/82/83/84/85
Tegtmeier, Konrad: Worpswede. Entwicklung – Wandlung – Gegenwart, Bremen 1932
Uphoff, Carl Emil: Worpswede, in Niederdeutsche Heimatbläter (Die Tide) IV, (1927) S. 239–242
Vogeler, Heinrich: Kunstwerke–Gebrauchsgegenstände–Dokumente, Ausstellungskatalog, Berlin 1983
Vogeler, Heinrich: Erinnerungen, Berlin 1952
Warnke, Paul: Worpswede, Acht farbige Wiedergaben, Leipzig o. J.
Warncke, Paul: Worpswede, 1. Aufl. Berlin 1902, 2. Aufl. München u. Leipzig 1904
Weltge-Worthmann, Sigrid: Die ersten Maler in Worpswede, Worpswede 1979
Wohltmann, Hans: Fritz Mackensen – Leben und Werk, in: Niedersächsische Lebensbilder Bd. V, S. 208 ff., Hildesheim 1962
Wohltmann, Hans: Heinrich Vogeler – Leben und Werk, in Niedersächsische Lebensbilder Bd. IV, S. 318 ff., Hildesheim 1960
Wohltmann, Hans: Otto Modersohn – Leben und Werk, in: Niedersächsische Lebensbilder Bd. II, S. 237 ff., Hildesheim 1954
Wohltmann, Hans: Fritz Overbeck – Leben und Werk, in: Niedersächsische Lebensbilder Bd. II, S. 270 ff, Hildesheim 1954
Wohltmann, Hans: Carl Vinnen – Leben und Werk, in: Niedersächsische Lebensbilder, Bd. V, S. 305 ff, Hildesheim 1962
Wohltmann, Hans: Worpswede. Die ersten Worpsweder Maler und ihre Bedeutung für die deutsche Kunst, Worpswede[8], 1971
Wohltmann, Hans: Hermann Allmers und die ersten Worpsweder Maler, in Jahrbuch der Männer von Morgenstern XLII (1961), S. 1–9
Wolff, Harry: Literatur um Worpswede, in Niederdeutsche Heimatblätter (Die Tide) IV (1927), S. 266–280
Wolff, Harry: Worpswede. Entwicklung – Wandlung – Bedeutung, Bremen o. J.
Worpswede. Aus der Frühzeit der Künstlerkolonie, (Katalog) Ausstellung. Kunsthalle Bremen 1970
Worpswede. Eine deutsche Künstlerkolonie um 1900, (Katalog) Ausstellung. Kunsthalle Bremen 1980
Wulff, Gerd: Blickpunkt Worpswede. Porträts bildender Künstler der Gegenwart, Osterholz-Scharmbeck, 1981

Inhaltsverzeichnis

Die Autoren des Buches

Manfred Hausmann
wurde 1898 in Kassel geboren. Das Gymnasium besuchte er in Göttingen, nahm am Ersten Weltkrieg teil, studierte Philologie und arbeitete als Dramaturg, Kaufmann und Journalist. Hausmann wohnte längere Zeit in dem Künstlerdorf Worpswede und lebt jetzt als freier Schriftsteller in Rönnebeck bei Bremen. Seine Dichtung umfaßt Lyrik, Romane, Bühnenwerke, Essays und Nachdichtungen griechischer, japanischer und chinesischer Gedichte. Er schrieb u.a.: „Abel mit der Mundharmonika", Roman; „Lampioon. Abenteuer eines Wanderers" und dessen Fortsetzung, „Salut gen Himmel".

Günter Heiderich
Geboren 1938 in Breslau. Studierte an den Universitäten München, Hamburg und Freiburg i.Brsg. Theaterwissenschaft, Germanistik, Kunstgeschichte und Klassische Archäologie. 1966 promovierte er bei Prof. Dr. Walter-Herwig Schuchhardt mit dem Thema „Asklepios" – Darstellungen des Heilgottes in griechischen Originalen und römischen Kopien. Volontariat und erste journalistische Tätigkeit beim SÜDKURIER, Konstanz. Danach Feuilleton-Redakteur mit Schwerpunkt Kunstkritik beim WESER-KURIER in Bremen.

Bernhard Kaufmann
Geboren 1896 in Berlin. Bis 1930 im Bildjournalismus, anschließend als Kunstverleger in Berlin tätig. Nach dem 2. Weltkrieg Gründung der Worpsweder Kunstausstellung „Haus am Weyerberg" und des gleichnamigen Verlages. Autor des ersten Nachkriegs-Worpswede-Buches „Die alten Worpsweder Meister". Wirkte bis zu seinem Tode 1980 für die Verbreitung der Worpsweder Malerei.

Karl Veit Riedel
Geboren am 20. Februar 1932 in Berlin. Studium der Philologie und Begleitfächer in Berlin, Hamburg, Tübingen und Kiel. Promotion 1960 in Hamburg. Bis 1968 wissenschaftliche und lehrende freiberufliche Tätigkeit. Seit 1968 Kustos/Oberkustos am Landesmuseum für Kunst- und Kulturgeschichte Oldenburg. Seit 1973 Redakteur des Mitteilungsblattes und des Jahresberichtes und seit 1975 Leiter der Arbeitsgemeinschaft „Kunst" der Oldenburgischen Landschaft. Unter seinen zahlreichen Veröffentlichungen befindet sich auch Worpswedisches: „Worpswede im Teufelsmoor..." in G. Wietek (Hg.) „Deutsche Künstlerkolonien...", München 1976 u.a.m.

Siegfried Salzmann
Geboren 1928 in Hannover. Studium der Kunstgeschichte in Göttingen und München, Promotion. Volontär am Landesmuseum Hannover. Assistent am Städtischen Museum Göttingen und später am Städtischen Kunstmuseum Duisburg. 1971–1984 Direktor des Wilhelm-Lehmbruck-Museums, Duisburg. Seit 1985 Direktor der Kunsthalle Bremen.

© 2002 by
Verlag Atelier im Bauernhaus
28870 Fischerhude
Herstellung: Wolf-Dietmar Stock/Rainer Noeres
Druck: Asco-Druck, Bremen
ISBN 3-88 132 139-X

Karl-Robert Schütze
Geboren 1944, lebt in Berlin (West) als selbständiger Kunstwissenschaftler. Ausbildung als Innenarchitekt und Studium der Kunstwissenschaft und Neueren Geschichte. Abschluß mit einer Dissertation über das architektonische Werk Heinrich Vogelers. Seitdem zahlreiche Aufsätze über Vogeler und Mitarbeit bei der Wiederherstellung zweier von H. Vogeler entworfener Bahnhöfe. Wesentliche Mitarbeit an der Ausstellung „Heinrich Vogeler" in Berlin und Hamburg 1983, sowie an den Ausstellungen über Schinkel, Deutschland und Dänemark 1864–1900 und Watteau. Wissenschaftliche Gutachten zur Berliner Architekturgeschichte. Herausgeber von Büchern im Selbstverlag.

Meinolf Trudzinski
Geboren 1950 in Dortmund. Studium der Geschichte, Germanistik, Kunstgeschichte und Archäologie, zeitweilig auch der Bildenden Kunst, in Bonn, Hamburg und Florenz. 1971/72 kommissarischer Leiter des Kunstvereins in Hamburg. Promotion bei Prof. W. Schöne. Stipendiat der Bibliotheca Hertziana in Rom, Wissenschaftlicher Sekretär der Ausstellung „Wilhelm Busch als Maler in seiner Zeit", Stipendiat der Stiftung Volkswagenwerk. Seit 1985 Kustos der Niedersächsischen Landesgalerie Hannover.

Das „Worpsweder Tagebuch" wurde zusammengestellt von:
Wolf-Dietmar Stock
Dr. Wolfgang Kaufmann und
Christian Modersohn.